走边关

ZOU BIAN GUAN

◎屈冬玉　主编

中国农业科学技术出版社

图书在版编目（CIP）数据

走边关 / 屈冬玉主编 . — 北京 : 中国农业科学技术出版社，2018.11
ISBN 978-7-5116-3912-7

Ⅰ . ①走… Ⅱ . ①屈… Ⅲ . ①农产品贸易—国际贸易—概况—中国 Ⅳ . ① F752.652

中国版本图书馆 CIP 数据核字（2018）第 238883 号

责任编辑 穆玉红
责任校对 李向荣

出 版 者 中国农业科学技术出版社
北京市中关村南大街 12 号 邮编：100081
电 话 （010）82109707 82106626（编辑室）（010）82109702（发行部）
（010）82109709（读者服务部）
传 真 （010）82106626
网 址 http : //www.castp.cn
发 行 全国各地新华书店
印 刷 者 北京科信印刷有限公司
开 本 710 mm × 1 000 mm 1 /16
印 张 15.25
字 数 300 千字
版 次 2018 年 11 月第 1 版 2018 年 11 月第 1 次印刷
定 价 260.00 元

本书中涉及图片，除特别标注外均来自农业农村部相关部门

《走边关》
编辑委员会

编者的话

PREFACE

历史上,边关似乎总是与战事、荒凉等联系在一起。从唐朝王昌龄的“秦时明月汉时关,万里长征人未还”,宋代王安石的“边关一失守,北望皆胡骑”,到清朝曾国藩的“边关十月雪融天,劝生为我尽一杯”,及至现代溥心畬的“兄弟干戈里,边关涕泪中”,无不充满了金戈铁马的肃穆氛围。历史上的边关就像一把大锁,锁住了国泰民安,也才有了“边关锁钥”一称,但其也阻碍了彼此的人员交流和商贸往来。

中华人民共和国成立后,特别是改革开放以来,边关不再是传统意义上的“边境上的关口”。边关逐步发展为集政治、经济、科技、文化、旅游和对外交流等功能为一体的边境口岸,成为我国与邻国之间彼此开放的大门、互通有无的通道、交流合作的平台。通过边境口岸,我国既出口了许多优势产品,也进口了他国尤其是对岸国家品种多样的农产品,丰富了农产品市场供给,促进了农产品市场以及农业技术、资金、人文等方面的双向甚至多向开放交流合作。

跨进新时代,边境口岸则被赋予了新功能、新使命。中国开放的大门不会关闭,只会越开越大。随着中国改革开放的深入,以传统的经济特区和保税区为基础,自由贸易试验区、自由贸易港等新型开放形态不断发展壮大,为在全国范围内深化改革和扩大开放探索了新途径、积累了新经验。作为对外开放的窗口和前沿，边境地区可以借鉴复制自由贸易试验区和自由贸易港的成功经验,大力发展口岸经济成为综合开放的抓手。加快建设经济合作区，开发开放试验区，积极培育新产业、新业态，将促进边境地区经济社会全面发展。

农业是边境地区的重要基础产业，是口岸经济建设的重要内容。如何通过口岸经济建设，推动边境地区主动对标互鉴，促进农业转型升级、提质增效，在开放的环境下实现高质量发展，这是一个大课题。2016年以来，编委会成员以此为题，分期分批赴我国21个边境口岸调研，深入分析比较研究，结集形成了《走边关》一书。本书着重分析了边境地区农业发展现状与潜力，提出了主动对标参与全球竞争，以及统筹利用两个市场两种资源的思路与建议，尝试着为边境地区扩大农业对外开放提供理念、模式和路径指引。相信本书的出版能够为相关政府部门、学术研究机构和农业企业提供决策参考，起到抛砖引玉的作用。

调研过程中,我们得到了有关口岸所在地农业行政主管部门的大力协助，他们提供了大量文字及图片资料，使我们对边境地区农业发展及对外开放情况有了详细的一手资料。在此，对他们表示衷心感谢。

编者

2018年9月

目 录
CONTENTS

东疆明珠——图们

一、图们市农业发展 …… 1
（一）农业资源特点 …… 1
（二）特色农业产业发展 …… 5
（三）大力实施“乡村振兴”战略 …… 5
二、主动对标参与全球竞争 …… 6
（一）与图们市发展类似的地区——日本北海道概况 …… 6
（二）类似地区特色产业情况 …… 6
（三）对标国际的启示 …… 6
三、统筹利用两个市场两种资源 …… 7
（一）图们市对岸的朝鲜稳城郡概况 …… 7
（二）朝鲜稳城郡农业发展现状 …… 8
（三）朝鲜稳城郡农业发展潜力 …… 8
（四）图们市利用两个市场两种资源的思路和总体考虑 …… 8

东北亚金三角——珲春

一、珲春市农业发展 …… 12
（一）农业资源特点 …… 12
（二）特色农业产业发展 …… 12
（三）优势潜力产业发展 …… 13

二、主动对标参与全球竞争……14
三、统筹利用两个市场两种资源……15
（一）对朝合作……15
（二）对俄合作……15
（三）珲春市农业对外贸易情况……16
（四）珲春市口岸情况……16
（五）珲春利用两个市场两种资源的思路和总体考虑……17

百年口岸——绥芬河

一、绥芬河市农业发展……20
（一）农业资源特点……20
（二）农业产业结构……21
（三）特色农业产业发展……22
（四）优势潜力产业发展……23
二、主动对标参与全球竞争……24
（一）对标俄罗斯波格拉尼奇内区……24
（二）对标加拿大安大略省……24
（三）对标国际的启示……24
三、统筹利用两个市场两种资源……25
（一）绥芬河对岸的滨海边疆区……25
（二）绥芬河对俄贸易情况……27
（三）绥芬河利用两个市场两种资源的思路和总体考虑……29

欧亚之门——黑河

一、黑河市农业发展……30
（一）农业资源特点……31
（二）特色农业产业发展……32

（三）优势潜力产业发展 ……………………………………………………33
二、主动对标参与全球竞争……………………………………………………35
（一）对标俄罗斯 …………………………………………………………36
（二）对标美国 ……………………………………………………………36
（三）对标国际的启示 ……………………………………………………37
三、统筹利用两个市场两种资源……………………………………………37
（一）黑河对岸的俄阿穆尔州 ……………………………………………37
（二）黑河市对俄贸易情况 ………………………………………………39
（三）黑河利用两个市场两种资源的思路和总体考虑 …………………42

东亚之窗——满洲里

一、满洲里农业发展 ………………………………………………………45
（一）农业资源特点 ………………………………………………………45
（二）特色农业产业发展 …………………………………………………47
（三）优势潜力产业发展 …………………………………………………49
二、主动对标参与全球竞争……………………………………………………50
（一）对标俄罗斯后贝加尔边疆区赤塔市…………………………………50
（二）对标美国伊利诺伊州芝加哥 ………………………………………51
（三）对标国际的启示 ……………………………………………………51
三、统筹利用两个市场两种资源……………………………………………52
（一）满洲里对岸的俄罗斯后贝加尔斯克边疆区 ………………………52
（二）满洲里对俄合作情况 ………………………………………………54
（三）满洲里利用两个市场两种资源的思路和总体考虑 ………………56

林海雪原——阿尔山

一、阿尔山市农业发展 ……………………………………………………60
（一）农业资源特点 ………………………………………………………60

（二）特色农业产业发展 ……60
（三）优势潜力产业发展 ……61
二、主动对标参与全球竞争……62
（一）对标俄罗斯 ……62
（二）对标国际的启示 ……62
三、统筹利用两个市场两种资源……63
（一）阿尔山对岸蒙古国东方省概况 ……63
（二）蒙古国东方省农牧业发展现状 ……63
（三）蒙古国东方省发展潜力 ……63
（四）阿尔山利用两个市场两种资源的思路和总体考虑 ……64

太阳升起的地方——满都拉

一、达茂旗农业发展 ……67
（一）农业资源特点 ……67
（二）特色农业产业发展 ……68
（三）优势潜力产业发展 ……71
二、主动对标参与全球竞争……73
（一）对标俄罗斯 ……73
（二）对标波兰 ……74
（三）对标国际的启示 ……75
三、统筹利用两个市场两种资源……75
（一）达茂旗对岸的东戈壁省 ……75
（二）达茂旗利用两个市场两种资源的思路和总体考虑 ……77

脊背上的国际边贸城——甘其毛都

一、甘其毛都农业发展 ……80
（一）农业资源特点 ……80

（二）特色农业产业发展 ……81
（三）优势潜力产业发展 ……82
二、主动对标参与全球竞争……83
（一）对标澳大利亚 ……83
（二）对标国家特色产业情况 ……84
（三）对标国际的启示 ……85
三、统筹利用两个市场两种资源……86
（一）甘其毛都对岸蒙古国南戈壁省概况……86
（二）蒙古国南戈壁省农业发展现状 ……86
（三）蒙古国南戈壁省农业发展潜力 ……87
（四）甘其毛都利用两个市场两种资源的思路和总体考虑 ……87

额济纳腾飞的翅膀——策克

一、额济纳旗农业发展 ……90
（一）农业资源特点 ……91
（二）特色农业产业发展 ……91
（三）优势潜力产业发展 ……95
二、主动对标参与全球竞争……95
（一）对标美国新墨西哥州 ……95
（二）对标国际的启示 ……96
三、统筹利用两个市场两种资源……96
（一）额济纳旗与蒙古国南戈壁省农业合作前景……96
（二）额济纳旗利用两个市场两种资源的思路和总体考虑 ……97

塞外绿洲——塔克什肯

一、塔克什肯农业发展 …… 100
（一）农业资源特点 …… 100

（二）特色农业产业发展 …… 101
（三）优势潜力产业发展 …… 101
二、主动对标参与全球竞争…… 102
（一）对标欧洲 …… 102
（二）对标日本 …… 102
（三）对标国际的启示 …… 103
三、统筹利用两个市场两种资源 …… 103
（一）蒙古科布多省概况 …… 103
（二）蒙古科布多农业发展现状 …… 104
（三）蒙古科布多农业发展潜力 …… 104
（四）塔克什肯利用两个市场两种资源的思路和总体考虑 …… 104

西域走廊——巴克图

一、塔城地区农业发展 …… 106
（一）农业资源特点 …… 106
（二）特色农业产业发展 …… 107
二、主动对标参与全球竞争…… 108
（一）对标美国犹他州 …… 108
（二）对标国际的启示 …… 109
三、统筹利用两个市场两种资源…… 109
（一）东哈萨克斯坦州概况 …… 109
（二）东哈萨克斯坦州农业发展现状 …… 109
（三）东哈萨克斯坦州农业发展潜力 …… 110
（四）塔城与东哈萨克斯坦州农业合作前景 …… 110
（五）塔城利用两个市场两种资源的思路和总体考虑 …… 111

驼队驿站——霍尔果斯

一、伊犁农业发展 …… 114
（一）农业资源特点 …… 114
（二）特色农业产业发展 …… 116
（三）优势潜力产业发展 …… 117
二、主动对标参与全球竞争 …… 118
（一）对标美国 …… 118
（二）对标国际的启示 …… 120
三、统筹利用两个市场两种资源 …… 121
（一）霍尔果斯对岸的阿拉木图 …… 121
（二）霍尔果斯口岸对哈贸易状况 …… 123
（三）伊犁利用两个市场两种资源的思路和总体考虑 …… 124

神州西极——伊尔克什坦

一、乌恰县经济农业发展 …… 127
（一）农业资源特点 …… 127
（二）特色农业产业发展 …… 128
（三）优势潜力产业发展 …… 129
二、主动对标参与全球竞争 …… 130
（一）对标吉尔吉斯斯坦 …… 130
（二）对标塔吉克斯坦 …… 131
（三）对标国际的启示 …… 131
三、统筹利用两个市场两种资源 …… 132
（一）伊尔克什坦对岸吉尔吉斯奥什州概况 …… 132
（二）吉尔吉斯奥什州农业发展概况 …… 133
（三）吉尔吉斯奥什州农业发展潜力 …… 133
四、乌恰县利用两个市场两种资源的思路和总体考虑 …… 133

（一）依托地缘优势，加快建设对外开放通道 ······ 133
（二）发挥区位和商业优势，发展开放型经济 ······ 134
（三）把握政策优势，加快口岸和特区建设 ······ 134
（四）坚持绿色生态理念，走可持续发展之路 ······ 134
（五）打造人文旅游的高地，走生态旅游之路 ······ 134
（六）促进资源的有效利用，提升资源的利用水平 ······ 135

雪山上的口岸——红其拉甫

一、塔什库尔干县农业发展 ······ 137
（一）农业资源特点 ······ 137
（二）特色农业产业发展 ······ 138
（三）优势潜力产业发展 ······ 139
二、主动对标参与全球竞争 ······ 140
（一）对标美国 ······ 140
（二）对标加拿大 ······ 141
（三）对标国际的启示 ······ 141
三、统筹利用两个市场两种资源 ······ 142
（一）红其拉甫口岸对岸的巴基斯坦吉尔吉特—巴尔蒂斯坦 ······ 142
（二）对巴基斯坦贸易情况 ······ 144
（三）塔什库尔干县利用两个市场两种资源的思路和总体考虑 ······ 145

面向南亚的最大口岸——樟木

一、日喀则的农业发展情况 ······ 147
（一）农业资源特点 ······ 147
（二）特色农业产业发展 ······ 148
（三）优势潜力产业发展 ······ 149
二、统筹利用两个市场两种资源 ······ 150

（一）樟木镇 …………………………………………………………………… 150
（二）对岸国家及地区 ………………………………………………………… 151
（三）中尼双边贸易以及樟木口岸边贸情况 ………………………………… 152
（四）促进中尼边境贸易持续健康发展 ……………………………………… 152

西南丝绸古道最后驿站——猴桥

一、腾冲市农业发展 …………………………………………………………… 156
（一）特色农业产业发展 ……………………………………………………… 157
（二）优势潜力产业发展 ……………………………………………………… 158
（三）对缅农业合作开展情况 ………………………………………………… 158
二、主动对标参与全球竞争 …………………………………………………… 160
（一）类似地区概况、类似特色产业情况 …………………………………… 160
（二）对标国际的启示 ………………………………………………………… 161
三、统筹利用两个市场两种资源 ……………………………………………… 162
（一）缅甸北部克钦邦地区概况 ……………………………………………… 162
（二）缅北农业产业情况 ……………………………………………………… 163
（三）缅北农业合作潜力与意义 ……………………………………………… 163
（四）腾冲市利用两个市场两种资源的思路和总体考虑 …………………… 163

祥瑞美丽之地——瑞丽

一、瑞丽市农业发展 …………………………………………………………… 166
（一）农业资源特点 …………………………………………………………… 166
（二）特色农业产业发展 ……………………………………………………… 167
（三）优势潜力产业发展 ……………………………………………………… 168
二、主动对标参与全球竞争 …………………………………………………… 169
（一）类似国家或地区——缅甸相关产业概况 ……………………………… 169
（二）对标国际的启示 ………………………………………………………… 170

三、统筹利用两个市场两种资源 …… 171
（一）缅甸概况 …… 171
（二）缅甸农业发展现状 …… 171
（三）缅甸农业发展潜力 …… 172
（四）瑞丽利用两个市场两种资源的思路和总体考虑 …… 172

澜湄大通道——磨憨

一、勐腊县农业发展 …… 176
（一）农业资源特点 …… 176
（二）特色农业产业发展 …… 177
（三）优势潜力产业发展 …… 180
二、主动对标参与全球竞争 …… 181
（一）对标泰国 …… 181
（二）对标斯里兰卡 …… 182
（三）借鉴国际经验，提升勐腊农业竞争力 …… 182
三、统筹利用两个市场两种资源 …… 184
（一）勐腊对岸国家边境省概况 …… 184
（二）勐腊对岸国家边境省农业发展现状 …… 185
（三）勐腊对岸国家边境省农业发展潜力 …… 186
（四）勐腊利用两个市场两种资源的思路和总体考虑 …… 186

滇南明珠——河口

一、河口县农业发展 …… 189
（一）农业资源特点 …… 190
（二）特色农业产业发展 …… 192
（三）优势潜力产业发展 …… 192
二、主动对标参与全球竞争 …… 194

（一）对标菲律宾 …… 194
（二）对标越南 …… 195
（三）对标国际的启示 …… 196
三、统筹利用两个市场两种资源 …… 197
（一）河口对岸的越南老街省 …… 197
（二）河口利用两个市场两种资源的思路和总体考虑 …… 199

同志加兄弟——友谊关

一、凭祥市经济农业发展 …… 202
（一）农业资源特点与社会经济发展概况 …… 202
（二）特色农业产业发展 …… 203
（三）优势潜力产业发展 …… 204
二、主动对标参与全球竞争 …… 206
（一）对标越南 …… 206
（二）对标老挝 …… 207
（三）对标国际的启示 …… 208
三、统筹利用两个市场两种资源 …… 209
（一）友谊关对岸越南谅山省概况 …… 209
（二）越南谅山省农业发展概况 …… 210
（三）越南谅山省农业发展潜力 …… 210
（四）凭祥市利用两个市场两种资源的思路和总体考虑 …… 210

海岸线起点——东兴

一、东兴市农业发展 …… 215
（一）农业资源特点 …… 215
（二）特色农业产业发展 …… 215
（三）优势潜力产业发展 …… 219

二、主动对标参与全球竞争…… 220
（一）对标美国 …… 220
（二）对标墨西哥 …… 221
（三）对标国际的启示 …… 222
三、统筹利用两个市场两种资源…… 223
（一）东兴对岸越南广宁省芒街市概况…… 223
（二）东兴利用两个市场两种资源的思路和总体考虑 …… 223

东疆明珠——图们

图们市地处中国、朝鲜和俄罗斯三国“金三角”交界地带，东南与朝鲜咸境北道稳城郡隔图们江相望，是吉林省东部边陲一个具有沿边、沿江、沿交通线、近海特点的口岸城市，是吉林省对外开放的直接通道，具有承东启西的战略地位和较强的“辐射功能”“连接功能”和“集散功能”，是连接中国东北腹地、朝鲜、俄罗斯远东地区的枢纽，是吉林省唯一一个有铁路、公路与朝鲜相连的边境口岸城市，为国家甲级边境开放城市，素有“东疆明珠”之美誉。

一、图们市农业发展

（一）农业资源特点

1. 图们市区位与资源概况

图们市位于吉林省东部，长白山脉东麓，图们江下游，西与州府延吉市相连，东邻珲春市，西南接龙井市，北邻汪清县。处于东经 129° 32′~130° 12′、北纬 42° 47′~43° 13′，总面积 1 142.65 平方公里（1 公里 =1 千米，全书同）。地貌具有山地、丘陵、台地、河谷平地四大类。地形特点是西北高、东南低，南岗山脉南北纵贯全境。土壤种类多，有灰棕壤、冲积土、白浆土、草甸土、水稻土等 5 大类。多种多样的地貌和土壤类型，对发展特色农业、精品农业提供了良好的地理环境和土质条件。图们市属于温带大陆性气候，但因靠近日本海，也有海洋性气候的特征，全年平均温度 5.9℃，最高 32.9℃，最低零下 24.5℃。降水量变化大，季节分布不均，年降水量 601.6 毫米，年总日照时数 2 250.8 小时，日照百分率 51.5%。

流经图们市境内的河流均属图们江系，河道密布，流量丰富。主要河流为一江两河，即图们江、嘎呀河、布尔哈通河。河川径流量 43.97 亿立方米 / 年，其中过境的河川径流量 41.66 亿立方米 / 年，境内河川径流量 2.31 亿立方米 / 年。境内流域面积 20 平方公里以上的河流有 13 条，除图们江、嘎呀河、布尔哈通河外，还有依兰河、石头河，以及 8 条小河，包括月晴沟、榆基沟、东林洞沟、陆池沟、水南沟、北大河、亭岩河、小苇子沟①。

图们市交通区位优势明显，是沟通中、朝、俄，辐射东北亚的重要交通枢纽，是珲乌高速公路、东北东部铁路、长珲高速铁路的重要节点，毗邻朝阳川机场，与俄罗斯符拉迪沃斯托克、扎鲁比诺，朝鲜的清津、罗津等，日本海西岸港口有铁路相连。通过口岸国境铁路桥与朝鲜铁路接轨，可到达朝鲜罗先地区；图们经朝鲜豆满江至俄罗斯哈桑铁路可到达欧洲。图们江是中国东北地区唯一通向日本海的水上通道，也是中国与俄罗斯远东沿海地区的唯一水上通道。图们市与日本海最近的地方只有 65 公里。已经开通了两条通往日本的海上运输线，一条是经朝鲜罗津港、清津港到韩国東草、釜山，再到日本的大孤港，另一条是经俄罗斯波谢特港、扎鲁比诺港到日本的秋田，再延伸到日本的新潟港。

2. 图们口岸

图们口岸位于吉林省延边朝鲜族自治州下辖的图们市图们江下游左岸，是吉林与黑龙江两省通往朝鲜北部的重要门户。图们口岸是吉林省立关最早、有近百年通

① 数据来源：图们市农业和畜牧业局，《图们市农业概况》，http://tumen.jlagri.gov.cn/Html/2011_02_24/86850_86971_2011_02_24_90735.html

关历史、包括公路口岸和铁路口岸的边境陆路口岸，是对朝鲜的第二大陆路口岸。铁路口岸拥有国家一等编组站，建有编组线 24 条，日均编组能力达 1 300 辆，是我国对朝进出口物资的重要集散地和转运站，也是第一批被国务院批准为允许第三国客货通行的国家一类口岸。图们口岸对面是朝鲜南阳国际口岸，距朝鲜清津 177 公里。1950 年 9 月国家在图们口岸正式设立边防检查站。1980 年以前，图们公路口岸主要是通行汽车运输双方边地贸易货物以及公务与探亲人员。1985 年国家新建了联检楼等设施，图们口岸运行能力达到每年进出口货物 60 万吨，每年人员出入境 10 万人次。同时，第三国公民可持有效证件从该口岸通行。

图们市是商务部评定的现代物流示范市，随着图们江区域合作开发国家战略的深入实施，图们市作为对外贸易中心、进出口加工基地、国际物流集散基地和中国面向环日本海旅游最便捷城市的地位更加突出。

3. 图们市经济发展状况

2016 年，图们市实现地区生产总值 45.74 亿元，其中第一产业、第二产业和第三产业增加值分别为 1.66 亿元、24.85 亿元和 19.23 亿元，三次产业结构为

3.6 : 50.0 : 46.4。按户籍人口计算，人均生产总值达到 38 895 元[①]。

截至 2016 年年末，图们市户籍总人口 11.62 万人，其中，男性 5.71 万人，女性 5.91 万人。朝鲜族人口 6.22 万人，占总人口的 53.5%；汉族人口 5.1 万人，占总人口的 44.0%；其他民族人口 0.3 万人，占总人口的 2.5%。城镇人口 9.66 万人，占比达 83.1%。2016 年，图们全市城镇、农村常住居民人均可支配收入分别为 24 550 元和 9 835 元。

2017 年，全年实现农林牧渔业总产值 3.07 亿元。其中，农业产值 1.98 亿元，牧业产值 9 066 万元，渔业产值 228 万元，农林牧渔服务业产值 275 万元。农作物总播种面积 15.93 万亩（1 亩约等于 666.67 平方米，全书余同），其中玉米 12.62 万亩，占 79.2%，其次水稻 1.49 万亩，占 9.4%，大豆 0.68 万亩，占 4.3%，其他瓜菜及经济作物面积 1.14 万亩，占 7.2%。粮食总产量 46 500 吨，其中，玉米、水稻、豆类产量分别为 40 275、4 648 和 1 226 吨。肉类总产量 2 162 吨，其中，猪、牛、羊肉产量分别为 1 445、468 和 62 吨。此外，蔬菜产量 10 099 吨，水果 2 196 吨，瓜果 1 018 吨，禽蛋 1 497 吨。

图们市农业产业化进程不断加快，现有省、州级农业产业化龙头企业 13 家，专业农场（家庭农场）、专业合作社达到 395 家[②]。龙头企业逐步带动整个产业链不

① 数据来源：图们市 2016 年国民经济和社会发展统计公报，下同。http://www.tumen.gov.cn/news.asp?id=5773&classtype=2

② 来源于图们市 2016 年政府工作报告，http://www.tumen.gov.cn/news.asp?id=5221&classtype=2

断拓展，一、二、三产业融合发展不断深化。农民既直接从事农业生产，也发展旅游休闲观光农业等产业，取得良好成效。

4. 图们市对外贸易

图们市主要与朝鲜、韩国、日本、俄罗斯等周边20多个国家和地区进行贸易往来，贸易商品达到100余种，现已形成了以煤炭、钢坯、生铁、矿粉及海产品为主，机电、粮食、油品及各种生活用品为辅的进出口格局。

（二）特色农业产业发展

图们市目前农业产业发展主要以有机水稻及玉米等粮食生产为主，有机蔬菜、地栽木耳、中药材、烟叶、草莓等经济作物发展为辅。

图们市特色农业产业是以人参为主的中药材种植与加工，以及食用菌的生产加工为主。目前，人参种植面积28公顷，主要分布在凉水镇亭岩及龙虎村。2016年，图们市被批准为“国家级出口中药材及加工质量安全示范区”。图们市食用菌产业化种植面积达到48万平方米，年产量3 750吨，年产值3 500万元。食用菌深加工项目获得不断发展。此外，图们市果园标准化建设也得到了不断发展，商品果率不断提高。

（三）大力实施“乡村振兴”战略

图们市2017年政府工作报告中指出，要坚持农业农村优先发展，按照产业兴旺、生态宜居、乡风文明、治理有效、生活富裕的总体要求，积极推动城乡融合发展，加快推进农业农村现代化，以科技创新引领现代农业发展，加快中药材、人参加工、延黄牛、油用牡丹、芍药、大田种参、食用菌、棚膜蔬菜等特色产业基地建设，扶持农业产业化龙头企业发展壮大，促进粮食增产、农业增效、农民增收。

图们市以人参为主的中药材种植与加工特色农业产业和食用菌种植加工产业发展潜力巨大。按照图们市规划，“十三五”期间，人参种植面积将从2016年的28公顷扩大至160公顷，力争达到180公顷，整个中药材面积达到280公顷。图们市山好、水好、气候适宜食用菌生长，因此发展食用菌产业具有巨大的潜力。以图们市石岘镇为主的食用菌产业，将会充分挖掘现有产能，带动图们市整个食用菌产业加速发展。

二、主动对标参与全球竞争

（一）与图们市发展类似的地区——日本北海道概况

北海道位于日本最北端，南部隔津轻海峡和本州相望，北面则隔宗谷海峡和库页岛相对，西面是日本海，东面则是鄂霍次克海、千岛群岛和太平洋。总面积 8.7 万平方公里，是日本第二大岛屿，约占日本国土面积的 22%。北海道地势中部高，四周低，中部有山地和山脉，山地占总面积的 60%，森林覆盖面积占北海道总面积 70% 以上，北海道属温带季风气候，气候寒冷。年平均温度 6~10℃，年降水量 800~1 200 毫米。

（二）类似地区特色产业情况

北海道土地、气候条件优越，是日本的传统粮仓、食品原料基地和主要农牧业基地。小麦、马铃薯、大豆、甜菜、牛肉、牛奶等产量居日本全国首列。作为日本最大的农作物种植基地，有着极其重要的地位。目前，北海道是日本土地资源最富饶的地区，农业面积居日本首位。2013 年，北海道耕地面积 115.1 万公顷，占日本耕地总面积的 25.4%，户均经营耕地面积 22.3 公顷，而其他都府县户均耕地面积仅为 1.5 公顷。北海道是日本最大的农作物种植基地，因夏季气候凉爽，发展以蔬菜和大米为主，兼顾马铃薯、豆类等旱田作物的集约型农业，同时利用丰富的水资源发展以蔬菜等为主的高附加值农业，发展为夏秋季节蔬菜的供应基地。

（三）对标国际的启示

1. 重视农业科学技术，提升现代农业的市场竞争力

农业竞争力的强弱取决于农业科技投入的多少。北海道政府部门十分重视农业领域的现代科学技术应用，并设立了完善的技术组织体系为农业发展提供技术支持。图们市要提高本市农业竞争力，参与国际竞争，就必须重视并加大对农业科技的投入力度，用现代技术武装现代农业。

2. 打造规模化、组织化和产业化的特色农业产业体系

北海道已基本形成一套相对完善、特色鲜明的现代农业生产经营管理体系，成

为当前日本现代农业高效发展的典范。图们市农业发展也要善于围绕本区域产业基础和特色优势，用现代经营理念谋划和推动农业产业发展，努力构筑由龙头企业带动、标准化支撑、品牌引领、产加销相互衔接的现代特色农业产业体系，延伸产业链，提升价值链。

3. 强化农产品质量安全监管和市场服务

质量安全是农业发展的根本，日本北海道的农产品以质量安全、精致闻名世界。图们市要打造自身的绿色农产品产业，要进一步完善农产品质量检验检测体系，建设农产品市场准入制度，强化农产品质量安全监管和市场服务。

三、统筹利用两个市场两种资源

（一）图们市对岸的朝鲜稳城郡概况

稳城郡是朝鲜咸镜北道最北部的一个郡，也是朝鲜半岛的最北端，北以图们江与延边朝鲜族自治州相隔，以图们江大桥与图们市相连。国土面积 720 平方公里，人口 13 万人。

（二）朝鲜稳城郡农业发展现状

朝鲜国内主要以粮食作物生产为主，但因长期严重的经济危机，加上农业基础设施严重老化和受损，农业物资严重短缺，自然灾害频发，导致其国内农业发展受到严重损害，粮食生产满足不了需求。

（三）朝鲜稳城郡农业发展潜力

虽然朝鲜整个农业发展很缓慢，粮食生产一直满足不了国内需求，但如果朝鲜能够改革目前国内的农业生产、分配、流通体制，根据自身的资源禀赋，在具有地缘优势与经济互补性的中朝两国边境地带稳城郡等，积极推动经济体制改革和对外开放，改善国际环境，实施出口导向型经济发展战略，在生态农业、农产品生产和加工等方面展开合作，发展高附加值、出口型的粮食作物、经济作物、畜牧养殖业等，并引进外资发展农产品加工等第二产业和农产品物流等现代服务业，那么诸如稳城郡这些边境地区的农业发展潜力都将获得极大的挖掘，整个稳城郡农业都将获得大发展。

（四）图们市利用两个市场两种资源的思路和总体考虑

1. 图们市与朝鲜稳城郡优劣势比较

图们市的优势在于有广阔而强大的国内消费市场、开放的贸易体系、完善的法律法规，以及良好的经济发展基础与金融服务条件，这为图们市发展特色农业，推进现代农业的发展，提高农业产业化水平和国际竞争力提供了很好的条件。其劣势在于农产品产地与主要消费地距离较远，物流成本较高，农产品的品质、品牌号召力不足，对外竞争性不强。

稳城郡的优势在于其作为朝鲜连接中国与俄罗斯的口岸地区，与中国、俄罗斯的交通体系联通，与朝鲜国内其他地区相比，具有独特的区位优势与贸易的便利化条件，这为推进以出口贸易为主导的农业产业发展提供了很好的条件。但其劣势是政策变化大，经济基础弱，资金缺乏。

2. 实现优势互补，统筹利用两个市场两种资源的思路和总体考虑

深入实施《长吉图规划纲要》，主动融入国家“一带一路”倡议和吉林省“双翼共进”战略，坚持对内对外开放相促进、“引进来”和“走出去”相结合，充分

利用国际国内两种资源、两个市场，全面深化招商引资和区域合作，发展更高层次的开放型经济。加快推进中朝国境口岸图们江大桥、铁路口岸联检楼等项目建设，完善口岸基础设施，建立口岸信息互换、监管互认、执法互助等通关机制，提高通关便利化水平。全力抓好图们—朝鲜罗津铁路扩能改造，罗津港、清津港综合利用，开通“连周边、通沿海、达欧美”等中朝俄陆海联运航线和内贸货物跨境运输航线，以及保税物流基地、出口加工基地、能源进口集散基地、食品进口集散基地等“一路、两港、三线、四基地”建设，努力把图们打造成为吉林省“一带一路”对外通道重要节点城市、区域对外合作的重要平台和进出口国际商贸的重要口岸。

3. 促进农产品生产、加工和贸易发展

积极落实国家“一带一路”倡议，以长吉图开发开放先导区建设为主体，鼓励在促进沿边地区与内陆腹地优势互补和联动发展、开拓陆海联运国际运输新通道、探索沿边地区跨境经济合作模式等方面先行先试，推动图们江区域合作开发，在更高层次上向纵深发展，为全国沿边开放开发提供经验和示范。

加快推进图们检验检测中心、国家级出口中药材及加工质量安全示范区建设，不断完善质量发展的技术支撑体系、基础保障体系和公共服务体系。

种植业主要依托现有有机大米品牌，充分发挥技术领先和市场优势，扩大生产能力，做大做强大米产业；以发展棚膜蔬菜为抓手，大力推进鲜蔬果品出口基地建设，努力使图们市成为区域内蔬菜加工、生产、供应、出口的集散中心。

参考文献

曹玫玉 . 2012. 延吉市城市边缘区的内部结构及其演化研究 [D] . 延边：延边大学 .

陈伟，金龙德 . 2008. 图们市物流产业发展前景设想 [J] . 经济视角（上),（7）: 44-47.

郭济仁，权人淑 . 2014. 图们市森林有害生物普查思路与方法 [J] . 北京农业，（33）: 141.

姜东日 . 2016.“一带一路”战略下延边州经济发展的法律保障研究 [D] . 延边：延边大学 .

刘艳萍 . 2001. 俄罗斯滨海边疆区概述 [J] . 东疆学刊，（4）: 37-40.

卢昆 . 日本北海道现代农业发展关键举措及其经验启示 [J] . 世界农业，（9）: 207-210.

权哲男 . 2013. 朝鲜粮食不足问题及其解决前景 [J] . 现代国际关系，（1）: 51-57.

王铁军 . 2011. 城市绿地系统正反规划的整合途径研究 [D] . 哈尔滨：东北师范大学 .

谢宝，麦伟光，王智慧．2009. 拓展国际合作与交流 服务珠江水利改革发展［J］．人民珠江，30（a02）：42-43.

曾蓉，付雅娣．2011. 日本北海道农业生产现状与启示［J］．农技服务．(9)：1381-1382.

张宝辉．2015. 浅谈图们市水资源现状及保护建议［J］．黑龙江科技信息，(10)：193.

东北亚金三角——珲春

珲春位于吉林省东部，延边朝鲜族自治州东南，图们江下游，是中国唯一地处中、朝、俄三国交界的边境城市，进入日本海的唯一通道，被称为“东北亚金三角”。独特的地理位置，适宜的气候条件，良好的自然资源为珲春的现代农业发展奠定了坚实的基础。珲春一方面努力构建优势特色突出、产业链条完整、市场竞争力强、生态环境可持续的新型现代化农业发展模式，另一方面积极利用区位优势，统筹利用两个市场两种资源，大力发展农业对外合作与交流，成为吉林对外开放的桥头堡。通过全面参与“一带一路”建设，深入推进农业供给侧改革，加快推进珲春国际合作示范区建设，珲春开启了面向东北亚农业国际合作的大门，踏上了现代农业跨越发展之路。

一、珲春市农业发展

（一）农业资源特点

珲春拥有人口22.7万人，其中农业人口4.7万人，占户籍人口的24.3%，涉及4个镇、5个乡和1个近海街道。2016年，珲春生产总值151.03亿元，比上年增长8.3%。其中，第一产业增加值5.38亿元，增长3.5%；第二产业增加值105.50亿元，增长7.4%；第三产业增加值40.15亿元，增长11.5%。三次产业结构为3.6：69.8：26.6。按户籍人口计算，全市人均生产总值66 211元，增长6.5%。珲春全年实现全口径财政收入24.78亿元，比上年增长1.9%[①]。

2016年农林牧渔业总产值10.6亿元，比上年增长3.9%。其中，农业产值6.6亿元，下降0.8%；林业产值0.9亿元，下降9.7%；牧业产值2.6亿元，增长39.7%；渔业产值0.3亿元，增长10.7%[②]。

珲春市累计发展农产品加工企业180多家，其中省级龙头企业9家、州级龙头企业49家，拥有1个中国名牌产品，1个中国著名商标，4个省级著名商标。富硒苹果、延边黄牛、绿色稻米、中药材、食用菌、棚膜蔬菜等特色产业不断发展壮大，“三品一标”认证达到18个。通过实施环境整治和绿化美化亮化工程，不断提升农村居住环境质量。全市34个村进入省级人居环境示范村行列，防川、孟岭跻身全省美丽乡村，州级魅力乡村达7个。

（二）特色农业产业发展

珲春耕地面积3.5万公顷，耕地集中联片，地势平坦，坡度小于15°的耕地占85.6%。2016年，全市农作物播种面积3.6万公顷，比上年增长1.4%；粮食总产11.6万吨，比上年增长6.4%；单产达到3 584公斤/公顷，增长9.7%。经济作物播种面积2611公顷，比上年减少16.2公顷。瓜果面积达到62公顷，比上年减少42.6公顷。全市共有温室826栋，大棚1 089栋，总占地面积220公顷左右。2016年全市拥有农业机械总动力24万千瓦，比上年下降33.3%；机耕面积25 530

① 数据来源:《珲春市国民经济和社会发展统计公报》

② 数据来源同上

公顷，下降 10.4%；全年化肥施用量 1.8 万吨，增长 2.2%；农村用电量 5 272 万千瓦时，下降 41.1%。

2016 年，肉类产量 7 510 吨，比上年增长 0.07%。禽蛋类产量 4 148 吨，增长 8.0%；奶类产量 486 吨，下降 0.4%；生猪出栏 2.9 万头，增长 2.0%；家禽出栏 147 千只，增长 18.5%；出栏肉用牛 1.5 万头，下降 48.7%。

2015 年，珲春市园艺特产业产值实现 8.3 亿元，其中棚膜蔬菜产值 2.7 亿元，以人参为主的中药材产业产值 1.8 亿元，以黑木耳为主的食用菌产业总体规模达到 5 000 万袋（椴），总产值 1.4 亿元；其他包括以梅花鹿为主的经济动物养殖业产值达到 6 000 万元，全市果树业种植面积 1 510 公顷，总产值达 9 000 万元，经济作物、庭院经济、山珍采集产业，全市实现总产值 9 000 万元。2016 年全市特产经济总量完成 8.5 亿元。

（三）优势潜力产业发展

珲春市牢固树立创新、协调、绿色、开放、共享发展理念，坚持走产出高效、产品安全、资源节约、环境友好的农业现代化道路，努力构建优势特色突出、产业链条完整、市场竞争力强、生态环境可持续的新型现代化农业发展模式，通过农业项目带动、特色产业推动、区域经济促动，加快农业现代化步伐。一是加快调整人参种植结构步伐。在现有 11 万平方米的基础上，在哈达门乡、杨泡乡、英安镇等乡镇新建人参种植基地 360 公顷。二是通过加快棚膜产业园区建设。在密江乡、哈达门乡建设食用菌、蔬菜生产基地，重点发展国家级安全型蔬菜、反季节蔬菜、特色食用菌。三是推进苹果标准化生产基地建设。以板石镇孟岭村为中心，加快推进苹果出口示范基地建设项目。四是全力推进食用菌标准化生产。全面推广食用菌主栽品种的无公害产品标准和生产技术规程，使主要食用菌产品全面达到无公害产品标准，增强市场竞争力。

二、主动对标参与全球竞争

珲春西南毗邻朝鲜罗先特区。罗先位于朝鲜东北部，于 1991 年 12 月被确定为“自由经济贸易区”，后升级为特别市，包括罗津、先锋、雄尚、豆满江 4 个城镇。罗先位于朝鲜、俄罗斯两国交界处，交通便利，有铁路连接俄罗斯哈桑区和中国图们市，有公路与中国珲春的圈河口岸和沙坨子口岸相通。罗先拥有良好的港口条件，有罗津港、先锋港和雄尚港等常年不冻港口，可全年持续运营，物流运输便捷。其中罗津港是中国东北地区物资实现“借港出海”的最佳口岸。朝鲜将罗先特区定位于国际货物中转地、出口加工中心和金融中心。农业产业发展主要是水稻、玉米种植。积极对标罗先特区，对于促进珲春市扩大农业对外开放具有积极的借鉴意义。

三、统筹利用两个市场两种资源

（一）对朝合作

1. 对朝经济合作

珲春对朝投资企业共有 19 家，投资总额 7 255 万美元。其中，中方投资 6 388 万美元。主要从事服装和水产品加工、农业种植等。

2. 中朝农业产业对比

珲春市曾于 2011—2013 年与朝鲜罗先市展开农业合作，经对比发现，该市农业生产条件优于朝鲜罗先市，耕地面积是罗先市的 4.8 倍，粮食产量是罗先市 7.5 倍。由于受国际经济制裁的影响，朝鲜罗先市农业生产技术落后，农业机械化水平极低。

（二）对俄合作

1. 对俄经贸合作

目前，珲春市对俄投资企业 43 家，投资总额 62 067 万美元。其中，中方投资 56 562 万美元。投资主要集中在农业种植、森林采伐及木材加工、煤炭生产、海产品加工贸易及各类进出口贸易、旅游、运输、矿产开发、汽车零部件等领域。珲春市从 2011 年始赴俄罗斯滨海边疆区从事农业种植合作，累计投资超过 5 000 万美元。

2. 中俄农业产业对比

珲春市在农业生产中，优势在于从事农业生产人口较多，土地利用率高。珲春市近年共创办家庭农场 168 家，专业合作经济组织 508 家，土地规模经营率达到 37.5%。俄罗斯土地资源十分丰富，大量闲置耕地尚未开发，可以充分利用俄罗斯农业政策调整的契机，加大对俄农业投资合作。

（三）珲春市农业对外贸易情况

2014 年 10 月，珲春口岸被原国家质检总局批准成为第一批进境粮食指定口岸之一，粮食从珲春口岸进境后可以在该市落地，促进粮食仓储、初加工、深加工等一批相关产业的发展，从而带动二、三产业发展。通过珲春口岸及圈河口岸进口的农产品主要包括俄罗斯面粉、豆油、玉米以及朝鲜红小豆、芸豆等。

（四）珲春市口岸情况

1. 珲春口岸

珲春（长岭子）口岸位于珲春市东南，距市区 14.1 公里，是国家一级口岸，也是吉林省唯一对俄国际公路口岸。口岸对面的俄罗斯克拉斯基诺口岸，距离斯拉夫扬卡港 105 公里，距离滨海边疆区首府符拉迪沃斯托克 170 公里，距东方港 350 公里。1998 年 5 月 5 日开始，该口岸开始正式过客。联检楼及附属设施于 2000 年年底建成交付使用至今，年过货能力为 60 万吨，年过客能力为 60 万人次，实行客货分流、出入境通道分设、口岸功能齐全。

2015 年珲春市进出口货物 126 650 吨，同比增长 86.4%；出入境人员 266 678 人（次），同比减少 11.5%；出入境车辆 20 661 辆，同比增长 20.4%；截至 2016 年上半年进出口货物 78 930 吨，同比增长 119.8%；出入境人员 140 358 人次，同比增长 30.5%；出入境车辆 10 250 辆，同比增长 0.2%。

2. 圈河口岸

圈河口岸为中朝国际客货公路运输口岸，位于珲春市敬信乡东南图们江畔，距图们江入海口 36 公里，距珲春市区 42 公里，距朝鲜罗津 51 公里。圈河口岸对面是罗先市自由经济贸易区的元汀口岸，是中国与朝鲜罗先市直接相通的唯一通道。连接圈河口岸和元汀口岸的跨境公路大桥始建于 1936 年，圈河口岸自中华人民共和国成立后一直作为国家二类口岸运行。1998 年 12 月，圈河口岸被国务院批准升级为国家一类口岸，允许第三国人持有效证件通行。口岸基础设施于 2000 年 12 月竣工交付使用，联检楼面积 4 127 平方米，口岸年过货能力 60 万吨，过客能力 60 万人次。

（五）珲春利用两个市场两种资源的思路和总体考虑

珲春作为东北亚区域经贸合作的窗口城市，充分利用自身的区位和政策优势，实现外经外贸的融合发展。自从 1997 年开始“走出去”，至今已有 67 家企业分布在俄罗斯、朝鲜、韩国、蒙古国、美国、中国香港等国家或地区，总投资 7.5 亿美元。其中，中方投资 6.6 亿美元。

依托沿江、沿边、近海的区位优势，珲春自古以来就是重要的交通运输枢纽城市和边境贸易重镇，2012 年 4 月，国务院批准设立中国图们江区域（珲春）国际合作示范区，在整合原有的边境经济合作区、出口加工区和中俄互市贸易区的基础上形成国际产业合作区、边境贸易合作区、中朝以及中俄珲春经济合作区四大板块，是东北地区唯一的国字号国际合作示范区，享有国家多项优惠政策，在探索东北沿边地区开发开放模式上具有先行先试的示范作用。未来，珲春将加快推进联通俄朝的路、港、桥、航线和连接黑龙江的铁路、公路以及民用机场等重大基础设施建设，深化与东北亚各国地方政府交流，加大农业对外交流合作，真正成为带动吉林省对外开放的桥头堡。

参考文献

何天虹 . 2015. 珲春口岸经济发展研究［D］. 延边：延边大学 .

李敦球 . 朝鲜民众期盼新生活——朝鲜罗先直辖市访问纪行［J］. 世界知识，（19）：34-36.

刘豪 . 2016. 龙川县县域经济绿色发展策略研究［D］. 广州：仲恺农业工程学院 .

慕容昕 . 2012. 对加快中国图们江区域（珲春）国际合作示范区建设的几点思考［J］. 中国集体经济，（30）：41-42.

宋庆成，李春峰，胡玉珍，等 . 2013. 宁城县食用菌产业现状与发展前景［J］. 商业经济，（8）：52-58.

张洁妍 . 2014. 珲春跨境经济合作发展现状及对策研究—基于与丹东、绥芬河、满洲里的比较分析［J］. 珠江论丛，（1）：51-58.

周海洋 . 2014. 图们江区域旅游合作战略研究［D］. 长春：长春工业大学 .

百年口岸——绥芬河

绥芬河市是一座风景秀丽的边境山城，位于黑龙江省东南部，地处东北亚经济圈的中心地带，东边接壤俄罗斯远东最发达的地区——滨海边疆区，边境线长度为 27.5 公里。绥芬河季风影响明显，属温带大陆性季风气候，雨热同季，日照终年充足，全年平均气温 2.86℃。小绥芬河和寒葱河为辖区内主要河流。绥芬河地下矿藏丰富，包括沸石、铬铁以及辰砂等；土地开垦面积 55 908 亩，垦殖率 8.8%。全市少数民族共 14 个，主要为满族、朝鲜族等。绥芬河市与日、韩及俄罗斯相关地区开展常态化人文交流，建立多对国际友好城市。

一、绥芬河市农业发展

绥芬河山多地少，农业比重小，仅为1%左右，历年变化不显著；工业占比15%左右，呈逐年下滑趋势；服务业多年来占比超过80%，呈逐年增长趋势。绝大部分服务业为贸易、旅游等传统服务。

绥芬河市总面积460平方公里，主要包括中心城，绥芬河镇、阜宁镇2个建制镇，11个行政村，3个自然屯。截至2015年年末，全市户籍人口70 190人，农村人口8 045人，2015年全市农民人均纯收入16 633元。2016年农林牧渔业总产值为19 593万元，按可比价格计算（下同）比上年增长5.7%，农林牧渔业增加值11 226万元，增长6.5%。全年农业总产值11 851万元，增长10.8%，增加值7 644万元，增长10.7%。全年畜牧业总产值7 296万元，下降1.1%，增加值3 320万元，下降1.1%。年末全市拥有农业机械总动力3.66万千瓦，比上年下降16.2%。耕种收综合机械化程度93.44%，比上年增加4.16个百分点。农田有效灌溉面积950公顷，其中本年实灌面积950公顷，增长15.9%，节水灌溉面积690公顷，增长23.2%。

（一）农业资源特点

1. 气候资源不利于农业发展

绥芬河位于北纬44° 23′，东经131° 9′，是丘陵漫岗浅山区，九山半水半分田，平均海拔480米。年平均气温2.4℃，年平均降水量650~700毫米，夏季为集中降水季节；年平均日照时间2 740小时，无霜期仅为110天左右，年有效积温2 100~2 200℃。

2. 森林资源丰富

绥芬河森林覆盖率79%，高于全国平均水平，主要树种有松、桦、椴等。野生植物资源主要包括玫瑰、山葡萄、草莓、蕨菜、黄花菜、薇菜及一些中草药等，其经济价值通常都比较高。

3. 水利资源丰富

绥芬河流域内多年平均降水量在500毫米左右，5—8月的降水量占全年总降水量的60%，春季和夏秋之际为汛期。水资源丰富，天然落差大，上中游建成多座小电站。流域地表植被覆盖率高，泥沙含量小。多年平均封冻期 128 天，多年平均最大冰厚 0.9 米。绥芬河里有滩头鱼、大马哈鱼、鳍目鱼等特色鱼类。

（二）农业产业结构

1. 种植业

2015 年，全年粮食播种面积 3 057 公顷，同比下降 1.1%；经济作物播种面积为 677 公顷，比上年增加 282 公顷，增长 71.4%。主要作物是大豆和玉米，经济作物主要包括绿色蔬菜、棚室蔬菜、西甜瓜、山野菜、中药材、白瓜子及食用菌。另外，发展美化花卉栽培面积 150 亩、育苗 200 万株，盆栽花卉 1 万株。为拓宽农民增收渠道，绥芬河市将绿色蔬菜、食用菌、山野菜、中药材种植作为其大力发展的特色作物产业，走产业化道路，优化了种植结构，使农业发展优质高效可持续。

2. 畜牧业

2016 年全市大牲畜存栏 1 086 头，比上年增长（下同）2.1%。生猪存栏

21 308 头，下降 3.8%，家禽存栏 131 860 只，增长 6.4%，羊存栏 2 658 只，增长 2.5%。全年肉类总产量为 2 531 吨，下降 7.9%。其中，牛肉产量 136 吨，增长 2.3%；猪肉产量 2 100 吨，下降 9.9%；羊肉产量 33 吨，下降 23.3%。年末生猪出栏 27 994 头，下降 4.4%。牛奶产量 300 吨，下降 2.3%。禽蛋产量 1 124 吨，增长 9.8%。

（三）特色农业产业发展

近年来，绥芬河市以农业增效、农民增收为目标，针对绥芬河市农业生产条件，厘清发展思路，确定发展目标，制定了一系列具有地方特色的政策措施，促进了农业产业发展。

黑木耳、绿色蔬菜和山野菜产业发展工作取得明显成效。黑木耳年产量 2 656 万袋，产值 10 624 万元，农民收入水平有了很大提高。绥芬河市目前共建设四个木耳园区，分别是“南寒、建东、建西和绥东木耳园区”，四区占地总面积约为

100 公顷。2016 年 4 月阜宁镇组织成立的绥芬河市富华食用菌种植专业合作社，目前已吸收木耳种植户 100 余户，可生产木耳 1 500 余万袋，年产值约 4 500 余万元，是绥芬河最大的食用菌种植合作社。

绥芬河市蔬菜生产在 2007 年已获得“无公害蔬菜生产产地认定和产品认证”。现在无公害蔬菜露地种植面积 5 000 亩左右，包括春、夏、秋菜及马铃薯，保护地面积约 1 300 亩，其中温室大棚 250 栋 200 亩，地膜覆盖面积、喷灌设施面积 1 100 亩。蔬菜面积占播种面积的 7.3%。蔬菜种植区域主要分布在绥东村、建新村、北寒村和大岭下棚室蔬菜生产基地。绥芬河市每年蔬菜产量达 1 万吨，本地销售占 95%，销往俄罗斯市场占 5%。蔬菜生产效益可观，每亩温室年纯收入 3.5 万元左右，大棚 2.2 万元左右，地膜覆盖露地菜每亩 4 500 元左右，秋菜每亩 2 300 元左右。

（四）优势潜力产业发展

以发展特色经营方式为出发点，拉长食用菌产业链条，推动产业建设提档升级。借助东宁黑木耳产供销成熟的产业链，依托绥阳黑木耳大市场，结合已成规模的食用菌产业，加强与部门间联系对接，搭顺风车，借他人平台来提高农户收入水平。通过阜宁镇组织成立的绥芬河市富华食用菌种植专业合作社和谷盈食用菌种植专业合作社，统一种植标准、管理标准、产品质量标准，创立品牌，赢取市场份额，提高竞争力。做大做强现有四个黑木耳种植园区，加大引领和示范带头作用。引导周边村屯，形成食用菌生产区。

以扶持绿色食品发展为切入点，进一步加大投入，全面提升农产品品质。绥芬河自然环境优越，为发展绿色食品产业奠定了基础。积极引导农民在较为偏远的零散地块按绿色食品标准种植杂粮、白瓜子等高价值经济作物，提高单产价值。在建新村建设全市绿色食品（蔬菜）种植区，让市民吃上放心菜。

坚持新型经营主体引领带动，积极发展“互联网 + 农业”模式，加大龙头合作社扶持力度。组建食用菌种植专业合作社，实现规模化、产业化、品牌化食用菌生产。通过正确引导和大力扶持，不断加大花卉、蔬菜、中药材等专业合作社的带动和辐射作用，积极引领农户向特色产业聚集。通过“互联网 + 农业”的发展模式，探索农产品网上销售渠道和推广模式，拓宽特色农产品销售渠道，打造产业链，提高生产收益，促进农民创收致富。

二、主动对标参与全球竞争

俄罗斯具有丰富的农业发展经验和教训，值得学习和借鉴。当前，绥芬河市正处于农业现代化发展的重要时期，特别需要加强其全球视野，积极对标国际一流，进一步提升自身的农业核心竞争力，巩固和拓展优势产业。

（一）对标俄罗斯波格拉尼奇内区

波格拉尼奇内区位于绥芬河对岸，滨海边疆区的西部。距离符拉迪沃斯托克铁路 208 公里、公路 196 公里。与其相邻的地区有霍洛里斯克区、兴凯区和十月区。边界长度 325 公里。波格拉尼奇内管辖的地域面积有 3 750 平方公里，人口 23 500 人，被分为 18 个居民点和 6 个农业行政区。该地区地广人稀，有大片的草场和森林，是滨海边疆区农业区之一，土地资源丰富。波格拉尼奇内区气候、牧草质量等条件十分优越，是天然的生态牧场，最适合养牛，生产高品质的牛奶。

（二）对标加拿大安大略省

安大略省处于北纬 41°~57°，面积 106.8 万平方公里，比法国和西班牙两国面积之和还大。东西相距最远达 1 690 公里；南北纵向达 1 730 公里。2016 年，安大略省实现国内生产总值 6 218.47 亿加元，占全加拿大经济总量的 38.5%。安大略省主要种植玉米、蔬菜、小麦、烟叶等，南部的圣劳伦斯河谷地因为土壤肥沃，成为该省农业和畜牧业的聚集地，一些重要蔬菜、水果生产基地和酒厂分布在克莱尔湖和伊利湖之间以及尼亚加拉半岛上；苹果在渥太华附近都有种植；全世界最大的复式温室位于莱明顿附近，主要用来种植番茄；牛肉生产中心位于休伦湖沿岸和乔治湾附近，安大略同时也是一个养蜂大省。

（三）对标国际的启示

对标国际，绥芬河市具备较强的发展潜力。绥芬河的地缘优势可以概括为“一个点、一条线和两个面”。将国际口岸看作“一个点”，将两条公路和一条铁路与俄相通看作“一条线”，将国内和俄罗斯远东两个市场看作“两个面”。除地缘优势外，绥芬河市同时还具有开放优势、交通优势、市场优势和资源优势。绥芬河作为国境商都、百年口岸已经成为黑龙江省落实“一带一路”倡议的重要节点城市，地缘优势和战略地位凸显，在对俄农业合作方面积累了丰富经验。绥芬河市农业企业利用自身优势并结合俄罗斯远东自由港和超前发展区优惠政策，对俄农业投资水平不断提升。

三、统筹利用两个市场两种资源

（一）绥芬河对岸的滨海边疆区

1. 滨海边疆区概况

滨海边疆区（简称边区，下同）与中国黑龙江、吉林省接壤。面积 16.47 万平方公里，下设 22 个市政区（县），首府为符拉迪沃斯托克，常住人口 194.29 万人，是俄罗斯远东最重要的农产品产区，同时也是中国在俄罗斯远东地区农业开发最密集的地区。边疆区位于北纬 42°~48°，是俄罗斯远东地区农业发展最具自然禀赋地区。该区农业用地 165 万公顷，其中 154 万公顷属开垦土地。从事农业生产的人数 45 000 人。农业用地地势平坦，土壤以黑土和褐土为主，土壤有机质含量 3.5%~6.0%，适宜大田作物种植。该区气候为温带海洋性气候，冬季无严寒，夏季无酷暑，年平均气温 6℃，年有效积温 2 600℃，年降水量为 500~600 毫米，且 70% 降水量集中在夏季。森林地带占滨海边区面积的 67%。边区渔业资源丰富。农业集中在滨海边区的南部与西南部地区。

2. 滨海边疆区农业发展特点

在滨海边区，集体型农副业企业 600 多家，畜牧场 3 500 个，饲养牛 10 万头，猪 4 万头。农副业生产历史悠久，从粮食生产、蔬菜栽培、畜禽养殖到食品加工，形成一种多渠道、立体式经营方式。所生产的农副产品中，蜂蜜、水稻、大豆等在本国享有盛名。蜂蜜产量占俄罗斯总产量的 10%，排第一位。畜禽产品产值占全部农副产品的 60%~70%。饲料种植面积 30 万公顷，种植业以大豆和粮食作物为主，畜牧业以生猪、牛和家禽养殖为主。

3. 滨海边疆区农业发展潜力

滨海边疆区的符拉迪沃斯托克港与绥芬河市口岸相聚 210 公里，有铁路和公路两条运输线路，运距短、运输成本低。边疆区境内各城镇间都有国道、省道相互联结。此外，符拉迪沃斯托克港距日本新潟 800 公里，距韩国仁川港 172 公里。俄罗斯远东地区的铁路和港口长期处于不饱和状态，运力闲置严重，铁路和港口能力可确保运输需求，尤其在东北地区冬季运输高峰阶段优势更加明显。

2014 年，滨海边疆区总播种面积达 40.6 万公顷。其中：大豆种植面积 20.55 万公顷，为 1965 年来最高；玉米种植面积 2.73 万公顷；马铃薯种植面积 0.4 万公顷；蔬菜种植面积 0.39 万公顷。滨海边疆区行政长官符拉基米尔 · 米克卢舍夫斯基表示，农工综合体是本地区最具前景的经济发展方向之一，计划在米哈伊洛夫斯基区设立农业“跨越式发展区”，开展现代化农业种植和农产品加工，将农业发展推向新的水平。

滨海边疆区农业开发具有明显优势。土地土壤条件优越，土地条件适宜大规模机械化作业和农田自然排水。土壤肥沃，耕性好，清洁性好。气候条件适宜，昼夜温差大，积温高，降水充沛，利于作物高产和保持优良品质。农业开发成本低，土地租赁（购买）成本远低于中国流转土地租金。在宏观环境不断改善的背景下，中俄两国战略协作伙伴关系不断发展。稳定发展的中俄双边关系，为中国在俄罗斯远东农业开发提供了有力保证。

4. 绥芬河市与滨海边疆区农业合作前景

在俄罗斯增强其农产品自给能力的背景下，该地区农业开发前景大好。但在俄罗斯远东农业开发过程中，也存在生产资料供给难、大型农机具购置限制多、人才科技支撑不足、内外部竞争激烈、政策障碍多等现实困境。中俄两国在农业生产、农产品贸易和农业项目投资方面的互补性非常强，发展前景广阔。据统计，目前，绥芬河市对俄农业投资已经逐渐从种植业向养殖业、农产品加工及物流领域延伸发展。投资规模比较大的境外农业园区数量达到了 20 个。

中俄（滨海边疆区）现代农业产业合作区，经过多年开发与建设，已发展成为集种植、养殖、加工于一体的中俄两国最大农业合作项目。合作区现在所拥有的耕地面积 6.8 万公顷，包括 14 个种植区，分布在俄滨海边疆区的米哈伊尔区、霍罗尔区、波格拉尼奇内区三个行政区内。

进一步加强绥芬河市与波格拉尼奇内区的农业合作，对促进中俄两国边境地区的经贸合作，推进中俄两国战略协作伙伴关系发展，打造中俄两国领导人所倡导“好邻居、好朋友、好伙伴”的合作项目典范，实现中俄合作优势互补、互利共赢具有重要意义。

（二）绥芬河对俄贸易情况

俄罗斯作为传统农产品进口大国，每年都需要大量进口农产品，其中包括大豆、玉米、肉类、蔬菜等。欧盟、美国、中国、乌克兰等国为俄主要农产品进口国。目前，俄罗斯非常重视本国农业发展，注重提高主要农产品自给率，从而保证本国的粮食安全。滨海边疆区、阿穆尔州等地区，因其农业开发条件优越，将来必定会成为俄罗斯实施本国农产品替代战略的重点地区。

1. 对俄罗斯农产品进出口情况

2015 年，绥芬河市累计对俄出口农副产品 1.52 亿美元，其中蔬菜 4.9 万吨，贸易额 6 315 万美元；鲜干水果及坚果 2.6 万吨，贸易额 3 407 万美元；大米 180 吨，贸易额 11.7 万美元；大豆 80 吨，贸易额 5.2 万美元。

2015 年，绥芬河市累计自俄进口农副产品 2 348 万美元，其中玉米 1.7 万吨，贸易额 285 万美元；大豆 8 068 吨，贸易额 254 万美元；小麦 5 302 吨，贸易额 208 万美元。

2. 对俄罗斯农产品出口基地建设情况

境外农业种植。中国企业在俄罗斯从事农业生产活动，土地获得方式主要是租赁和购买。主要种植的作物为大豆和玉米，农产品除部分在境外自用或销售外，部分返销国内。

绥芬河境外农业种植企业情况。截至2016年7月，绥芬河境外农业种植、养殖类项目17项，投资总额8 515.8万美元，主要从事大豆、玉米、小麦、大麦等农作物种植以及畜牧养殖。主要是中鼎牧业—龙源润丰公司、绥芬河侨兴远东现代农业发展有限公司、绥芬河市宝国经贸有限责任公司和绥芬河市新天地经贸有限公司等。

中鼎牧业—龙源润丰公司已在俄滨海边疆区投资打造“中俄农牧业产业示范园区”，以种养殖为主。拥有大型农机设备70多台，并配有3 000平方米机修库房1座，大型烘干塔一座，日烘干玉米400吨；3 000平方米谷物晾晒场、8 000平方米谷物仓库。土地主要以种植玉米、大豆、燕麦为主，年产量玉米2万吨，大豆1.25万吨，燕麦草8 000多吨。此外，该公司已在俄购买铁路货场一座，位于俄罗斯滨海边疆区波哥拉尼奇内市东南部。整体占地面积12 000平方米；拥有站台200米，车厢40节，单次运输量1 600吨。

侨兴远东现代农业发展有限公司在俄罗斯波格拉尼奇内市成立了境外全资子公司“远东侨兴投资发展有限公司”，同时，并购了“伊列娜”和“绿色田野”两家大型农场。公司境外拥有大型养猪场以及其他大量加工和仓储配套设施。

（三）绥芬河利用两个市场两种资源的思路和总体考虑

搭建境外农业发展平台，建设境外农业园区。一是生产资料方面：建设园区基础设施，购进大型农机设备，建设猪、牛养殖场和饲料、鲜奶等的加工厂，通过设施和设备的租赁吸引其他企业入驻。二是粮食销售方面：同驻区企业签订合同，回收企业部分或全部农牧产品进行加工或回运，保证产品销路，降低企业销售风险。三是粮食储存方面：在俄罗斯建设粮库，将粮食储存在俄罗斯，并按批回运国内。四是粮食深加工方面：将粮食回运绥芬河保税区进行深加工，销往内地或出口。五是资金方面：园区可向入区企业提供金融支持，可采取垫资等方式，收取利息或接受产品抵押。六是科研方面：根据滨海边疆区自身的土壤、气候条件，培育良种，提高境外种植粮食产量。最后，加大对俄高层交流，充分利用好中俄两国的政策优惠，放大驻区企业业务量，为企业提供法律政策方面的服务，维护企业在俄合法利益。园区还可以对区内企业产出的产品进行统一的标准管控，使之符合俄罗斯、日韩及国际质量标准。最终，在园区内外形成良性的产业链，积极发挥园区集聚效应和平台效应，大力推动我国农业“走出去”战略的有效实施。

参考文献

郭剑彪 . 2015. 抢抓历史机遇对标国际一流加快提升浙江制造核心竞争力——“德国模式”对浙江工业经济发展的经验与启示 [J] . 浙江经济，(22) : 6-9.

李絮，项义军 . 2015. 绥芬河口岸建设中存在的问题及政策建议 [J] . 商业经济，(5) : 17-19.

翁兆祥 . 2017. 非公有制企业党组织覆盖问题研究 [D] . 长春：吉林大学 .

吴晓青 . 2004. 图们江增长三角空间结构演变趋势及其调控研究 [D] . 哈尔滨：东北师范大学 .

姚舜禹，张金萍，王雪梅，等 . 2016. 绥芬河口岸对俄贸易存在的问题及改进建议 [J] . 商业经济，(4) : 100-159.

张世民 . 2017. 关于发展山区特色农业的思考——以绥芬河市为例 [J] . 黑龙江金融，(2) : 75-77.

赵龙珠 . 2015. 黑龙江对俄边境口岸经贸合作发展研究——以绥芬河口岸为例 [J] . 现代商业，(15) : 109-110.

欧亚之门——黑河

黑河市位于黑龙江省北部，历史悠久、区位独特、文化多元、生态良好、资源富集。城市四季分明，空气清新，拥有世界闻名的火山、矿泉和大界江、大森林、大湿地、大熔岩、大冰雪等资源，是中国优秀旅游城市，拥有黑龙江、嫩江两大水系及其支流631条，人均水资源占有量是全国的3.5倍，风能蕴藏量丰富，生物质资源年产量60万吨以上，素有“地质摇篮”和“矿产之乡”美誉。黑河也是中国北方少数民族文明发祥地之一，拥有汉、满、回、鄂伦春等39个民族，与俄罗斯远东第三大城市、阿穆尔州首府布拉戈维申斯克市仅一江之隔，融汇东西方文明，有“中俄之窗”“欧亚之门”之称。

一、黑河市农业发展

黑河市总面积68 726平方公里，总人口170万。其中，农业人口69.9万人，农村劳动力41万人，有65个乡（镇）和566个行政村。黑河市草原资源总面积878万亩，载畜量达170万羊单位。2015年，黑河市生产总值447.8亿元，比上年增长 7%；农村常住居民可支配收入 12 598 元，比上年增长 10.5%；农业增加值 144.91 亿元，比上年增长 7.4%。

（一）农业资源特点

黑河市的农业资源具有气候独特、耕地富集、养殖优良和林业丰富等特点。

1. 气候资源独特

黑河市位于北纬 47° 42′~51° 03′，东经 124° 45′ ~129° 18′，全市呈寒温带大陆性季风气候特征。全市年均降水量 491~540 毫米，有效积温 1 950~2 300℃，日照时数 2 562~2 677 小时，无霜期 90~120 天。冬季漫长，耕地有半年处于休眠状态，植物病虫害和动物疫病少。夏季光、热、水同季，昼夜温差大，农作物干物质和微量元素积累多，产出的农产品品质优异、口感上乘。独特的气候条件，既保证了农产品质量安全，也为生产无污染、安全、优质、营养的绿色食品提供了先决条件。

2. 耕地资源富集

黑河市地处世界三大黑土带之一，境内总耕地面积 2 927 万亩。其中，市属耕地 1 848.34 万亩，农民人均耕地 26.4 亩，分别是全省、全国人均耕地面积的 6 倍和 17 倍。土壤以黑土和草甸土为主，占总耕地面积的 90%，黑土层平均厚度在 60

厘米，最高可达1.5米，是全国平均水平的1倍以上。土壤有机质含量在5%~7%，是全国平均水平6~8倍，适于豆、麦、薯、甜菜等多种作物生长，是国家重要商品粮基地和绿色食品主产区。

3. 养殖资源优良

黑河市因地处边疆，开发较晚，生态保持完好。境内有黑龙江、嫩江两大水系，流域10公里以上河流631条，水资源蕴藏量达115.88亿立方米，人均占有水量1 618立方米，人均占有水资源量是黑龙江省的2.6倍，是全国人均的3.5倍。充沛的水资源为冷水鱼生长提供了优越的自然条件，大马哈及“三花五罗”等名贵鱼种18科58属87种。全市草原资源总面积878万亩，载畜量达170万羊单位，草原生态环境良好。

4. 林业资源丰富

黑河市林业生态保护较好，是中国东北地区重要的生态屏障。林地总面积4 602万亩。申报建立5处省级湿地类型自然保护区，2处保护区晋升为国家级，直接保护面积173.55万亩。建立省级湿地公园4处、湿地保护小区（试点）8处。有野生药用植物350种，重点野生中药材蕴藏量大约在150万吨。野生浆果和植物1 000余种，野生动物460余种，是我国重要的野生动植物资源谱和基因库。人工种植人参、五味子、水飞蓟等北药面积60万亩。以黑木耳为主的食用菌类种植总量达3 100万袋，实现总产量近125万公斤。

（二）特色农业产业发展

2015年，黑河市有种植农户23.3万户，户均经营耕地81亩，种植农户户均收入4.6万元。全市农业机械总值47.48亿元，农机总动力285.31千瓦，田间综合机械化率达到98.2%，该市不断优化种养结构，发展农产品精深加工，发展绿色有机生产，培育绿色农产品品牌。

1. 种养结构进一步优化

2015年，黑河市总播种面积1 890.6万亩，粮豆薯面积1 822.5万亩，占总面积的96.4%；总产量491.9万吨。其中，水稻面积28.9万亩，亩产449.9公斤，总产13万吨；小麦面积88.3万亩，亩产239.99公斤，总产21.2万吨；玉米面积717.32万亩，亩产458.6公斤，总产328.9万吨；大豆面积965.2万亩，亩产123.5公斤，总产119.2万吨。总产值107.8亿元，亩产值590元。

2015 年年底，奶牛、肉牛、生猪、山绵羊存栏数分别为 10.7 万头、48.7 万头、78.9 万头、102.4 万只，同比分别增长 4.7%、3.6%、1.8% 和 4.0%；肉牛、生猪、羊出栏数分别为 21.6 万头、86.8 万头、596.3 万只，同比分别增长 5.3 %、4.2%、5.0%。肉、蛋、奶总产量分别达到 12 万吨、1.9 万吨和 25.6 万吨，同比分别增长 6%、3.5%、7.5%。畜牧增加值 16.7 亿元，比上年增长 8%。

2. 发展农产品精深加工

推进北安谷神、孙吴恒大粮油等食品大豆精深加工项目建成低温冷榨、大豆油精炼等系列产品生产线；扶持嫩江四合大豆等现有企业扩大冷榨大豆油、低温脱脂豆粉等产品生产规模。全市规模以上企业农产品实际加工（交易）总量达到 130 万吨以上、实现销售收入达 38 亿元以上、利税达到 1.3 亿元以上[①]。

3. 发展绿色有机生产

发挥寒地黑土、生态环境优良的优势，大力缩减农药、化肥、除草剂用量，扩大绿色有机食品种植面积，发展绿色有机大豆、小麦等优势作物，推广鸭—稻、蟹—稻生产模式，提升农产品品质和附加值。目前，全市获得绿色有机农产品认证数达到 81 个，绿色、有机食品种植业 320 万亩。创建嫩江、北安、五市 3 个绿色食品原料标准化生产基地，面积达到 280 万亩。

4. 打造绿色农产品品牌

利用市场手段，积极引导企业，采取合作、特许经营等方式，加快寒地黑土、绿色有机、原生态特色等品牌整合建设。重点培育“黑河大豆”精深加工制品，“北纬 49 度生态农业”“食佳”“硬红春”小麦制品，“中兴牧业”、大小兴安岭山珍系列产品等高纬寒地品牌，打造一批市知名、省著名和国家驰名的农产品品牌，全市获得绿色、有机食品产品商标 53 个。

（三）优势潜力产业发展

黑河市抢抓国家推进农业供给侧结构性改革、支持大豆产业发展机遇，立足高纬寒地和传统麦豆主产区的优势，以提高大豆竞争力为核心，以食品加工原料大豆为主，建设全国最大的绿色优势大豆产业基地。

---

① 数据来源：黑河市加快传统农业向现代农业发展，http://heihe.dbw.cn/system/2017/03/29/057585848.shtml

1. 黑河大豆产业优势明显

黑河大豆产业具有四个方面的优点：一是生态、安全、健康，黑河市的生态环境好，高纬寒的漫长寒冷的冬季极大地减轻病虫害发生率，一般年份基本不用杀虫剂，且杀菌剂用量极少，亩化肥用量是全国的 1/3，是全省的 1/2；二是食品加工品质最佳，土壤有机质含量高，雨热同季，昼夜温差大，有利于物质的积累，大多数品种蛋白、脂肪总含量达 60%，脂肪 19%~21%，蛋白 35%~40%，是食品加工的黄金比例；三是食品加工市场需求大，国内蛋白食用大豆年需求量 1 800 万吨，我国年产大豆仅 1 100 多万吨，年缺口 600 万吨，国内优质食用大豆的市场需求十分广阔；四是可大批量、匀质供应，黑河历史上是著名的豆麦优势主产区，全市域内耕地 3 000 万亩，大豆面积至少将发展到 2 000 万亩，年可生产优质大豆 25 亿 ~30 亿公斤。生产经营方式以合作社、家庭农场经营为主，便于组织进行专业化生产。

2. 加快大豆产业建设步伐

黑河市从五个方面积极推动大豆产业的发展：一是邀请科研院校编制《黑河大豆产业发展规划》；二是与国家大豆工程技术中心合作，共同推进中国大豆网建设，重点宣传推介黑河传统大豆食品；三是成立黑河大豆产业发展有限公司，拓宽黑河大豆发展平台；四是完成“黑河大豆”地理标识在国家商标局的备案和注册，黑河市先后获得“中国绿色生态大豆生产示范基地”“中国优质大豆生产基地”命名；五是推动 30 家现代农机合作社规范社组建黑河大豆种植合作社联合社，推广大豆绿色增产增效技术模式。

二、主动对标参与全球竞争

美国和俄罗斯具有丰富的农业发展经验，值得学习和借鉴。当前，黑河市正处于农业现代化发展的重要时期，尤其需要主动对标国际一流城市，拓展全球化视野，巩固和发展优势产业，提升农业核心竞争力。

（一）对标俄罗斯

1. 哈巴罗夫斯克边疆区

哈巴边区位于远东南半部，土地面积 78.76 万平方公里，占俄罗斯联邦领土面积的 4.6%。气候为温带季风性气候，年降雨量为 400~800 毫米。森林资源丰富，覆盖率为 68.2%。2015 年，农业生产总值 217 亿卢布（约合 3.8 亿美元），同比下降 7.3%，占远东地区的 12.2%[①]。哈巴边区主要种植区在南部，种植小麦、大麦、燕麦、大豆、马铃薯、饲料作物和蔬菜等，有乳用及乳肉兼用畜牧业、养鹿业、毛皮狩猎业。

2. 滨海边疆区

滨海边疆区位于欧亚大陆的最东端，气候湿润，森林覆盖率高达 90%，属于温带海洋性气候。夏季降水量为全年降水总量的 70%。滨海边疆区的农业发展迅速，2011 年农业生产总值达到 15.93 亿美元，其中种植业生产总值占 32.8%，畜牧业生产总值占 19.8%，海洋渔业生产总值占 47.4%。种植业以大豆和粮食作物为主，畜牧业以生猪、牛和家禽养殖为主[②]。

3. 犹太自治州

犹太自治州的气候属温带季风气候，冬季少雪寒冷，夏季温暖潮湿。平原地区年降水量 644~758 毫米，适宜农作物的生长。犹太自治州主要种植小麦、黑麦、燕麦和大豆，畜牧业以肉用畜牧业为主。2015 年，农业生产总值为 60.74 亿卢布（约合 1.1 亿美元），同比下降 17.8%，占远东地区的 3.4%，主要出口商品有油籽等种子、木材及其制品[③]。

（二）对标美国

1. 密苏里州

密苏里州位于美国中部，气候温和，1 月的平均气温大约为零下 2.4℃，7 月平

---

① 中华人民共和国驻哈巴罗夫斯克总领事馆经济商务室，哈巴罗夫斯克边疆区 .http://khabarovsk.mofcom.gov.cn/article/dqjj/201801/20180102695224.shtml

② 张忠明，杜楠，童俊，洪仁彪 . 中国对俄罗斯远东农业开发的前景及现实困境——基于滨海边疆区的调查 [J]. 世界农业，2015(08):176-181

③ 中华人民共和国驻哈巴罗夫斯克总领事馆经济商务室，犹太自治州 .http://khabarovsk.mofcom.gov.cn/article/dqjj/201801/20180102695225.shtml

均气温为25℃。南部山区有大片森林，北部是平原和草原，东南部的平均降水量为119厘米，西北部则为91厘米。密苏里州是玉米、小麦和大豆的主产区，主要产品有大豆、玉米、乳制品、动物饲料原料等。畜牧业以猪、牛、肉鸡、火鸡养殖与肉类加工为主。

2. 伊利诺伊州

伊利诺伊州属温带气候，冬季寒冷多雪，夏季炎热。北部年平均降水为800~1 200毫米，南部为1200~1 600毫米。最北部的生长期只有160天，南部为210天。农场土地面积约占全州面积的80%，是美国主要的玉米和大豆生产区，大豆和玉米产量居全国首位。畜产品中牛肉和羊肉居全国首位，主要分布于南部，猪肉产量居全国第二位，主要分布于中部和西北部。

（三）对标国际的启示

俄罗斯和美国的部分地区与黑龙江黑河市在地理区位、资源禀赋和优势产业等方面有相似之处：一是地理区位类似，同处中高纬度，同属温带季风性气候，冬季寒冷，夏季湿热；二是资源禀赋相似，森林、水资源比较丰富，人均耕地面积较大；三是优势产业相似，大豆产业发展优势明显。

对标国际，黑河市具备较强的发展潜力。近年来，黑河市牢固树立创新、协调、绿色、开放、共享发展理念，实施“藏粮于地、藏粮于技”战略，坚持走产出高效、产品安全、资源节约、环境友好的农业现代化道路，着力构建生产体系、产业体系、经营体系、服务体系、支撑体系，努力构建优势特色突出、产业链条完整、市场竞争力强、生态环境可持续的新型现代化农业发展模式，通过实施综合生产能力建设保障工程、新型经营主体培育壮大工程、农业提质增效工程、农业生态保护利用工程等途径，加快黑河市的农业现代化步伐。

三、统筹利用两个市场两种资源

（一）黑河对岸的俄阿穆尔州

1. 俄阿穆尔州概况

阿穆尔州位于东经119° 35′ 至134° 55′ 、北纬48° 51′ 至57° 04′ 之间，属寒温带大陆季风性气候。冬季寒冷、干燥、降雪少、天气晴朗；夏季炎热、时间短、雨量集中。年平均气温为 0~8℃。无霜期北部地区为 57 天，南部地区为 144 天。年降水量西部地区为 430 毫米，东部地区达 800 毫米，多集中在春夏季节，占年降水量的 90%~92%。

2. 俄阿穆尔州农业发展现状

阿州农业主要分为种植业和畜牧业两大部分：种植的农作物主要有小麦、大麦、燕麦、荞麦、玉米、大豆、马铃薯、蔬菜和饲料作物，其中，小麦产量占俄罗斯远东经济区总产量的 1/3，大豆产量占远东经济区总产量的 3/4，居全俄之首[①]；畜牧业以饲养牛、猪、羊和家禽为主。

3. 俄阿穆尔州农业发展潜力

阿州农业用地总面积 230 万公顷，其中耕地面积占 46.5%，草场占 15.3%，牧场占 17.6%，荒地占 20%。据初步估计[②]，2016 年农业总产值达到 532.6 亿卢布（约合 9.3 亿美元），比 2011 年的 289.47 亿卢布（约合 5.0 亿美元），增长了 84.0%。在种植业方面，农作物的收获面积达 121.4 万公顷，其中大豆 89.5 万公顷，比 2015 年增加 1.1%，马铃薯和蔬菜 2.6 万公顷，饲料作物 7.5 万公顷。在畜牧业方面，截至 2016 年年底，牛、猪、羊存栏量分别为 7.9 万头（其中奶牛 3.8 万头）、7.3 万头、2.1 万头。阿州农业发展的重点产业是食品和加工业，主要是多种形式的副食加工。

4. 黑河市与俄阿州农业合作前景

黑河市与俄阿州的农业合作有坚实基础。第一，地缘和资源优势突出。黑河市与俄阿州首府布拉戈维申斯克市隔江相望，最近处仅为 1 公里，黑河口岸是全国对俄边贸合作最早的边境口岸，经过多年发展，已由单一的边境贸易发展为多层次、多领域的经贸合作。俄阿州地区人口稀少，农业资源丰富。据调查，阿州地区每平方公里人口仅为 0.36 人，现有农业用地 5 300 万亩，其中可经营农业用地 3 500 万亩。第二，农业互补优势强。黑河市农产品品种多、数量大，劳动力资源丰富，农业实用技术先进。俄阿州农业资源丰富，科技实力雄厚，能源充足。双方自然条件

---

① 张巍 . 中国黑河市与俄罗斯阿穆尔州的农业合作 [J]. 俄罗斯中亚东欧场，2008(10):41-47

② КРАТКИЙ ОБЗОР ЭКОНОМИКИ http://www.amurobl.ru/wps/portal/!ut/p/c5/04_SB8K8x-LLM9MSSzPy8xBz9CP0os3gTAwN_RydDRwMLi0AzA09L5yALZ0__IMNQQ30v_aj0nPwkoEo_j_zcVP2C7EBFAN_AZN4!/dl3/d3/L2dJQSEvUUt3QS9ZQnZ3LzZfNDAwT0FCMUEwODhRNjBJOUNSO-ENJT1IxUDc!/

趋同，农作物种植生产技术融合性很高，在农业领域各有优势，互补性很强，非常适合农业开发合作。第三，“一带一路”建设为中俄双方合作带来机遇。中央提出建设“一带一路”倡议为中俄双方合作带来机遇。国家还出台了“黑龙江和内蒙古东北部地区沿边开发开放规划”，为扩大黑龙江省对俄罗斯农产品贸易合作创造了宽松环境。黑龙江省也提出打造连接亚欧的东部陆海丝绸之路经济带，有利于黑龙江发挥对俄及东北亚贸易的桥头堡作用，对深化中俄全面战略协作伙伴关系，有着深远影响。第四，俄方合作开发愿望迫切。由于俄部分企业设备、厂房被闲置，资金严重短缺，普遍欢迎中国企业到俄投资办厂，通过境外劳务合作，可促进农民增收。第五，合作市场空间广阔。俄阿州地区主要农产品自给率很低，农产品品种单一，季节性短缺严重，市场价格较高，同样品种和品质的农产品，俄市场价格是黑龙江省的 2~3 倍，加之西方对俄罗斯进行制裁，而俄罗斯是欧洲水果和蔬菜等农产品的最大进口国，俄罗斯政府为了反制裁欧美国家，禁止进口欧美等西方国家的包括果蔬在内的农产品，俄罗斯蔬菜、水果、乳产品、肉类等农产品缺口巨大，为扩大农产品对俄出口带来难得的历史性机遇。

（二）黑河市对俄贸易情况

1. 对俄罗斯农产品进出口情况

据商务部门数据显示，近 5 年，黑河市农副产品进口总额呈波动上升趋势（见图 1），尤其是 2015 年，黑河市农副产品的进口总额达到 9 976.3 万美元，同比增

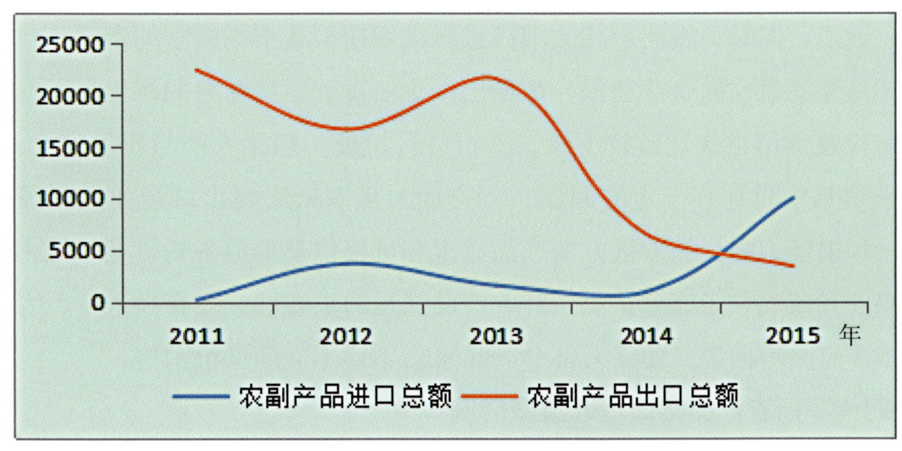

图 1　2011—2015 年农副产品进出口额

注：农副产品含列明产品

长954.7%。其中，粮食进口总额8 923.2万美元，同比增长1 076.9%。近5年，黑河市农副产品出口总额呈波动下降态势，2015年达到3 398.6万美元，同比减少48.1%。黑河出口农副产品以蔬菜为主（见图2），2015年蔬菜出口量3.04万吨，出口金额1 415.7万美元，同比分别减少17.4%和3.5%；鲜、干水果及坚果出口量1.52万吨，出口金额1 152.7万美元，同比分别增长7.3%和46.6%；粮食出口量0.66万吨，出口金额303.58万美元，同比分别减少30.5%和12.6%。

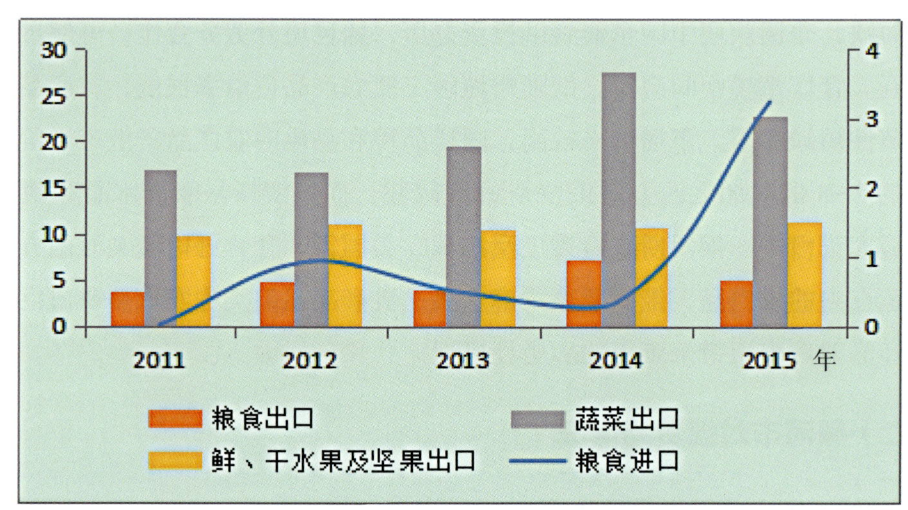

图2　2011—2015年农副产品出口情况

近年来，黑河市加大对俄罗斯农产品进出口工作服务力度，在界江黑龙江上搭建江面封冻期和解冻期可以使用的浮桥，缩短了闭关期，增加了过货量，建立果蔬运输绿色通道。同时，黑河市相关部门进行俄罗斯果蔬市场需求的调研工作，及时搜集整理最新消息，向企业通报，帮助出口企业发展适销对路的绿色果蔬品种。此外，检验检疫部门也优化监管手续，实行驻厂检疫，强化农产品质量安全。但是，黑河对俄贸易中也存在一定的问题，一方面对俄罗斯果蔬出口企业大多经营规模小，带动辐射能力弱，获取俄方的产品需求和价格信息渠道不畅，竞争能力弱；另一方面果农和菜农并未充分认识生鲜农产品储运的重要性，存在投入少、专业人员以及技术不过关等问题，使得大部分产品采后不得不立即低价销售。

2. 对俄罗斯农产品出口基地建设情况

为做好对俄罗斯农产品出口，黑河市积极与俄阿州政府加强沟通，各有关部门加强沟通协作，为出口基地、企业提供政策、法律、信息和技术等服务。并起草

《黑河市对俄罗斯农产品出口基地建设工作方案》，将对俄罗斯农产品出口基地建设工作摆上重要位置，制订了本区域的对俄罗斯农产品出口基地建设方案和目标，确定出口基地建设的产业布局和区域重点。

目前，黑河市已形成以北安对俄蔬菜园区为牵动，以逊克县、爱辉区边境县（区）为重点的对俄罗斯农产品出口基地，面积达 15 万亩，基地蔬菜出口率达 50% 以上。在北安市通北镇建设的黑河市东北亚（对俄）现代蔬菜产业园实行低成本高效率的“专业合作社 + 基地 + 备案”经营模式，占地面积 183 万平方米，已投资 9 288 万元，建有日光节能温室 178 栋，钢架大棚 400 栋，储藏室 3 栋，2.3 万平方米的禧荣物流中心一处。推广大棚多层覆盖、秸秆发酵等 20 余项新技术，种植 20 余种适合出口的时令果蔬，年产量 5 000 多吨，对俄出口 2 000 余吨，年收入 433 万美元，吸纳农村剩余劳动力 600 余人。产业园现已成为黑龙江省 10 个绿色农产品生产基地之一，具有无公害农产品认定证书，并注册了“通北绿园”商标，进一步扩大了产品知名度。爱辉区优化区域布局，以沿江乡镇和近郊乡镇为重点，加快建设幸福乡、四加子乡现代棚室蔬菜出口基地 3 000 亩，西峰山乡马铃薯种植基地 500 亩，大兵食用菌基地 3 000 亩，食用菌产量预计达 300 吨。逊克县

来源：中共黑河市委宣传部

中俄农业科技合作示范园区依托对俄标准化果蔬出口基地项目建设，示范种植裸仁南瓜、彩椒、葡萄、油豆角等俄罗斯市民喜爱的蔬菜水果10余种。

同时，黑河市顺兴公司与爱辉区幸福乡联手打造绿色蔬菜基地，并在黑河市区建设了占地面积1.6万平方米，总投资4 800万元的水果包装、蔬菜加工、低温仓储、保暖仓储、远程监控设施、自检化验室等多功能蔬菜水果包装加工厂，是黑龙江省口岸最大的蔬菜水果加工包装企业之一，年加工包装果蔬能力8万吨，出口果蔬品种达50多种，年出口量3万多吨。

（三）黑河利用两个市场两种资源的思路和总体考虑

黑河市紧紧抓住国家“一带一路”和“东丝路经济带”建设有利时机，深入实施农业“走出去”，充分利用国内国际两个市场、两种资源，积极组织企业“走出去”，发展境外农业投资合作，拓宽对俄农业科技合作与交流，强化境内农产品出口基地建设，积极争取国家农业专项建设基金和国家农业建设项目，充分利用国家实施黑龙江和内蒙古东北部地区沿边开放开发规划相关政策和措施，探索按照国际自由贸易区建设管理模式，在黑龙江黑河段两岸，建设黑龙江跨境农业合作园区。

1. 促进农产品加工和贸易

主要体现在四个方面：一是充分利用黑河自身农产品加工技术和设备优势，鼓励和支持境外现有企业，或组织有一定规模的企业与俄有实力企业合作，投资建设大豆、玉米、马铃薯、饲料、畜禽产品和乳制品等农产品精深加工项目。二是按照“出口抓加工、进口抓落地”的方针，以黑河市进出口产业加工园区为核心，加快建设进口有机粮食加工产业园区，创建粮食储运、有机食品加工等项目基地。三是加快发展一批农产品进出口贸易龙头企业，通过农产品储存、保鲜、运输等相关产业的发展，带动更多的农产品销往俄罗斯市场。四是在黑河市高起点、高标准筹建中俄农产品交易市场，创响具有国际竞争力的市场品牌。探索建立旗舰店、品牌店、专卖店，发展连锁经营，提升产品知名度。

2. 加强农产品出口基地建设

以边境口岸县对俄罗斯果蔬出口基地为依托，加快支持发展内陆县出口基地建设，强化质量安全，大力发展有机、绿色、无公害果蔬产品，打造绿色、有机果蔬品牌，扩大全市对俄罗斯农产品出口基地规模。根据俄市场需求，采取技术、市场等手段，扩大适宜出口果蔬品种种植，提高地产果菜出口率。组织企业和农户打好果蔬种植和上市时间差，发展特色品种，避免外进果蔬对地产果菜带来影响。加强对果蔬出口的监测管理，加大果蔬农药残留检测的范围和力度，建立有效的农药残留监测体系，指导菜农使用高效、广谱、低毒、低残留的农药，确保出口果蔬的质量和安全。关注并重视对俄果菜出口企业的发展，在各个方面给予优惠政策，打造“产、加、销”一体化的对俄果菜出口龙头企业，以此争创知名果菜品牌。

参考文献

卜繁超 . 2001. 当前伊犁水果和蔬菜采后存在的问题及对策［J］. 新疆农机化，（3）：8-8.

郭剑彪 . 2015. 抢抓历史机遇对标国际一流加快提升浙江制造核心竞争力——“德国模式”对浙江工业经济发展的经验与启示 . 浙江经济，（22）：6-9.

柳邦坤 . 1994. 建立跨国自由经济贸易区——“区域发展中的经济特区”国际研讨会综述［J］. 国际经济合作，（2）：11-14.

马振勇，王韬，芦楚涵，等 . 2015. 保护黑土与我省发展优质高效绿色农业的分析与探讨［J］. 农机使用与维修，（10）：86-87.

米军，袁黎霞 . 2012. 中国与东北亚主要国家农产品贸易竞争力实证分析［J］. 财经问题研究，（8）：92-98.

谢宝，麦伟光，王智慧 . 2009. 拓展国际合作与交流服务珠江水利改革发展［J］. 人民珠江，30（a02）：42-43.

张美雷 . 2002. 俄罗斯阿穆尔州农业情况分析［J］. 欧亚经济，（9）：45-48.

张巍 . 2008. 中国黑河市与俄罗斯阿穆尔州的农业合作［J］. 俄罗斯中亚东欧市场，（10）：41-47.

赵才 . 2003. 依托优势突出重点促进对俄罗斯农业合作的快速发展［J］. 欧亚经济，（7）：19-21.

周博 . 2009. 关于黑龙江省发展对俄蔬菜出口问题［J］. 西伯利亚研究，（3）：21-24.

东亚之窗——满洲里

满洲里是内蒙古自治区直辖县级市，也是计划单列市，下辖综合保税区、扎赉诺尔区、经济技术合作区、中俄互市贸易区、东湖区、国际物流产业园区。满洲里是国家重点开发开放试验区[①]，也是中国最大的陆路口岸。

满洲里市西临蒙古国，北接俄罗斯联邦。全市总面积732.44平方公里，户籍人口总户数75 405户，户籍人口为172 137人，由蒙、汉、回、朝鲜、鄂温克、鄂伦春、俄罗斯等20多个民族组成。满洲里已经拥有上百年历史，融合中、俄、蒙三国风情，被誉为“东亚之窗”。

① 满洲里市人民政府，http://www.manzhouli.gov.cn/eportal/ui?pageId=362413¤tPage=1&moduleId=ef0e34c0e6aa46848d0037f4ae68b0af&otherPageKeys=xqsq

一、满洲里农业发展

满洲里南北最宽 34 公里，东西最长 50 公里，呈不规则狭长形。2016 年，全市生产总值 241.6 亿元，同比增长 7.6%。其中一、二、三产业增加值分别为 3.6、59.4 和 178.6 亿元，各自增长 2.6%、6.8% 和 8.0%。三次产业结构比例为 2：26：72。

（一）农业资源特点[①]

1. 气候

满洲里属中温带大陆性草原气候，属半干旱区。年平均气温 0.7℃。冬季十分寒冷而漫长，春季风大物燥，夏季温凉短促，秋季则霜冻很早。年均降水量约 300 毫米，集中在 7—8 月，这一阶段植物生长旺盛。

2. 土地资源

满洲里市（不含扎赉诺尔区）土地总面积 46 496.40 公顷。耕地面积 1 371.86 公顷，其中水浇地 1 256.61 公顷、旱地 115.25 公顷。林地面积为 1 577.41 公顷。草地面积 32 968.83 公顷，其中天然草地 30 398.72 公顷、人工草地 47.41 公顷、其他草

① 资料来源于满洲里政府网站，http://www.manzhouli.gov.cn/mlbc/mzlgk/bczy/tdzy/index.shtml

地 2 522.70 公顷。此外，城镇及工矿用地面积为 7 409.22 公顷，交通用地 1 074.32 公顷。其他土地 1 403.29 公顷，其中沼泽地 1 234.53 公顷，裸土地 83.43 公顷。

满洲里市地处栗钙带的暗栗钙土亚带，受地形、成土母质等地域性因素制约，有多种非地带性土壤发育。本市地势中部高，东西低。二卡至灵泉一线以东地貌为河流阶地和河漫滩，地势低平，地下水位高，局部地表积水，成土母质为现代河流冲积物，集中发育着半水成、水成的草甸土、沼泽土等非地带性土壤。土层深厚，无钙积层，以多宜性土壤为主。但滨洲铁路北侧水偏多，土壤冷湿，成为土壤利用的制约因素。二卡至灵泉以西为地带性土壤，以暗栗钙土为主，其中部地貌为低山丘陵，地势起伏，南高北低，坡度大，成土母质以石英粗面岩、安山岩、率武岩等的残积、坡积物为主，发育的土壤土层浅、薄，粗骨性强；市区以西为高平原，波状起伏，地形平缓，成土母质以洪水冲积物为主，发育的土壤土层较厚，土质肥沃。暗栗钙土地温高，养分转化快，养分含量较高，但水源不足，土壤干旱和土体中坚硬紧实的钙积层的存在，成为限制农林业发展的制约因素。

3. 水资源

满洲里市水资源较为丰富，地表水资源量总计为 155.48 亿立方米（含呼伦湖蓄水量），主要分布在东部，包括海拉尔河、属于额尔古纳河水系的呼伦湖和新开河。其中海拉尔河年平均径流量 30.4 亿立方米。呼伦湖蓄水量 130 亿立方米；新

开河引水年径流量约 110 万立方米。满洲里地下水多分布在山间洼地、山丘底部及河谷滩地，主要有第四纪孔隙潜水、基岩裂隙潜水和深层结构裂隙水三种。满洲里市水资源总体呈弱碱性，pH 值约 7.5~8.9，含氟量较高。

4. 植物资源

1983 年调查数据表明，满洲里市主要有饲用、水生、浮游及药用四大类资源型植物。野生种子植物中有很多有饲用价值，主要的饲用植物有 275 种，禾本科的饲用价值最大，其次是菊科。禾本科和菊科植物是满洲里市天然草场的主体部分。芦苇类是最主要的水生植物，其他还有蒲草、水葱等。芦苇大体分为三种类型，即大芦苇、中芦苇、小芦苇。满洲里芦苇总面积约 2 666.6 公顷，蕴藏量约 3 万吨，是内蒙古自治区芦苇重点产区之一。满洲里拥有丰富的浮游植物，为鱼、虾、蟹等水生动物及水鸟等提供了丰富饵料。满洲里还生长着大量野生药材，药用植物 420 种左右，主要有艾叶、知母、黄芩、黄蔑、黄苔、麻黄、漏芦、柴胡、防风、甘草、波叶大黄、小白花地榆等 107 种。

在气候、地貌、土壤、水文等自然要素影响下，满洲里市植被生长缓慢、生长期短。主要植被类型为各种草场，包括典型草原、草甸草原、沼泽草原等。典型草原为天然草场的主体植被，植被群落以羊草、大针茅和其他嗜砾石的杂类草组成。草甸草原植被群落以羊草、线叶菊、贝加尔针茅、铁杆篙和中旱生植物组成。沼泽草原植被群落主要有芦苇、苔草、水葱、小叶樟等。在海拉尔河一带有部分柳灌丛，地势稍高处植被以野大麦、看麦粮、碱草、寸草苔、马蔺为主。林木以杨树、榆树、河柳、丁香、榆叶海、樟子松为主要树种。

5. 动物资源

满洲里动物资源较为丰富，有各种鸟兽鱼虫。鸟类主要是水禽和草原鸟类，呼伦湖及其周围草原鸟类众多，其中国家级保护鸟类占规定保护鸟类品种的 23.59%。满洲里市野生兽类主要分布在草原、沼泽、芦苇、林地和河滩，主要包括狼、狐狸、獾等。满洲里鱼类共有约 30 种，还有其他多种水生经济动物资源，另外还有 37 种浮游动物。

（二）特色农业产业发展

1. 积极发展设施农业，种植结构不断优化

在现代农业、设施农业发展中，满洲里积极调整农业产业结构，大力发展设

施农业，适度减少蔬菜、葵花播种面积、扩大马铃薯种植面积。2016 年全市农作物播种面积 18 435 亩，同比减少 7.4%。其中，蔬菜面积 6 540 亩，减少 30.5%，产量 19 163 吨；马铃薯面积 5 865 亩，产量 2051 吨；瓜类 810 亩，产量 1675 吨；其他农作物 5 220 亩（青饲料 1 305 亩，葵瓜子 3915 亩）。全市设施农业面积累计 1 871 亩，其中智能温室 25 亩，日光温室 414 亩，大棚 1 432 亩。特色作物主要引进了葡萄、草莓、甜瓜、哈密瓜等品种[①]。重点扶持东湖区万康有机蔬菜生产基地、东湖区创汇农业科技示范园区和扎赉诺尔区绿缘三大种植基地建设，逐渐形成了规模化、集约化、标准化的设施蔬菜外向型基地。

2. 畜牧养殖更注重资源可持续发展

满洲里实施了“放心肉”工程，稳定生猪饲养规模，保持肉、禽蛋和水产品产业的稳步发展。重点抓好生猪养殖基地与水产品、肉食品加工企业的发展，实现了

① 满洲里市 2016 年国民经济和社会发展统计公报，http://www.ahmhxc.com/tongjigongbao/8232.html，2017.9.23

生猪的就地加工和水产品的深加工，提高畜产品的附加值，保证肉产业的稳步发展和肉产品市场的均衡供给。2016 年全市肉蛋奶产量分别为 4 482、2 450 和 1 725 吨。家畜共 9.2 万头（只），增长 2%。其中，大牲畜和羊同比下降 11.5%，为 3.5 万头（只），生猪存栏增长 12.7%，达到 5.75 万口，家禽饲养量基本保持不变为 12 万羽。全市特种经济动物饲养量 4.1 万只（狐 3.9 万只、貉 0.2 万只），较上年同期下降 2%[①]。

（三）优势潜力产业发展

满洲里位于内蒙古东部，紧邻东北三省，地理位置得天独厚，具有较强的区位优势，与东北老工业基地和环渤海经济圈经济交往密切，成为我国东北经济区的重要经济增长点。从国内视角看来，内蒙古东部地区已被确定为国家重点开发开放试验区，并纳入了国家振兴东北计划，这为促进满洲里经济发展，深化区域经济合作打下了良好基础。从国际角度看，满洲里市与俄罗斯、蒙古国接壤，位于“亚欧第一大陆桥”的要冲，是连接亚欧两大地区最重要、最便捷的陆路通道之一。满洲里已经成为对内对外两种资源、两个市场的交汇点。

① 来源：内蒙古自治区政府

受益于独特的地理位置，满洲里的农产品物流与进出口发展前景广阔。一是农产品进口日益增多。其中俄罗斯油菜籽进口实现了常态化，并实验性进口了荞麦、燕麦、葵花籽和亚麻籽。2016 年进口粮食 4.9 万吨，增长 103%；进口俄罗斯植物油 15 334 吨，货值达 1 330 万美元，同比分别增长 13.9%、16.6%；同时，橄榄调和油、玉米油、亚麻芥子油均为满洲里口岸首次进口。二是出口增长迅速。2016 年实现菜果出口 32.1 万吨，比上年增长 58.1%，创汇 2.2 亿美元，增长 1.57 倍。蔬菜水果出口品种达到 40 多种。农产品仓储服务功能与设施日臻完备。蔬菜水果仓储设施面积突破 10 万平方米，比上年增加 1.2 万平方米。

满洲里已初步形成全国一流的铁路、公路和空运的立体化运输体系，逐步形成了多层次多领域的经贸合作模式，为中、俄、蒙三国经贸合作开辟了更加广阔的前景，为进一步推动两种资源和两个市场的开发利用提供了新的机遇。“中、蒙、俄经济走廊”的推进则将进一步促进形成区域发展合力，为满洲里的产业、贸易、旅游等领域发展提供新的机遇。

二、主动对标参与全球竞争

（一）对标俄罗斯后贝加尔边疆区赤塔市

赤塔市是俄罗斯距离满洲里最近的俄罗斯口岸城市，与满洲里地理条件类似，可学习借鉴其经验，强化国际视野，提升自身的农业核心竞争力，巩固和拓展优势产业。

赤塔市是俄罗斯后贝加尔边疆区首府，位于俄罗斯东西伯利亚，赤塔河与因戈达河交汇处，面积653平方公里，海拔200米，人口38万，距离莫斯科4 760公里，距离中国呼伦贝尔市545公里。

赤塔市呈鲜明的大陆性气候，夏季多雨，冬季寒冷漫长。7月平均气温不到19℃。降水大部分集中在8月，北部降水少于南部，只有300~500毫米，南部年总降水量为350~650毫米，山地在600~1 400毫米。由于赤塔市属山地地形，可播种土地面积很少。

除铀矿和钍矿开采外，畜牧业是赤塔市主要产业。畜牧业占农业总产值的75%，以养羊业为主。农业区域主要分布在贝加尔湖以东地区，主要是细毛绵羊，这里肉业、奶业以及养猪业、养禽业都得到了较大发展。赤塔市出产的羊毛和羊肉主要销往克拉斯诺亚尔斯克边疆区、西西伯利亚和远东等地区。此外，植物作物栽培主要分布在赤塔市的中心区、南部和东南部区域。

（二）对标美国伊利诺伊州芝加哥

芝加哥地处北美大陆的中心地带，位于美国东北部五大湖区的伊利诺伊州。芝加哥属温带大陆性气候，四季分明。一年中1月最冷，平均气温 -11~2℃，7月最热，平均气温17~29℃。芝加哥冬季多风，夏季为降水最多的季节，年平均降水量为965毫米。芝加哥气候冷湿，无霜期短，生长期短，土地较贫瘠，不宜发展种植业，但适宜牧草生长，而且这里交通发达，为其畜牧业发展提供了广阔市场，使其成为世界上著名的乳畜业分布区。芝加哥是全国最大的肉类加工工业基地，其农业机械、农业技术也在全美居领先地位。芝加哥期货交易所是当前世界上最具代表性的农产品交易所，其农产品期货价格，不仅仅是美国农业生产、加工的重要参考价格，而且已经得到国际社会公认，是国际农产品贸易中的权威价格。著名的NBA球队——芝加哥公牛队的队名也充分体现了该地区的农业特色。

（三）对标国际的启示

俄罗斯赤塔市和美国芝加哥与内蒙古满洲里在地理区位、资源禀赋和优势产业等方面均有一定相似性。一是地理区位类似，同属温带大陆性草原气候，冬季寒冷漫长，夏季短促，降水集中于7—8月；二是资源禀赋相似，水资源比较丰富，但耕地资源较少，不同的是赤塔州60%的土地资源被森林覆盖着，而满洲里牧草地面积占70.48%；三是优势产业相似，农业以畜牧业为主，且均处于交通要道。同满洲里一样，赤塔市和芝加哥的交通非常发达。

赤塔是俄罗斯的重要边塞城市和交通运输枢纽，东南方向通过西伯利亚大铁路可达中国满洲里。其北部还有贝阿铁路作为辅助运输通道。赤塔的公路运输也四通八达。

芝加哥四通八达，被称为“美国的动脉”，是世界上最大的内陆港口，也是美国最大的铁路枢纽和空运中心。芝加哥有三个机场，每年接待乘客6 900万人次。芝加哥拥有37条铁路干线，8条城郊铁路，200个货车站、4个货运港口，还有1 013.8公里高速公路，运输快速方便。芝加哥港口即可向东取道圣劳伦斯河航道直达欧洲，也可向南通过密西西比河提供通往墨西哥湾的驳船运输。

对标国际，满洲里发展潜力巨大，前景良好。满洲里市2012年被批准为国家重点开发开放试验区。随后，国家和内蒙古自治区对满洲里的经济发展采取了一系列促进政策，不断促进满洲里转变经济增长方式，加大经济结构调整，推进产业升级。习近平总书记在2014年9月出席中俄蒙三国元首会晤时提出了中蒙俄经济走廊建设倡议。倡议指出，在打造中蒙俄经济走廊的过程中，要加强铁路、公路等互联互通建设，推进通关和运输便利化，促进过境运输合作……开展旅游、智库、媒体、环保、减灾救灾等领域务实合作①。作为连接中俄蒙三国最重要、最便捷的陆路通道之一，满洲里在未来农业走出去和一带一路建设中将发挥越来越重要的作用。

三、统筹利用两个市场两种资源

（一）满洲里对岸的俄罗斯后贝加尔斯克边疆区

1.后贝加尔斯克边疆区概况

后贝加尔边疆区位于俄罗斯西伯利亚的最东南部，由原赤塔州和阿加布里亚特

① 中蒙俄元首会晤突显三方利益契合，http://politics.people.com.cn/n/2014/0912/c70731-25652820.html，2014.9.12.

自治区合并而成，面积 431 500 平方公里，是一个多民族的地区。人口 122.75 万人，其中，城市人口占 62.2%，农村人口占 37.8%。主要城市有赤塔市、克拉斯诺卡缅斯克、阿金斯克。后贝加尔边疆区大陆性气候显著，温差大，1 月平均气温达到零下 29.5℃，7 月平均气温为 19℃，年平均降水量 320 毫米。全境以山地为主，西北高，东南低，矿产资源和森林资源丰富。采矿和选矿是其支柱型经济产业，此外还有黑色冶金、机器制造、木材加工以及食品、轻工等产业。

2. 后贝加尔边疆区农业发展现状

后贝加尔边疆区以种植业和畜牧业为主，播种面积居东西伯利亚第二位，主要种植小麦、大麦、荞麦、燕麦和饲料作物。畜牧业以养羊为主，约占东西伯利亚的 2/5，居全俄罗斯第三位。部分地区从事养鹿和皮毛业。

3. 后贝加尔边疆区农业发展潜力

后贝加尔边疆区农业区域划分为林草带、草原、荒原和山区 4 种。林草带包括齐国—希洛克林草区带、音嘎达—在赤塔林草区带、近阿诺林草区带、上阿穆尔林草区带。这四个区带气候、降水量等存在较大差别，有效积温 1 320~2 000℃，无霜期 75~110 天，全年降水量 300~400 毫米。大多数耕地为深灰色、黑色土壤，土壤含高磷、钾。草原区带包括涅尔琴斯克草原区带、阿金斯克草原区带，有效积温 1 750~2 000℃，无霜期 90~110 天，降水量 300~380 毫米。涅尔琴斯克草原区带土壤是最有价值的黑色土壤。阿金斯克草原区带土壤表层覆盖面粉状黑土和深栗色土。荒原区带主要是中国和蒙古国接壤的地区，包括原贝加尔斯克区、博尔贾区、阿诺斯克和阿金斯克区部分，地区气候干燥，气温比边疆区其他区温暖，有效积温 1 900~2 000℃，无霜期 100~110 天，全年降水量 290~330 毫米，土壤为深栗色。

4. 满洲里与俄后贝加尔边疆区农业合作前景

满洲里与俄后贝加尔边疆区农业合作前景广阔。

第一，地缘优势突出。后贝加尔边疆区内有两条铁路干线横贯南北，包括西伯利亚大铁路和贝阿铁路，俄罗斯最大的陆路口岸后贝加尔斯克，与满洲里有铁路及公路互通，中俄两国的绝大部分贸易陆路运输通过这里。

第二，文化沟通优势。满洲里早期城市发展深受俄罗斯影响，街头随处可见俄文和俄罗斯游客。改革开放后，满洲里与俄罗斯的克拉斯诺卡缅斯克市和赤塔市成为友好城市。21 世纪以来，满洲里的中俄文化交流活动更加频繁，2015 年 6 月组织举办了“中俄青少年文化交流活动”。满洲里的俄罗斯套娃广场已成为标志性旅游景点，是全国唯一的以套娃为主题的休闲娱乐广场。满洲里草原文化、红色文化和俄罗斯文化的融合，为中俄的农业合作打下了良好的文化基础。

第三，“一带一路”为中俄双方合作带来机遇。中央提出建设“一带一路”倡议为中俄双方合作带来机遇。国家还出台了“黑龙江和内蒙古东北部地区沿边开发开放规划”，为扩大内蒙古对俄罗斯农产品投资贸易合作创造了宽松环境。

第四，俄罗斯“东部大开发”为双方合作提供良好机会。近年来，俄政府日益注意到远东开发的巨大战略意义，普京称“发展远东和东西伯利亚地区是俄罗斯最为重要的地缘政治任务”，并制定了相关战略来推动东部发展。普京2012年时曾说，未来10—15年，俄罗斯计划使俄东部地区的经济增速高于全俄平均水平①。

（二）满洲里对俄合作情况

1. 对俄罗斯农产品进出口情况

满洲里是中俄边境贸易重要的陆路口岸。进入21世纪以来，满洲里市创汇农业发展思路促进了中俄边境贸易规模和贸易种类的迅速发展。2016年全市外贸进出口总值156.7亿美元，其中，进口120.8亿美元，同比增长14.8%，出口35.9亿美元，同比下降46.7%。满洲里口岸进出口农产品主要是果蔬，果蔬出口已成为带动满洲里经济增长的新突破点。

2000—2016年满洲里菜果出口统计表②

年　份	出口量（万吨）	增长率（%）	创汇额（万美元）	增长率（%）	主要品种
2000	4.00	3.10	810	3.80	柑橘、梨、番茄等
2001	4.99	24.70	895	10.5	柑橘、圆葱、胡萝卜等
2002	9.06	81.50	1 050	17.30	柑橘、圆葱、胡萝卜等
2003	16.5	82.10	2 500	138.10	柑橘、圆葱、胡萝卜等
2004	20.30	23.00	4 495	79.80	柑橘、圆葱、胡萝卜等
2005	22.00	8.30	5 208	15.80	柑橘、圆葱、胡萝卜等
2006	27.6	25.5	7 035.8	35.10	柑橘、圆葱、胡萝卜等

① 俄罗斯“东部大开发”计划为中国企业提供投资合作机会 http://www.hljtv.com/2012/0613/193155.shtml，2012-06-13

② 数据由内蒙古自治区政府提供

（续表）

年　份	出口量（万吨）	增长率（%）	创汇额（万美元）	增长率（%）	主要品种
2007	35.5	34.6	9 116.8	47.4	柑橘、圆葱、胡萝卜等
2008	38.3	8	12 000	32.6	柑橘、圆葱、胡萝卜等
2009	30.9	−19.4	8359	−30.8	柑橘、圆葱、胡萝卜等
2010	31.2	0.8	7 137.45	−14.6	柑橘、圆葱、胡萝卜等
2011	34.1	9.4	10 800	51.8	柑橘、圆葱、胡萝卜等
2012	30.4	−11	13 200	22	柑橘、圆葱、胡萝卜等
2013	32.3	6.1	15 100	14.4	柑橘、圆葱、胡萝卜等
2014	37.3	15.6	16 400	8	柑橘、圆葱、胡萝卜等
2015	37.4	0.3	19 000	16.4	柑橘、圆葱、胡萝卜等
2016	32.1	14.9	22 200	16.9	柑橘、圆葱、胡萝卜等

除果蔬进出口之外，满洲里口岸的农机贸易也增长迅速，2012 年农机出口 293 万美元，同比增长约 18.1%。2014 年满洲里被指定为中国对俄油菜籽进口口岸，进口油菜籽加工项目也于同年正式运行。2016 年满洲里又被指定为进口俄罗斯荞

照片提供：戴炜

麦、燕麦、葵花籽、亚麻籽落地加工口岸。2017 年 1—4 月，满洲里口岸进口农产品贸易额 1.29 亿元人民币，同比增长 14.1%。进口农产品主要是松子、丰年虫卵、油菜籽等。4 月，满洲里口岸农产品进口再增添新品种，俄罗斯春小麦首次经此进入中国市场。

2. 对俄农业投资合作情况

近年来，国家“一带一路”倡议在满洲里得以深入落实，中蒙俄经济走廊建设纳入了经济发展规划，不断深化与近邻俄罗斯的务实合作，实施了促进外贸发展系列政策措施，新增外贸企业，扩大境外投资，增多进口品类，农业合作方面取得了丰硕成果。在国家重点开发开放试验区政策红利的不断释放下，满洲里口岸的进出口贸易企业积极走出国门，加强合作。2016 年 8 月 5 日，满洲里恒升粮油食品进出口有限公司充分利用满洲里口岸农产品进口落地加工的政策优势，与俄罗斯西伯利亚农业公司共同出资成立了金穗有限责任公司，这是内蒙古首家中俄农业合资企业。该公司的成立使其获得了更稳定的货源，为做好农产品进口、深加工产业链提供后方保障①。之后，满洲里对外经济贸易有限责任公司又分别与克麦罗沃州西伯利亚农业有限责任公司、克拉斯诺亚尔斯克边疆区合作有限责任公司成立合资公司，在俄罗斯共同开发种植相关农产品②。俄罗斯克拉斯诺亚尔斯克边疆区合作有限责任公司总经理萨沙称，双方建立了良好的合作关系，克州政府非常支持该公司种植相关品类农产品并出口中国，从种植到运输等方面都给予了很多便利。成立合资公司将扩大种植规模，可以预见双方合作前景非常好。

（三）满洲里利用两个市场两种资源的思路和总体考虑

满洲里口岸作为我国向北开放的前沿阵地，要紧紧抓住国家“一带一路”和内蒙古自治区“一堡一带”的战略部署，充分发挥毗邻俄罗斯、蒙古国以及中亚、东欧各国的桥梁和纽带作用，不断深化与俄蒙等国的投资与合作，利用国内外两个市场、两种资源，全力推动国家重点开发开放试验区建设，加快发展边境经济贸易，大力实施农业走出去战略，积极拓展对外投资合作领域，不断深化与俄蒙等国的合作与交流，进一步提升沿边开放水平，加快推进向北开放桥头堡和沿边经济带的

---

① 内蒙古首家中俄农业合资企业在俄罗斯新西伯利亚挂牌成立，满洲里日报，2016-8-10

② 李乾坤，项目推进报春晓——满洲里 2016 年重点项目建设综述，http://www.manzhouli.gov.cn/doc/2017/01/11/38386.shtml，满洲里日报，2017-1-11

建设。

1. 完善制度环境

一是抓住国家实施农业“走出去”战略的发展机遇，加强中俄政府间交流与沟通，鼓励和支持企业走出去，深入开展中俄农牧业合作项目；二是关注出口国农产品市场需求动态及消费习惯，延伸农产品加工链条，扩大农产品出口份额，并对农产品进出口企业给予相应的优惠政策和资金扶持，提高企业的积极性。

2. 优化贸易结构

要进一步加强对国际市场开发的能力，调整满洲里市进出口商品种类结构，加快促进葵花籽、亚麻籽、大麦、小麦等其他粮食作物的进口，助推满洲里口岸提档升级。

3. 进一步促进农业对外投资

充分利用俄罗斯丰富的土地资源，中国的先进技术、充足的劳动力和资金，充分发挥双方优势，加强携手合作，深入落实双边农业合作，在俄罗斯境内投资建厂，为满洲里市农产品加工企业提供优质原料并发展农产品精深加工业，提升质量与品牌。

4. 创新农业合作形式

要大力发展农业新型业态，支持跨境电商，发展品牌农业，构建农产品供应链，降低农产品出口运输成本，提升我国农产品的国际市场竞争力，促进优势农产品出口。

参考文献

陈志伟 . 2012. 我国期货市场服务豆类产业研究［D］. 广州：暨南大学 .

成榕 . 2014. 贸易风险防控新机制——中俄边境地区农业合作战略对策研究［J］，世界农业，(11)：69-72.

姜丽丽，郭翔宇 . 2012. 我国大豆加工企业价格风险的成因分析及其规避［J］，东北农业大学学报（社会科学版），(3)：1-4.

李心雨 . 2016. 新常态下满洲里口岸经济发展现状与战略研究［J］，中文信息，(2)：95-96.

梁振民，陈才 . 2012. 中俄边境城市满洲里口岸经济发展战略研究［J］，世界地理研究，(6)：97-104.

刘玉红 . 2014. 保障进口油菜籽安全，中国国门时报，2. 17.

马建光，徐元元，岳师光，等 . 2013. 俄罗斯远东战略“新思维”——解析新时期的俄罗斯远东战略 [J]，战略决策研究，(3) : 27-32.

王永春，徐明，宋雨星，等 . 2015. 中国对俄罗斯远东农业投资潜力、制约因素及对策 [J]，农业经济问题，(10) : 96-101.

我国首列俄罗斯小麦专列入境满洲里 [EB/OL]，满洲里新闻，http://www. northnews，2017-4-10.

杨莉莉 . 2012. 普京再次当选总统后对俄东部开发政策调整及趋势分析 [J]，对外经贸，(7) : 53-54.

张卉 . 2006. 西部毗邻中外边境城市地缘经济效应研究 [D]，北京：中央民族大学 .

林海雪原——阿尔山

阿尔山市位于内蒙古自治区兴安盟西北部，是全国纬度最高的城市之一。东西长 142 公里，南北长 118 公里，平均海拔 1 200 米，辖区内中蒙边境线长 93.434 公里，横跨大兴安岭西南山麓。东邻扎兰屯市，西与锡林郭勒盟及蒙古国接壤，北与呼伦贝尔新巴尔虎左旗、鄂温克旗毗邻，南与兴安盟科右前旗相接，是兴安盟林区的政治、经济、文化中心。阿尔山是以蒙古族为主体的多民族聚居地区，由蒙、汉、回、满、朝鲜、达斡尔、苗、壮、锡伯等 13 个民族组成。阿尔山是天然的火山博物馆，地形以地质年代第四纪的多次火山喷发的火山遗迹为主，有近十座高位火山口湖、百余火山堰塞湖、600 平方公里熔岩台地，拥有目前亚洲保持最完整、面积最大的火山地貌。

一、阿尔山市农业发展

阿尔山市总面积 7 408.7 平方公里，总人口 4.6 万，从事农牧业生产人口 0.8 万人。辖 4 个镇、3 个行政村、15 个自然村。2016 年全年实现地区生产总值 174 843 万元，按可比价格计算，比上年增长 7.8%。按户籍人口计算，全年人均地区生产总值 37 823 元，比上年增长 6.7%。

（一）农业资源特点

1. 气候资源独特

阿尔山市属于寒温带大陆性季风气候。冬季受西伯利亚寒流频繁侵入影响，高寒且时间长；夏季受东南海洋季风的影响，短而温凉。全年平均气温 -3.2~4℃，1 月温度最低，平均气温达到 -24.5℃，7 月较凉爽，平均气温 18.2℃，≥ 10℃积温 1 620~1 800℃，无霜期短，仅 70~98 天；多年平均降水量 454 毫米，湿润度 0.6~0.7。

2. 耕地资源肥沃

土壤以黑土、黑钙土、栗钙土为主，有机质含量高，但受气候条件限制，适于种植农作物种类较少，主要有小麦、马铃薯、油菜等。

（二）特色农业产业发展

1. 种植结构不断优化

2016 年，全市农作物播种面积 32.1 万亩，种植农户有 370 户。粮豆薯面积 24.73 万亩，占总面积的 77%。其中小麦面积 19.28 万亩，亩产 165 公斤，总产 3 181 万公斤；玉米面积 1 万亩，亩产 150 公斤，总产 150 万公斤；大豆面积 1.6 万亩，亩产 50 公斤，总产 80 万公斤；马铃薯面积 2.3 万亩，亩产 975 公斤，总产 448.5 万公斤（5∶1 折粮）。较 2015 年相比，2016 年大豆、燕麦种植面积大幅度增加，玉米种植面积大幅度减少 0.8 万亩，其他农作物种植面积变化不大。

2. 养殖产业多元发展

全市畜禽存栏总数约 24.3 万头（只、羽），草场面积 260.22 万亩，其中肉羊存栏约 20 万只，肉羊标准化养殖小区一个；肉牛存栏 6 538 头；生猪存栏 2 310

头；鸡存栏 33 000 羽；马存栏 674 匹；野猪存栏 1 392 头；鹿存栏 295 头。全年肉类总产量 1 971 吨；牛奶产量 923 吨；羊毛产量 605 吨；禽蛋产量 72 吨。

3. 农业机械化水平较高

全年全市农牧业机械总动力 56 441 千瓦，大中小型拖拉机 1 930 台，其中，大中型拖拉机 1 530 台，小型拖拉机 400 台。联合收割机 89 台，各种农机具 3 186 台（套），化肥施用量（折纯）2 418 吨，农用柴油 1 204 吨，农药使用量 43 吨。

（三）优势潜力产业发展

阿尔山市深入落实推进农业供给侧结构性改革要求，对内发展特色种养业，对外推进中蒙农牧业合作，优势产业潜力巨大。

一是依托农投公司资金平台，发展特色种养殖业。充分利用农投公司资金平台，做强做大两个产业链，一个是特色种植业（包括林下产品）的生产加工销售电子商务全产业链；另一个是特种养殖业生产加工销售电子商务全产业链。这两个产业链的产品必须具备“三品一标”（无公害农产品、绿色食品、有机农产品和农产品地理标志）。

二是借助口岸优势，发展中蒙农牧业，助推过境游市场发展，为全域旅游增添新活力。阿尔山市坚持“走出去”和“引进来”相结合，加快推进国际综合物流园区基础设施、中蒙互市贸易区等工程建设、松贝尔现代农业旅游观光示范产业园基础设施项目建设，不断提升口岸综合功能，正在争取进口饲草、畜产品指定口岸，落实出口农畜产品减免费政策，开展粮食、牲畜、饲草等跨境贸易业务，拉动口岸经济的快速发展，推动过境游实现常态化、多元化，为全域旅游注入新的活力。通过与蒙古国开展粮食、牲畜、饲草等贸易往来，既拉动了口岸经济的快速发展，又推动过境游实现常态化、多元化，为阿尔山市全域旅游增加了新的活力。

二、主动对标参与全球竞争

（一）对标俄罗斯

哈巴罗夫斯克边疆区。哈巴边区面积 78.86 万平方公里，占俄罗斯联邦领土面积的 4.6%，农庄 1 225 个，平均土地规模 23 公顷。地处远东南半部、中部，为温带季风性气候，年降水量为 500~900 毫米。主要种植作物为小麦、大麦、燕麦、大豆、马铃薯、饲料作物和果树等，集中于哈巴边区南部。畜牧业以乳用及乳肉兼用畜牧业、养鹿业、毛皮狩猎业为主。

（二）对标国际的启示

蒙古国和俄罗斯的部分地区与内蒙古阿尔山市在地理区位、资源禀赋和优势产业等方面有相似之处：一是地理区位类似，同处中高纬度，属于温带 / 寒温带大陆性季风气候，冬季寒冷，夏季湿热；二是资源禀赋相似，人均耕地面积较大。

对标国际，阿尔山市具有较强的发展潜力。近年来，阿尔山市发挥自身优势，在发展农业经济方面取得显著成效。一是积极调整农牧业产业结构，推动农牧业与旅游业结合，充分利用农业投资公司平台，发展具有特色的种植业和特种养殖业，建立和发展以种苗、冷水鱼、矿泉水稻、食用菌、中草药等为代表的具有特色的、高附加值的农牧业。二是发展新型经营主体，完善农企利益联结机制。立足农牧业资源优势，通过建立包括农牧业龙头企业、专业合作社、家庭农牧场、农牧业观光产业园等经营主体在内的利益联合体，提升资源高附加值。三是积极构建市场电子商务信息公共服务平台，健全流通网络，强化产销衔接。

三、统筹利用两个市场两种资源

（一）阿尔山对岸蒙古国东方省概况

东方省位于蒙古国东部边境，人口约 8.08 万，省会乔巴山。东方省以平原为主，年平均气温 0~2℃，年降水量 250 毫米，无霜期 127 天。农业经济以畜牧业为主，主要饲养牲畜为牛、绵羊和马，主产区为北部和东部的草原和牧场，粮食作物则集中于鄂嫩河和克鲁伦河沿岸。

（二）蒙古国东方省农牧业发展现状

农牧业用地 1 000 万公顷，其中打草场、牧场面积占农牧业用地面积的 99%。东方省主要种植作物为小麦、大麦和蔬菜、饲料作物，谷物年平均产量 3.68 万吨，蔬菜产量 2.7 万吨。全省牲畜存栏总量 94.35 万头，其中绵羊占 69%，以肉用绵羊为主，牛占 15.4%。

（三）蒙古国东方省发展潜力

1. 耕地资源丰富且种植成本低

阿尔山市对面蒙古国哈拉哈高勒县境内现有耕地面积 5.1 万公顷（76.5 万亩），分别由阿勒泰集团等 13 个农场所拥有，阿勒泰集团为哈拉哈高勒县最大的农场企业，仅该企业就拥有 1.8 万公顷（27 万亩）耕地。经与蒙方了解，该企业有与阿尔山市开展农牧业合作的意愿，且距阿尔山市口岸 40 多公里处的乌鸦山处就有 3 000 公顷（45 000 亩）待租耕地想要对外出租。

2. 亩成本投入较少

从哈拉哈高勒县阿勒泰集团了解到，该企业种植每公顷（15 亩）小麦从播种到收割总计投入费用在 35 万 ~40 万蒙图，折合人民币 1 130~1 290 元，换算成亩为每亩投入在 75~86 元。小麦售价为每公斤 670 蒙图，折合人民币为每斤 1 元左右。油菜售价为每公斤 760 蒙图，折合人民币为每斤 1.3 元。就从哈拉哈高勒县小麦成本投入 75~86 元与阿尔山市亩小麦成本投入 350 元，收购价格相同情况下，牧业发展意义重大。

3. 牧草资源丰富

蒙古国东方省乔巴山市距阿尔山市 456 公里，草原面积达 2 300 平方公里，草场面积占蒙古国的 54%。近年来由于呼伦贝尔草原、锡林郭勒草原持续干旱，牧草短缺现象凸显，草畜矛盾日趋严重，可利用阿尔山口岸常年开放的时机，进口蒙古国天然优质牧草。

（四）阿尔山利用两个市场两种资源的思路和总体考虑

1. 阿尔山市与蒙古国发展的优劣势比较

阿尔山市农牧业优势在于有先进的种植技术和理念，同时有配套的农业机械，农牧业科技化含量较高，而且具有高质量的加工企业和广阔的市场空间。东方省农牧业还处在比较落后的阶段，畜牧业以天然放牧为主，如按每公顷土地的畜产品产量来看，东方省产量很低。种植业以前几乎没有，近年来发展迅速，但科技化程度低，广种薄收，单位产量很低。东方省有大面积的草场和耕地，地广人稀，和阿尔山市的情况正好互补，双方合作空间很大。

2. 利用两个市场两种资源的思路和总体考虑

紧紧抓住国家“一带一路”建设有利时机，坚持“走出去”和“引进来”相结合，做好进口饲草、畜产品指定口岸的争取工作，落实好出口农畜产品减免费政策。加强中蒙跨境疫病的防治，提升蒙古国的畜牧业疫病防控能力。积极争取国家农业专项建设基金和国家、自治区农牧业建设项目，鼓励有条件的企业走出去，大力开展中蒙农牧业、基础设施建设、产品生产加工等领域的合作，充分利用蒙古国丰富的牧草资源，开展肉羊和肉牛等我国资源约束型畜牧产业的投资合作，引入蒙古国架子牛，开展肉用牛的育肥、屠宰加工。按照建设“四位一体”口岸的功能定位，继续加大投入力度，完善基础设施。加快推进国际综合物流园区基础设施、中蒙互市贸易区等工程建设，不断提升口岸综合功能。

3. 促进和落实农畜产品加工和贸易规划

一是按照申报、建设进口饲草、肉类指定口岸相关标准，计划投资 1 亿元，完成熏蒸库、内蒙古农畜产品检验检测中心及海关监管区建设。

二是做好粮食生产进口工作。阿尔山市伊通经贸公司已在蒙古国哈拉哈高勒县承包 20 万亩土地，用于种植粮食及经济作物。阿尔山口岸已具备粮食、饲草、牲畜等农畜产品进出口业务，要依托这个优势，来解决阿尔山市农产品量小、没有优势，特别是口岸过货量低的局面。

三是借助口岸农畜产品业务优势，进一步推进阿尔山市与蒙古国东方省的牛羊活畜的进口贸易，将阿尔山市打造成中蒙边界最大的进口牛羊牲畜贸易中心。另外，充分利用蒙古马的种源优势，将阿尔山市建成全国重要的蒙古马繁育基地，发展特色畜牧业。

推进中蒙在阿尔山的粮食、牲畜、饲草等贸易，在拉动口岸经济快速发展的同时，才有综合性措施推动过境游的常态化、多元化，促进农业经济和旅游业的有效结合、相互促进、协调发展。

参考文献

包玉兰，乌兰图雅 . 2009. 论少数民族地区旅游业的发展——以内蒙古阿尔山市为例［J］. 北方经济，（16）：78-79.

丛维熙 . 2007. 阿尔山朝圣［J］. 中文自修，（Z1）：41-42.

苏布德 . 2011. 新巴尔虎蒙古社区的变迁与发展［D］. 北京：中央民族大学 .

王少刚 . 2012. 生态旅游型城市土地利用规划研究［D］. 呼和浩特：内蒙古师范大学 .

于相贤 . 2015. 阿尔山旅游形象设计［J］. 经济师，（3）：157-159.

张树安 . 2008. 内蒙古阿尔山市优势产业与品牌产品战略浅析［J］. 经济师，（10）：254-255.

太阳升起的地方——满都拉

中蒙满都拉—杭吉口岸，是国家常年向北开放的重要通道之一，位于包头市达尔罕茂明联合旗（简称达茂旗）。达茂旗是内蒙古自治区 20 个沿边旗市区和 33 个牧业旗之一。地处大青山西北内蒙古高原地带，地势南高北低，由南部丘陵区向北部平原带逐渐过渡，间有中、西部的低山陡坡区，全旗平均海拔在 1 300 米以上。该旗处于呼和浩特、包头、鄂尔多斯两小时经济辐射圈，北与蒙古国相邻，国境线长 88.6 千米[①]。达茂旗有腾格淖尔、乌兰淖尔、赛打不苏、哈拉淖尔、呼和淖尔和图古木淖尔 6 个水系；河淖面积 6 800 平方千米，主要河道有 9 条，总长 742.6 千米；主要湖泊有腾格淖尔、哈日淖尔、赛打不苏等。河网密度约 0.8 千米 / 平方千米，多日平均径流量 150 万立方米。

摄影：秦文秀

① 数据来源：达尔罕茂明联合旗人民政府网 http://www.dmlhq.gov.cn

一、达茂旗农业发展

达茂旗总面积 1.8 万平方公里，其中天然牧场面积 1.66 万平方公里，约占 92%。耕地面积 120 万亩，其中，常用耕地面积 71.4 万亩，水浇地面积 19.8 万亩。总户数 418 95 户、总人口 114 312 人，人口密度为 6.2 人 / 平方公里，其中农业人口 82 988 人，辖 7 镇、2 乡、3 苏木，人口以蒙古族为主体，呈多民族聚居的显著特点。2016 年，全旗地区生产总值完成 212.83 亿元，增长 7.3%；城镇和农村牧区常住居民人均可支配收入分别达到 34 370 元、12 691 元，均增长 7.7%[①]。

摄影：秦文秀

（一）农业资源特点

达茂旗的农业资源具有气候资源独特、农牧业资源丰富、自然资源富集等特点。

1. 气候资源独特

达茂旗位于东经 109° 16′ ~111° 25′，北纬 41° 20′ ~42° 40′，属温带大陆性气候，气

① 数据来源：达尔罕茂明联合旗人民政府网 http://www.dmlhq.gov.cn

候特征明显。30年平均气温4.2℃，其中，极端最低气温 -39.4℃，极端最高气温38.0℃。最长无霜期217天，最短无霜期95天。年平均降水量256.2毫米，且多集中于7、8两个月，年最多降水量425.2毫米，年最少降水量142.6毫米，年平均蒸发量2 526.4毫米。由于冬天漫长寒冷，春季干旱风沙多，夏季短暂清爽。总体来看，冬夏气候特征对比明显，昼夜温差大，年降水量偏少且变化悬殊，无霜期偏短，为生产优质、安全、无污染的绿色食品提供了独特的气候条件。

2. 农牧业资源丰富

达茂旗是一个农牧业资源丰富的地方，现代农牧业蓬勃发展。通过实施京津风沙源治理、退耕还林、全面禁牧等重点生态工程项目，达茂旗逐步推进草原生态建设，建成了百灵庙镇、乌克镇等5处饲草料储备库，本着“以养促种，以种带养”的发展原则，全面促进畜牧业发展的良性循环，拓宽产业链条，全面提升全旗农牧民的收入水平。120万亩耕地中，25%用作马铃薯种植，此外，包含有高效节水灌溉耕地面积约8.2万亩。达茂旗以物产丰富、水域充足、资源富集等得天独厚的区位优势和资源优势，为达茂旗农牧产业的发展创造了优良的先决条件，使得牛肉、羊肉、马铃薯、皮毛绒等农牧产品畅销全国各地[①]。

3. 自然资源富集

达茂旗地域辽阔，物产丰富。太阳能、风能是全旗重要的自然资源，开发前景可观，据统计[②]，年平均风速3.2~5.2米/秒，全年风能均可利用，风能资源储量为3 200万千瓦；太阳年辐射总量140~145千卡/平方厘米，30年均日照时数4 439.7小时。由于该旗雨热同期，降水量少且主要集中在夏季，全年蒸发量大，光照有效积温充裕，为该地区培育马铃薯提供了得天独厚的气候优势；此外，土壤大部分为栗钙土和沙壤土，成为马铃薯生长良好的理想基地。同时，使得农作物干物质和微量元素积累多，产出的农产品（畜产品）肉质鲜美、营养丰富。

（二）特色农业产业发展

为积极推动农牧产业集约化发展，农区严格将水浇地数量基本控制在30万亩，做到以水定播，大力提高水资源的产出率；提升现代农机水平，确保全旗农业机械

① 资料来源：包头市人民政府网 http://www.baotou.gov.cn/info

② 数据来源：达尔罕茂明联合旗人民政府网 http://www.dmlhq.gov.cn

化水平达95%，农业节水灌溉率达80%；牧区积极发展建设性畜牧业，全旗牛羊肉年供给量稳定在2万吨以上。该旗不断优化农牧业产业结构、培育绿色农畜产品精深加工基地、打造农牧产品特色品牌、转变经营生产模式。2016年，达茂旗被列为“农畜产品质量安全监管示范旗”。

1. 优化农牧业产业结构

2016年，全旗播种粮食作物51.7万亩，同比减少8.2%，其中，小麦13.7万亩，减少1.2%；玉米2.9万亩，增长14.6%；主导及特色农作物是马铃薯，种植面积为27.5万亩，减少10.8%；其他谷物7.6万亩，同比减少6.6%。油料作物播种面积31.4万亩，同比增长17.1%。全旗粮食总产量8.9万吨，同比减少1.6%；其中，小麦0.9万吨，增长31.9%；马铃薯6.6万吨，减少6.9%；玉米0.8万吨，增长29.4%。油料作物总产量2.1万吨，同比增长21.9%[①]。

2016年，全旗牲畜总头数62.59万头（只），增长11.4%，其中，大小畜存栏61.08万头（只），大牲畜5.97万头（只），小牲畜55.11万头（只）；猪存栏1.51万头。2016年以来，引进生产优质种公羊500只，生产鲜胚及冻胚2 000枚，以

摄影：秦文秀

① 数据来源：2016年达茂旗统计公报

订单回收的形式带动发展肉羊产业，辐射带动农牧户 1 500 户，良种改良比例达到 80% 以上，努力实现全旗优质种羊自给[①]。

2. 培育绿色农畜产品精深加工基地

达茂旗积极培育马铃薯种薯种植基地，种薯种植面积达到 10 万亩，年产微型薯 4 000 万粒；与此同时，着力打造有机牛、羊肉基地、完善规模化养殖基地，逐步建设综合型繁育基地。努力建成包括生猪、肉羊、蛋鸡等规模化大型养殖基地 30 余处，全面推进规模化养殖基地建设步伐的提效增速、质量的提档升级。

3. 打造农牧产品特色品牌

自 2010 年起，达茂旗不断加快农产品品牌建设的步伐，截至 2016 年，已获得国家级有机认证 8 件，注册农畜产品商标 30 件，据《达茂联合旗国民经济和社会发展第十三个五年规划纲要》指出，到 2020 年，着力实现农畜产品注册商标在 50 个以上；全旗不断强化“达茂草原羊”及“达茂马铃薯”等特色产品品牌化建设的力度，成功获得“达茂马铃薯”国家级商标注册，“达茂草原羊”跃升为自治区著

摄影：秦文秀

① 数据来源：包头市人民政府网 http://www.baotou.gov.cn/info

名商标，全旗特色农畜产品品牌不仅提升知名度和国内市场的竞争力，并成功打开了国际市场。据统计[①]，马铃薯年均销售量高达22.5万吨之多，一跃成为内蒙古自治区外销及出口最主要的农产品之一；达茂旗牛、羊肉凭借绿色有机认证，逐步走进了北上广等大中城市的超市、直销店、批发市场等，在全国一线城市和重点城市共设立农副产品直营店近30家，销售300多个具有“达茂”品牌的单品，农畜产品市场价格翻番增长。

4.经营生产模式进一步升级

达茂旗农牧产业真正实现转型，着力提高专业化组织程度，全面推进“企业+基地+农牧户”的发展模式。截至2016年，共培育农牧业龙头企业17家、示范专业合作社37个，其中，德彪等3家示范合作社获得国家级认证，忠兴等8家示范合作社获内蒙古自治区认证，鹿丰等25家示范合作社正在申报市级认证[②]。《达茂联合旗国民经济和社会发展第十三个五年规划纲要》指出，到2020年，全旗建成龙头企业增至50家、规范的专业合作社100家，全面推进建设、完善龙头企业、示范合作社与农牧民的利益联结机制，旨在通过订单种植、订单养殖等多元化形式辐射7 600户农牧户，实现农牧产业的增产，农牧民的增收，进一步升级生产经营模式。

（三）优势潜力产业发展

达茂旗农牧产业的发展始终坚持以“绿色化、机械化、现代化”为发展目标，全面提升农牧业综合机械化发展水平，同时，积极推进绿色化与现代化的深度融合，推动农牧产业结构性改革，加速转变农牧产业发展方式，着力打造特色产品、优势产业品牌，本着建设资源节约型、环境友好型的农牧产业发展方向，建设集龙头企业、示范合作社、规模化养殖、农牧户于一体的特色农畜产品生产及加工基地，抓质量、创品牌、保安全，逐步优化农牧产业结构，实现由传统农牧业向现代农牧业迈进，摒弃传统农牧业规模小、经营分散、竞争力弱等劣势，打造具有绿色、健康、有机等独特品质的农畜产品。

---

① 数据来源：包头市人民政府网 http://www.baotou.gov.cn/info

② 数据来源：内蒙古自治区农牧业厅 http://www.nmagri.gov.cn/

1. 以肉羊产业提质增效工程为抓手，发展建设型畜牧业

按照肉羊产业发展规划，以北部牧区传统原生态草原畜牧业发展区域、中部现代草原畜牧业发展区域、南部农区高效畜牧业发展区域为依托，合理规划肉羊养殖产业带，不断完善肉羊产业体系；加强种畜基地建设，全面建成肉羊纯种繁育基地并科学规范运行，为全旗提供优质种羊；积极打造肉羊育肥基地，依托德彪、小尾羊公司、茂明安肉业等企业，以“公司 + 基地（园区）+ 农牧户”的发展模式，提高肉羊规模化、标准化生产水平。建成市级以上种羊场 5 处，以订单回收的形式带动发展肉羊产业，辐射带动农牧户 1 500 户，分别建立了万只肉羊育肥基地 3 处，千只肉羊育肥基地 2 处，生猪、蛋鸡等规模化养殖基地各 3 处。

摄影：秦文秀

2. 以马铃薯产业转型升级工程为抓手，发展高效优质的种薯产业

近年来，达茂旗坚持“南菜北薯”“北繁南种”的发展战略，培育马铃薯种薯繁育，优化种薯繁育体系，逐步完善马铃薯种薯产业组织标准化生产。引导九华、正丰等企业组建种薯生产集团，依托九华公司，采取公司 + 专业合作组织 + 农户的形式，辐射带动农户进行种薯扩繁；建立种薯市场准入机制，规范种薯市场。投

入运行九华种薯检测中心，完善种薯市场准入制度，规范种薯销售市场，全程监管种薯的种、管、收、藏、销等环节，实现种薯从生产到销售的规范化运营，提高马铃薯生产水平，马铃薯从生产、加工、存贮全程实现机械化，机械率达 95% 以上。按照马铃薯产业发展规划，制定马铃薯发展优惠政策，合理调整种植结构，配套使用现代农技措施，提高单产，增加效益。

3. 以新型农牧业经营主体培育为抓手，发展多种形式规模化经营

近年来，政府不断加大对龙头企业、示范合作社的扶持力度，积极培育多元化农牧产业经营主体。按照“扶大、扶优、扶强”的原则，重点壮大蓝色牧野、毕力格泰、九华公司和茂明安肉业等起点高、规模大、带动强的龙头企业；合理开展土地流转，鼓励土地、草原承包经营权向新型经营主体流转，通过合作社带动土地流转面积达到 25 万亩，流向各类专业合作社的土地 5 万亩，草原流转面积 300 万亩左右。草原确权颁证工作基本结束，2016 年，土地确权工作已经开展。

二、主动对标参与全球竞争

在农业方面，俄罗斯和波兰具有丰富的发展经验，特别是波兰有机农业的发展值得我国学习借鉴。在“一带一路”的大背景下，对标国际一流城市，成为达茂旗深度融入全球经济的切入点。

（一）对标俄罗斯

1. 基洛夫州

基洛夫州位于东欧平原的东部，领土面积较小，约 12.08 万平方公里，居俄联邦第 33 位，约占俄罗斯领土总面积的 0.7%。典型的温带大陆性气候，冬季严寒，夏季炎热，1 月与 7 月平均气温相差 30℃，属半湿润区。主要的土壤类型为适合种植粮食作物的针叶灰化土及发展畜牧业的草皮灰化土。农业主要以发展粮食作物、马铃薯、蔬菜等种植业及肉、蛋、奶等畜牧业为主。

2. 伏尔加格勒州

伏尔加格勒州位于俄罗斯伏尔加河下游，面积 11.31 万平方公里。典型的温带大陆性气候，冬冷夏热，年温差大，四季分明。伏尔加格勒州约 80% 以上为草原带，间有东南部的少数半荒漠带，从年降水量来看，从西北的半湿润区向东南的

半干旱区逐渐过渡。全州半数的土地用于耕地，30% 以上的土地用于牧场和草场，主要的农产品有小麦、玉米、乳畜产品等。其中，种植业主要以小麦、蔬菜、瓜果为发展方向，畜牧业主要以乳肉兼用为发展方向，此外，山羊、养蜂及家禽等养殖业成为畜牧业发展的重要力量。

3. 弗拉基米尔州

弗拉基米尔州位于俄罗斯欧洲部分的中心，国土面积仅 2.9 万平方公里，大部分为平原，北部间有丘陵，全州约 1/3 的国土面积被森林所覆盖。冬冷夏热，气候为典型温带大陆性气候，属半湿润区。州主要的农业部门为种植业，据统计[①]，全州共有农田面积达 76.18 万公顷，主要以播种饲料作物为主，约占农田总面积的一半以上，谷物也是主要的种植作物，种植面积约 36%，同时，有近 2% 的土地种植马铃薯及 10% 左右的空闲地。目前，正着力调整种植结构，一方面扩大油菜的种植面积，以便提高产量增加出口；另一方面，增加马铃薯与蔬菜的种植面积，就地深加工，延伸产业链。此外，畜牧业以发展牛业为主，全州有多家企业从事牲畜的良种培育，黑白花牛为主要的牛品种。

（二）对标波兰

1. 卢布斯卡省

卢布斯卡省位于波兰西部，国土面积达 1.4 万平方公里，人口约 102.4 万。该省气候温和，夏季温暖而漫长，冬季温和而短暂，典型的海洋性气候。省内森林面积居波兰第一位，森林覆盖率近 50%。农业在省内经济发展中占非主导地位，主要农作物有：黑麦、小麦、大麦、马铃薯、萝卜、甜菜等。牲畜饲养以猪、牛等家畜为主。

2. 波兹南

波兹南居大波兰平原的中心，国土面积 261.3 平方公里。典型的大陆性气候，具备从海洋性气候向大陆性气候过渡的鲜明特点。属半湿润、湿润区，降水量由北向南逐渐递增。波兹南土壤肥沃、气候适宜、精耕细作等优势为发展高效农业提供了得天独厚的条件，为食品业提供了丰富的原材料；农场平均占地面积广阔，并成为波兰农牧产量最高的省份之一。随着波兰农业的日益发达，用于农业部门的雇用

① 资料来源：一叶 . 俄罗斯弗拉基米尔州的经济潜力 . 东欧中亚市场研究 .2002（5）: 52-54

劳动力的减少客观上促进了工业、旅游业等经济的迅速发展。

（三）对标国际的启示

俄罗斯和波兰的部分地区与包头市达茂旗的地理位置、资源禀赋和优势产业等方面具有相似之处：一是地理区位类似，同处中高纬度，同属温带季风性气候，冬季寒冷，夏季湿热；二是资源禀赋相似，牧草、耕地、森林资源比较丰富；三是优势产业相似，马铃薯和畜牧产业发展优势明显。

对标国际，达茂旗具备广阔的发展前景。近年来，全旗以发展产业、塑造品牌、综合培育为根本方向，全面推进现代化农牧业发展，以“3+1+X”发展思路开展工作，即“三个产业、一个体系 、多种经营主体”。积极发展“三个产业”，即马铃薯种薯产业、草牧业、肉羊产业；巩固完善“一个体系”，即完善集生产、加工、运输、销售为一体的农畜产品品牌化建设体系；大力培育“多种主体”，即培育多元化、多方位的农牧业新型经营主体。着力在优化农牧业产业结构上另辟新径、在农牧产业发展方式的转变上寻求突破口、在品牌创造上发掘新潜力，全面建设包头黄花滩现代农牧业产业园区，向“十三五”期间建成内蒙古自治区绿色有机高效农畜产品输出基地建设目标上取得新突破，在提升农牧民收入水平上迈上新台阶。

三、统筹利用两个市场两种资源

（一）达茂旗对岸的东戈壁省

1. 东戈壁省概况

东戈壁省位于蒙古国南部，南面与中国接壤，国界线有 580 公里。省内地势平坦，主要分布有草原带、半荒漠带和戈壁沙漠地带，没有明显划分的垂直自然带。夏季炎热、冬季寒冷，年降水量较少，风力较强（4.5 米 / 秒），干旱型大陆性气候特征明显。年均气温相差悬殊，在最寒冷的 1 月与最炎热的 7 月气温相差可达 30℃以上。该省人口约 5.86 万，其中 60% 为劳动人口；动、植物资源丰富，有 200 多种营养价值较高的牧草及 250 多种动植物药材；省内水资源来源于两大途径：地下水与地表水，二者分别占可利用水资源的 80% 和 20%，同时，省内的 200 多个湖泊成为地表水的主要来源。

2. 东戈壁省农业发展现状

东戈壁省的农业分为种植业和畜牧业两大部分。种植业主要以发展麦类、蔬菜、薯类和饲料作物为主要产业；畜牧业是蒙古国传统的经济部门，国民的基础产业，约占国民生产总值的20%。人均山羊占世界第二位，山羊绒毛占绒毛总量的9.5%，山羊肉占产肉量的12.1%。

3. 东戈壁省农业发展潜力

东戈壁省的农业发展以畜牧业为主，其中，绵羊养殖量占总牲畜的50%，山羊占20%左右，此外，还饲养牛、马、骆驼等牲畜，骆驼数量位居蒙古国第二位。该省93%以上的可用地面积为牧场，为发展畜牧业提供了良好的前提条件；地处戈壁草原地带的巴隆扎尔格勒、伊赫特、艾腊格等县，80%的土地为棕钙土，土壤中含有大量的腐殖质为促进种植业发展提供了先决条件，满达哈县的查干查布、伊赫图县的灰腾布拉格有较为完善的灌溉系统，适宜广泛种植马铃薯和蔬菜。

4. 达茂旗与东戈壁省农业合作前景

达茂旗与东戈壁省的农业具有广阔的合作前景。第一，区位优势明显。随着满都拉—杭吉口岸的开放，促进了包头市与蒙古国之间的贸易往来日益频繁。未来的发展规划旨在将满都拉—杭吉口岸转变为常年开通性口岸，摆脱季节性限制，这一口岸将成为包头与蒙古国贸易、信息及服务集散地和我国北方发展对外经济的中枢神经。包头市紧抓满都拉口岸的开放机遇，迅速壮大成为我国内陆联结欧洲大陆的一个重要节点城市，积极参与国际经济发展，提升城市服务质量，由我国北方逐渐辐射蒙古地区，努力培育成为标准化国际性大城市，发展成为中蒙两国共同发展的枢纽。

第二，农业产业互补优势强。蒙古国畜牧业随着经济体制的改革和私有化、市场化发展，总体呈现较快增长的势头，主要养殖骆驼、马、牛、山羊和绵羊，但对于自然灾害和疾病侵袭的预防控制能力较弱；蒙古是世界第二大羊绒出产国，但因加工设备和技术的落后无法实现高附加值产品效益；蒙古国农产品产出量无法满足国民需求，只能依靠大量进口。达茂旗农牧业资源丰富，以薯甜、肉鲜、牧草丰而出名，且农畜产品质量安全监管水平较高，弥补了蒙古农业发展的缺口，为农业开发合作实现优势互补。

第三，双方合作需求大。东戈壁省80%的土地为适合于从事种植业生产的含大量腐殖质的棕钙土，种植马铃薯和蔬菜前景好、潜力大；羊绒精深加工发展空间大。达茂旗农牧业发展以马铃薯及肉羊为优势特色产业，着力打造绿色马铃薯、肉羊精深加工基地。两地区的产业发展趋同，为进一步合作创造了良好的条件。

第四，合作基础坚实。2017 年 3 月 16 日，东戈壁省与达茂旗双方签署了《中华人民共和国内蒙古包头市达茂联合旗与蒙古国东戈壁省合作意向书》，其中，针对建立满都拉—杭吉进出口贸易区和筹备建立中蒙满都拉—杭吉产业园区做出了具体的规定，为加强中蒙农产品进出口带来了历史性机遇。

摄影：秦文秀

（二）达茂旗利用两个市场两种资源的思路和总体考虑

包头市推动农牧业企业对外合作具备一定的资源和区位优势，也面临重要的战略机遇。包头市北部与蒙古国接壤，推动在满都拉口岸设立农畜产品互市贸易区，实现与蒙古国、俄罗斯等国家的互联互通，对外开放的区位条件得天独厚，是我国向北开放的前沿。国家西部大开发、“一带一路”倡议的实施，特别是国家《关于支持内蒙古经济社会又好又快发展的意见》，将内蒙古自治区定为“我国向北开放的重要桥头堡”，大力支持内蒙古全面实施沿边开放战略，积极发挥内引外联的枢纽作用，促进包头市全面构建面向北方、服务内地的新格局，提供了不可多得的战略机遇，推动包头市农牧业更好地开展对外合作。

1. 大力提升农牧业产业化水平

通过开展国际交流合作，坚持以发达国家的工业理念来打造园区建设，积极探索并推进“大园区、多主体”“大园区、大龙头”等多元化适合我国农牧产业发展的模式，培育重点加工、流通龙头企业，加快发展销售市场、绿色农畜产品精深加工基地，积极引进国内外农牧业龙头企业入驻园区。

2. 建立健全多元投入机制

争取落实国家、自治区有关政策，建立市、旗县区两级财政投入稳定增长机制；加强部门和地区协调，加大涉农项目资金整合力度；加大招商引资力度，鼓励企业等多方位社会力量与农牧业发展深度融合；积极拓宽融资渠道，努力协调获取信贷支持；引导并规范龙头企业增加自身投入，开展国际合作交流，提高企业知名度。

3. 推动形成农牧业经济发展的强大合力

加强农牧业系统内部联系配合和相关部门沟通协调，不断提高农牧业经济国际合作水平，联合各方力量共同推动农牧业发展。农牧业是相对弱势产业，自我积累能力弱，回报率较低，抗风险能力较弱。财政投资在新农村新牧区建设中起着关键性的作用。同时，建议政府部门每年安排一定资金，专项用于农牧业招商引资工作经费、举办重大招商活动及对企业开展国际合作工作的奖励，确保对外开放、区域合作工作取得成效。

4. 加强农牧业产业化合作

针对蒙古国对粮食、蔬菜、水果、禽蛋等农副产品需求旺盛的现状，加强与蒙古国在农牧业现代化以及高科技、高产量种养殖业等方面的合作，引导有实力的本地企业在境外投资建设批发市场和加工贸易中心，建立稳定的境外销售渠道，推动国内农畜产品出口。加强与蒙古治沙和草原保护等合作，通过举办科技展示会、论坛、共建研发平台、建立联合实验室，开展畜牧业生产、家畜品种繁育、牧草优选与栽培技术以及传染病防治等领域合作。推进农畜产品生产加工输出基地建设。依托蒙方境内丰富的畜产品，建设活畜皮、毛、绒、肉等初加工产业链，进口到该市进行精深加工。通过互市贸易区将该市特色优质农畜产品及海口热带优质水果及海鲜产品销售到蒙古国。同时鼓励该市农牧业龙头企业到蒙古国建设肉羊养殖基地及农产品种植基地。

参考文献

《2016 年达茂旗统计公报》[EB/OL] . 达尔罕茂明联合旗人民政府网 http://www. dmlhq. gov. cn.

《达茂联合旗国民经济和社会发展第十三个五年规划纲要》[EB/OL] . 包头市人民政府网 http://www. baotou. gov. cn/info.

《关于支持内蒙古经济社会又好又快发展的意见》[EB/OL] . 内蒙古自治区人民政府网 http://www. nmg. gov. cn/xxgkpt/gsj/xxgkml/201510/t20151030_505104. html.

金丽萍，金彩霞，殷国梅 . 2015. 内蒙古达尔罕茂明安联合旗品牌农牧业发展初探 [J] . 畜牧与饲料科学，(11) : 97-99.

李改兰 . 2010. 蒙古族寄宿制学校现状与对策研究 [J] . 兰州：西北师范大学 .

刘志明 . 2013. 达茂旗城乡一体化发展问题研究 [D] . 呼和浩特：内蒙古师范大学 .

石利高，李鑫 . 2012. 包头市城市功能定位研究 [J] . 内蒙古科技与经济，(10) : 5-6.

王佳，李艳，谷新波 . 2011. 包头市达茂旗风区风场特征分析 [J] . 内蒙古气象，(6) : 22-24.

王俊华 . 2013. 达茂旗工业经济支撑县域经济发展中的政府管理研究 [J] . 呼和浩特：内蒙古师范大学 .

王黎青 . 2014. 达尔罕茂明安联合旗乌克忽洞镇 2013 年马铃薯比较试验 [J] . 北方农业学报，(5) : 24-25.

杨光，张倩，郭昕，等 . 2015. 我国农牧业国际合作发展情况及政策建议——基于对内蒙古自治区农牧业国际合作情况的调研 [J] . 农业经济，(4) : 119-121.

一叶 . 2002. 俄罗斯弗拉基米尔州的经济潜力 [J] . 东欧中亚市场研究，(5) : 52-54.

张永富，李力，张珩琦，等 . 2017. 包头市农畜产品绿色化和质量安全建设研究 [J] . 内蒙古电大学刊，(1) : 5-8.

脊背上的国际边贸城——甘其毛都

一、甘其毛都农业发展

（一）农业资源特点

甘其毛都镇位于乌拉特中旗政府驻地海流图镇西北部 132 公里处，东连巴音乌兰苏木，南邻川井苏木，西接乌拉特后旗巴音前达门苏木，北与蒙古国南戈壁省接壤。全镇总面积 4 317 平方公里，中蒙边境线长 92 公里。辖区内甘其毛都口岸与蒙古国南戈壁汉博格德县的噶顺苏海图口岸相对应。甘其毛都距蒙古国首都乌兰巴托市 650 公里，距南戈壁省达兰德盖图市 330 公里，于 2012 年 1 月经内蒙古自治区人民政府批准正式成立。

甘其毛都镇是乌拉特典型的荒漠草原，年均气温 3~5℃，年均日照 3 250 小时，为全国长日照区，年均无霜期 115 天左右，年降水量 187 毫米。地形属戈壁高原，地势北低南高，海拔高度为 1 000~1 500 米，境内矿产资源富集，已探明的矿种有褐煤、石油、铁、锰、金、银、天然气、石英板岩、滑石等，风能资源也十分丰富，是全国风能资源最理想的地区之一。

甘其毛都镇辖一个镇区，5 个嘎查（蒙古族的行政村），是一个以蒙古族为主体，汉族、回族、满族等多民族聚居的少数民族边境镇。全镇 5 个行政嘎查、一个镇区，总人口为 21 503 人，其中镇区人口为 19 104 人，5 个行政嘎查户籍人口为 2 399 人，967 户，其中牧业人口 837 户 2 089 人，常住牧户 257 户。

全镇 5 个嘎查总草场面积 632.2 万亩，2014 年年末放牧面积 485.32 万亩。全镇牲畜头数达 7.2 万头（只），其中存栏羊 4.9 万只，骆驼 2 850 峰，马 3 100 匹，牛 980 头。

甘其毛都镇是乌拉特中旗重要的工业集中区，拥有核工业 208、中原油田等矿山企业 7 家，龙源、华电、大唐等风电企业 4 家，神华、中铝等进出口贸易企业 28 家。

2003 年在甘其毛都口岸成立了加工园区。加工园区由内蒙古自治区商务厅认定，主要功能是引进蒙古国煤炭资源并进行再加工。加工园区在口岸经济的带动下，有效促进了当地的经济发展。2007 年 9 月 12 日，国务院批复甘其毛都口岸为中蒙双边常年开放的边境公路口岸，2009 年 6 月 3 日通过国家常年开放验收，并于同年 9 月实现正式常年开放。甘其毛都口岸发展迅猛，平均年过货量增速为 20% 左右。2010 年起，在内蒙古对蒙口岸过货总量中，甘其毛都口岸的贡献率达到 32% 以上。2011 年、2012 年甘其毛都口岸的过货总量继续分别增加 34.25% 和 35.68%，超过其他口岸，成为内蒙古自治区对蒙古国过货量最高的口岸。

（二）特色农业产业发展

甘其毛都镇是巴彦淖尔市著名的驼乡，戈壁红驼和蒙古枣骝马的主产区。良种率达 99.4%，基础母畜比率达 54.2%。全镇 5 个嘎查总草场禁牧面积达到 116.3 万亩，涉及 4 个嘎查的 176 户 495 人，发放禁牧资金 575.6 万元；5 个嘎查 394.5 万亩草场享受草原生态补助奖励，每年为 476 户 1 317 人发放奖补资金 1 869.79 万元。

图古日格嘎查“戈壁之宝”红驼事业协会，发展会员 51 户，饲养骆驼 1 085 峰；德日素嘎查组建呼日德马业协会，发展会员 35 户，饲养马 1 219 匹，有效带动牧户增产增收，形成特色产业。由德日素嘎查 50 户贫困户初期发展互助资金发展协会，嘎查牧民筹资 4 万元，旗扶贫办投资 20 万元，带动牧民增收。

（三）优势潜力产业发展

甘其毛都镇抢抓国家推进农业供给侧结构性改革机遇，支持生态畜牧业发展。一是通过以奖代补的形式扶持 12 户有一定草场面积的牧民家庭，通过草畜平衡、北繁北育、科学养殖等方式发展家庭生态牧场，示范引领条件类似的牧民走生态效益型发展路；二是发展规模养殖小区，组织牧民建设了 5 户规模的养殖园区，在规模化效益、科学化养殖和组织化营销等方面示范引领畜牧业生产，由粗放散养型向规模效益型转变；三是通过干部一对一帮扶方式扶持草场面积小、效益差的牧民发展半舍饲精养，示范引领条件类似的牧民走精养效益型发展路；四是全面推广老龄羊、羯羊和断乳羔羊系列育肥新技术，育肥总量达到 3 万多头（只），育肥出栏 80% 以上，短期育肥，返季销售，增质增效；

五是积极引导牧民改良品种，使山羊改良率达到99%，苏尼特大尾绵羊正在不断引进。

二、主动对标参与全球竞争

澳大利亚部分地区与内蒙古甘其毛都在资源禀赋和优势产业等方面有相似之处：一是资源禀赋相似，草场资源、矿产资源比较丰富；二是优势产业相似，畜牧业发展优势明显。

（一）对标澳大利亚

澳大利亚位于南太平洋和印度洋之间，海岸线长36 735公里。澳大利亚大部分属温带，北部属热带，南部年平均气温14℃，北部27℃。

澳大利亚土地面积为769.2万平方公里，人口为2 443万，是一个典型的地广人稀的国家，农业人口占总人口的5%。

澳大利亚的传统产业为农牧业、采矿业，制造业、高科技产业发展成熟，服务业对国内生产总值的贡献比例较大，已经成为国民经济的主导产业。1991年至2008年，澳大利亚经济年均增长率为3.5%，在经合组织国家中排名靠前。近年来，随着国际大宗商品价格下降，澳矿业繁荣消退，公共财政压力上升，经济增长有所放缓。但澳宏观经济政策调整空间大，加之其金融体系发展稳健，监管严格，在国际金融危机中受到的冲击不如其他西方国家严重，恢复能力也强于其他西方国家[①]。迄今澳经济已连续26年保持正增长。2015/2016财年国内生产总值1.66万亿澳元，人均国内生产总值6.9万澳元，经济增长率2.8%[②]。2015/2016财年，澳农牧业产值382.9亿澳元，占同期GDP的2.3%。

澳大利亚自然资源丰富，农牧业发达，主要农作物为小麦、大麦、棉花、高粱等，主要畜牧产品为牛肉、牛奶、羊肉、羊毛、家禽等。此外，澳大利亚还是世界重要的矿产品生产和出口国。

---

① 澳大利亚国家概况．国际频道．http://world.gmw.cn/

② 历届中国—亚欧博览会参展国介绍（十七）澳大利亚．http://blog.sina.com.cn/s/blog_14df-6c9570102wz9z.html

（二）对标国家特色产业情况

澳大利亚是世界第一大羊毛和牛肉出口国，是世界上绵羊数量最多的国家，绵羊数量长期在 1 亿只以上，人均达 5 只，因此被称为“骑在羊背上的国家”。澳大利亚具有得天独厚的畜牧业发展条件：草原面积广大；牲畜品种优良；交通运输便利；食品工业发达。

2011/2012—2013/2014 财年澳大利亚总的羊场数量为 24 200 个，其中饲养超过 2 000 只的农场整个澳大利亚有 1 200 个，占羊场总数 5%，存栏量占总量 26%；1 000~2 000 只规模农场数为 3 400 个，占农场总量 14%，存栏比重为 28%；500~1 000 只规模农场数为 6 000 个，占农场总量 25%，存栏比重为 26%；200~500 只规模的农场达 7 800 个，占总农场比例最高，为 32%，存栏比重为 16%；少于 200 只的农场个数占 24%，存栏比重为 4%。

2010/11—2012/13 年，澳大利亚总的牛场数量为 32 340 个，其中饲养超过 5 400 头的农场有 390 个，占澳大利亚牛场总数 1%，存栏量占总量 27%；1 600~5 400 头规模农场数为 1 930 个，占农场总量 6%，存栏比重为 25%；200~400 头饲养量的农场占总农场比例最高，为 25%，存栏比重为 11%；其次为 100~200 头的农场和少于 100 头的农场，分别占 22% 和 20%，存栏比重分别为 5% 和 2%；400~800 头和 800~1 600 头规模农场数量比重分别为 17% 和 9%，存栏比重均为 15%；1 600~5 400 头规模农场数量为 1 930 个，存栏比重为 25%。

总体来看，澳大利亚的家庭牧场以中小型为主逐渐向大中型发展[①]。从客观条件方面，澳大利亚地广人少，每平方公里平均不到 2.5 人。澳大利亚有 60%（近 5 亿公顷）的土地适合农牧业生产，人均 30 公顷，土地资源丰富。但在农牧用地中沃土较少，人均耕地约 3 公顷，其余为牧业用地，这种客观条件促使其不断发展规模化的养殖。从科技支撑方面，政府投入大量资金、制定一系列政策支持畜牧业的发展，使得农牧场生产高度机械化和现代化，农牧场基本不雇工或只有少量雇工（1~2 人）。高度机械化和现代化同时把雇主从繁重的劳动中解放出来，让他们更有精力高效地管理农场，使一个家庭农牧场能够像一个农业企业一样运作，实现产销

① 杨秀春．澳大利亚畜牧业发展现状、特点及其启示 [J]. 畜牧与饲料科学，2014，35(3):63-64

或产加销一条龙。澳大利亚的畜牧业正向混合农业模式转型，即由传统的单一畜牧业发展转向灵活的农畜兼业，畜牧业和种植业共同发展。2011 年，澳大利亚从事单一经营的牧场：养羊 11 236 家，养牛 38 585 家；从事混合经营的牧场：粮—羊或粮—牛牧场已达 12 123 家。

（三）对标国际的启示

甘其毛都口岸经过多年的发展，现已成为中蒙经贸合作的重要通道。甘其毛都口岸在中蒙合作中的优势虽然非常突出，但是其所面临的挑战也非常严峻：以煤炭、金属矿产资源进口为主的口岸经济模式过于单一。一方面，煤炭、矿产的供应量有限，属于不可再生资源；另一方面，蒙古国自身深度开发利用资源的能力日益增强。因此，必须大力发展非资源型产业，尤其是畜牧业的发展，使经济结构多元化。甘其毛都畜牧业整体竞争力不强。参考澳大利亚畜牧业发展的经验和特点，可以从以下几个方面着手加强畜牧业的竞争力。

一是培育优质牧草，加强草场建设和草场生态保护能力建设，注重畜牧业的可持续发展。培育抗病虫害性强、生长期短、具有耐寒、耐旱与早熟特性且营养丰富的牧草，为牛羊等牲畜提供可靠的饲料。加强草场建设和退化草原的治理，为畜牧业的发展提供坚实的基础。

二是加强优质畜牧品种的培育与改良，建立完善的良种繁育体系与遗传评估体系。可采取澳大利亚的方式，针对每一个品种建立一个专业组织，负责此品种的选育计划的制订和执行，以及遗传评估的开展，从而选育优良种畜。

三是推动科学研究，并以生产需要为基础确立科学研究目的，增强科学研究的目的性与应用性。建立与完善科研体系建设，在推动理论研究的同时，注重应用性技术的开发。加强新技术的推广，以农户的现实需要与农业生产经营变化来安排推广与培训课程，将农民放在科学技术推广与培训的首要位置，从而缩短科学技术推广的周期性，提高经济效益。

四是推动畜牧业的规模化与产业化发展。引动养殖者加入或组建合作经济组织，形成规模优势，提高其在市场中的谈判能力。

五是制定严格的质量管理体系和相关法律法规，加强对畜牧业的管理，提高畜牧产品的质量。建立完善的畜产品质量安全追溯系统，推动、协助养殖者在饲养环节制定饲养管理章程，在屠宰加工环节制定统一的行业规范和羊肉分级标准。

三、统筹利用两个市场两种资源

（一）甘其毛都对岸蒙古国南戈壁省概况

与甘其毛都口岸对岸的是蒙古国南戈壁省汗宝格德县。蒙古国南戈壁省面积16.5万平方公里，下辖有14个行政县，55个巴格（乡），是蒙古国面积最大的省，它建于1931年，位于蒙古国的最南端，其南面与中国接壤，人口近4.7万。

南戈壁省南部主要为沙漠，北部主要为戈壁。南戈壁省矿产资源较为丰富，铜矿储量位居世界前列，除了铜矿以外，其他主要矿种还包括煤炭、黄金、铅锌、铁等。全省面积60%以上都存有煤矿资源，其中重点矿产资源有：塔本陶勒盖煤矿、奥运陶勒盖铜矿。距我国边境线200多公里的塔温陶勒盖大型煤矿，储量60多亿吨，其中焦煤约占1/3。

南戈壁省工业化发展程度不高且规模较小，只存在小型食品、木材、饲料、煤矿加工厂。向中国内蒙古自治区巴彦淖尔、阿拉善等地区出口农牧业产品、板材、铁等制品，同时进口约40%人民所需的食品和日用品。

南戈壁省汗宝格德县，原名“嘎拉巴苏木”，在1941年改名为汗宝格德县，至今为止已经历了80多年的岁月。汗宝格德县南面与中国接壤，西面巴音敖包县、西北朝格特其其格县、北面曼来县、东面与东戈壁省哈丹布拉格县、东北与曼达赫县相接。占地面积1 515.2平方公里，地貌以草原、沙漠、戈壁为主。地下拥有丰富的金、铜等稀有矿产储量以及罕见的6 000~7 000年前史前蜥蜴化石、木化石等。

汗宝格德县政府有四个基层行政部门“巴格”（“巴格”在中国指的是县以下单位，类似于“嘎查”），县常住4 963人，政府所在地距甘其毛都口岸120公里。该县经济以畜牧业为主，骆驼数量居蒙古国首位。主要的畜牧养殖优良品种包括“戈壁古尔班赛汗”绒山羊、“嘎勒宾乌兰”绵羊、“哈宁赫臣呼仁”土种骆驼。

（二）蒙古国南戈壁省农业发展现状

南戈壁省经济以畜牧业为主，全省有近150万头牲畜，骆驼大约有10多万峰，山羊近44万只，骆驼、山羊养殖数量位居蒙古国首位，近年也开始发展养猪、养鸡业。年产毛996.8吨、山羊绒148.4吨、肉类约4 000吨。

种植业方面，南戈壁省主要播种饲料作物和蔬菜，轮耕地面积 500 多公顷，其中马铃薯种植面积 41.3 公顷，蔬菜种植面积 36.8 公顷。年收获马铃薯 160.4 吨，蔬菜 206.1 吨，贮饲料 208 吨，打草 1 500 吨。

（三）蒙古国南戈壁省农业发展潜力

内蒙古和蒙古国双边经贸合作的空间很大，在自然资源、技术发展、产业结构、劳动力需求等方面都有很大的互补性，有利于通过开展更方便的合作满足双边的经济需求。蒙古国地广人稀，矿产资源丰富，但蒙古国基础建设建设水平较低，经济发展较落后，既缺少矿产开发所需要的资金，又缺少先进的技术和人才。内蒙古一方面本身是一个巨大的消费市场，提供需求的牵引力，另一方面也能提供相对先进的技术，增加蒙古国资源开采和转化的生产力。在农产品、日用品方面，蒙古国有 80% 左右的蔬菜、瓜果等农副食品需要进口，日常用品和机电产品也需要大量进口。而中国对蒙古国能源的需求量很大。

从进出口商品结构上来看，蒙古国出口的主要有矿产品、木材、畜产品 3 大类 30 多个品种等。内蒙古的出口商品主要是一些农副食品、日常用品、服装、家电、机电、生产技术等。可以看出，蒙古国主要出口的是一些能源类产品，内蒙古出口的主要是食品和生活用品，双边通过贸易能够互利共赢。

当前甘其毛都口岸贸易是以矿产资源为主的，建议在口岸开展农副食品、畜产品、工业等产品的贸易合作或其他方式的合作，并为其量身定做出口加工型贸易①。

（四）甘其毛都利用两个市场两种资源的思路和总体考虑

1. 甘其毛都镇与南戈壁省优劣势比较

一是地缘和资源优势突出。乌中旗甘其毛都镇与蒙古国南戈壁省相互毗邻。南戈壁省地区人口稀少，矿产资源丰富。二是合作市场空间广阔。南戈壁省地区主要农产品自给率很低，季节性短缺严重，市场价格较高。蔬菜、水果、农产品、生活日用品缺口巨大。而我国河套地区是著名的黄河灌区，拥有 1 000 多万亩良田，盛产小麦、蔬菜、瓜果、葵花籽等优质农产品，阴山北部的天然草场是重要的绿色

① 资料来源：苏乐 . 甘其毛都口岸发展中蒙跨境经济合作研究 . 2014. 内蒙古大学

畜产品生产基础，牲畜饲养量达 2 000 万头（只），同时河套地区还是面粉、番茄、牛奶、酒类等食品工业和纸张、药业、服装等日用品的主要生产基地，完全可以满足蒙古国南戈壁省乃至周边地区的市场需求，是蒙古国“厨房”“菜篮子”和“生活必需品”的首选供应基地。三是农牧业、矿产业互补优势强。乌拉特中旗农产品品种多、数量大，劳动力资源丰富，日用品种类齐全。南戈壁省矿产资源丰富，能源充足。双方自然条件趋同，在农牧业、工矿业领域各有优势，互补性很强。四是蒙方合作开发愿望迫切。由于蒙古国工业水平低，资金短缺，普遍欢迎中国企业到蒙投资办厂、开发矿产。我国通过境外劳务合作，可促进农牧民增收。

2. 实现优势互补，统筹利用两个市场两种资源的思路和总体考虑

紧紧抓住国家“一带一路”和“东丝路经济带”建设有利时机，深入实施农牧业“走出去”战略，充分利用国际国内两个市场、两种资源，积极组织企业“走出去”，发展境外农牧业、矿产资源投资合作，建立境外一、二、三产业生产基地，拓宽对蒙古国农牧业、矿产业科技合作与交流，强化境内一、二、三产业出口基地建设，积极争取国家农牧业专项建设基金和国家、省农牧业建设项目，充分利用国家实施内蒙古东北部地区沿边开放开发规划相关政策和措施，探索按照国际自由贸易区建设管理模式，在甘其毛都口岸，建设甘其毛都跨境农牧业合作园区。

3. 促进农产品加工和贸易的具体规划

一是充分利用甘其毛都镇自身农畜产品加工技术和矿产设备优势，鼓励和支持境外现有企业，或组织有一定规模的企业与蒙古国有实力企业合作，投资建设农牧业、矿产资源、第三产业等精深加工项目。二是按照“出口抓加工、进口抓落地”的方针，以甘其毛都进出口产业加工园区为核心，加快建设进口有机粮食、矿产资源产业园区，创建粮食储运、有机食品加工、矿产资源开发等项目基地。三是加快发展一批农产品、日用品进出口贸易龙头企业，发展农产品储运、保鲜、运输等相关产业，带动更多的农产品、日用品销往蒙古国市场。四是在甘其毛都高起点、高标准筹建中蒙农产品、日用品、矿产资源交易市场，创建具有国际竞争力的市场品牌。探索建立旗舰店、品牌店、专卖店，发展连锁经营，提升产品知名度。

参考文献

冯爽，王圣瑞，沈海斌 . 2014. 澳大利亚湖泊水环境保护与管理［J］. 世界环境，（4）：67-69.

卡娃 . 2014. 蒙古国区域经济发展研究［D］. 长春：吉林大学 .

廖小萍 . 2007. 澳大利亚、新西兰华文教育比较研究［D］. 广州：暨南大学 .

苏乐 . 2014. 甘其毛都口岸发展中蒙跨境经济合作研究［D］. 呼和浩特：内蒙古大学 .

苏乐 . 2014. 甘其毛都口岸发展中蒙跨境经济合作研究［D］. 呼和浩特：内蒙古大学 .

谢宝，麦伟光，王智慧 . 2009. 拓展国际合作与交流服务珠江水利改革发展［J］. 人民珠江，30（a02）：42-43.

闫旭文，南志标，唐增 . 2012. 澳大利亚畜牧业发展及其对我国的启示［J］. 草业科学，（3）：482-487.

杨秀春 . 2014. 澳大利亚畜牧业发展现状、特点及其启示［J］. 畜牧与饲料科学，35（3）：63-64.

张雯 . 2011. 澳大利亚农业现代化面面观［J］. 北京农业，（34）：43-44.

周章跃 . 2012. 澳大利亚农业［M］. 北京：中国农业出版社，2012.

朱蕴琦 . 2014. 中国两栖类病原壶菌检测与有害生物风险分析（PRA）［D］. 哈尔滨：东北林业大学 .

额济纳腾飞的翅膀——策克

额济纳旗位于内蒙古自治区阿拉善盟最西端，地处祖国北部边疆，人口约 2.5 万，年均气温 8.3℃，年均降水量 37 毫米，境内多为无人居住的沙漠地区。东与内蒙古自治区阿拉善右旗接壤，南、西与甘肃省酒泉市相连，北与蒙古国交界，辖区内国境线全长 507.14 公里。

一、额济纳旗农业发展

额济纳旗总面积 11.46 万平方公里，总人口 2.5 万，其中，农业人口 5 815 人，共下辖 8 个苏木镇 19 个嘎查，居住着以土尔扈特蒙古族为主体的 11 个民族。额济纳旗草原面积为 11 424.43 万亩，可利用草原面积 5 434.95 万亩。额济纳旗国内总产值 410 959 万元，比上年增长 7.6%；农村常住居民可支配收入 18 481 元，比上年增长 7.5%；农业增加值为 16 883 万元。

（一）农业资源特点

额济纳旗的农业资源具有气候资源独特、沙地资源丰富、畜牧资源优良等特点。

1. 气候资源独特

额济纳旗位于东经 97° 10′~103° 7′，北纬 39° 52′ ~42° 47′，地处欧亚大陆腹地，属内陆干燥气候，西、西南、北三面环山。额济纳旗具有干旱少雨，日间蒸发量大，太阳光充足，昼夜温差较大，风沙多等气候特点。年均降水量 37 毫米，年极端最大降水量 103.0 毫米，最小降水量 7.0 毫米。无霜期天数最短 179 天，最长 227 天，这里四季分明、光照强烈、绿洲土质肥沃、昼夜温差大，农作物微量元素丰富，独特的气候条件，既保证了农产品质量安全，也为生产无污染、安全、优质、营养的绿色食品提供了先决条件。

2. 沙地资源丰富

额济纳旗地处欧亚大陆腹地，紧靠巴丹吉林沙漠的边缘，全旗总土地面积 11.46 万平方公里，90%以上是戈壁、沙漠。丰富的沙区资源为以梭梭种植为主的沙产业提供了资源保障。目前全旗梭梭林面积 380 余万亩，年产肉苁蓉 80 余吨，其中人工种植梭梭林面积达到 27 万余亩，在天然和人工种植的梭梭林中实施肉苁蓉嫁接面积达到 10 万亩，是我国重要的肉苁蓉主产区。

3. 畜牧资源优良

额济纳旗因地处边疆，开发较晚，使得生态保持完好，河流和土地没有被污染。全旗可利用草原面积 5 434.95 万亩，91.4% 草场属于亩产鲜草 50 公斤以下的 8 级草场；充沛的草场资源为畜牧业提供了优越的自然条件，2015 年牧业年度全旗牲畜总头数达到 11.48 万头（只），其中羊 8.94 万只，骆驼 2.04 万峰。

（二）特色农业产业发展

2015 年，额济纳旗有农牧户 2 386 户 5 815 人，耕地面积 7 万亩，全旗农村牧区常住居民可支配收入达 18 481 元，2013 年全旗农业机械总动力 3.3 万千瓦。

1. 种养结构进一步优化

立足于当地自然区位优势，以市场为导向，资源为依托，经济与环境友好为中心的指导方针，贯彻“转移发展战略”，先后引进推广棉花、蜜瓜、籽瓜等特色农作物，其中棉花、蜜瓜为两大特色经济作物。粮、经、草比重调整为 4 : 41 : 55①。种植业结构进一步优化。全旗农作物播种面积 77 043 亩，同比增长 5.24%；其中：粮食作物播种面积 4 500 亩，同比减少 123 亩，粮食总产量 1 841.64 吨，棉花播种面积 970 亩，同比减少 12 200 亩，棉花总产量 291 吨，蜜瓜播种面积 61 324.5 亩，同比增加 6 514.5 亩，总产量 131 753.4 吨，经济产值达 1.8 亿元，种植农户约 900 户，户均种植面积 68 亩，种植户平均收入 10.2 万元。

2015 年末，牲畜存栏 106 629 头（只），同比增加 10 419 头（只），增长 10.83%；其中：牛存栏 682 头，同比减少 24 头，羊存栏 85 423 只，同比增加

① 《2017 年额济纳旗政府工作报告—额济纳旗第十六届人民代表大会第五次会议》http://www.nmg.gov.cn/zzqzf/zfgzbg/alsm_1862/201702/t20170210_597848.html.

9 272 只，增长 12.18%；骆驼存栏 17 234 峰，同比增加 810 峰，生猪存栏 2 380 口，同比增加 414 口，增长 21.05%。畜牧业平稳发展。

2. 发展特种植物深加工

因地制宜，结合当地丰富沙地资源，推进肉苁蓉、黑果枸杞等名贵药用植物深加工项目，通过延伸产品价值链，重点培育沙产业龙头企业，支持企业进行原料基地建设，以“公司 + 农户”的形式，鼓励农牧民积极种植梭梭，开展人工肉苁蓉嫁接。截至 2015 年，围绕梭梭种植、黑果枸杞种植和开发利用企业 5 家，初步形成产业集群效应。

3. 发展绿色有机生产

发挥绿洲土质肥沃、生态环境优良的优势，大力缩减农药、化肥、除草剂利用量，扩大绿色有机植物种植面积，发展绿色蜜瓜、肉苁蓉等优势作物，提升农产品品质和附加值。目前，全旗绿色种植蜜瓜、肉苁蓉 33.13 万亩，打造额济纳沙产业绿色品牌和地理商标。

4. 推进畜牧业规模化生产

初步形成了以巴彦陶来苏木、达来呼布镇纳林高勒新区为中心，辐射东风镇、苏泊淖尔苏木和赛汉陶来苏木的舍饲养殖基地。2015 年牧业年度全旗牲畜总头数达到 11.48 万头（只），全旗舍饲、半舍饲和农区畜牧业养殖规模达到 7 万头（只）；良种畜比重达到 90%以上。打造高端畜牧业。建设完善阿拉善白绒山羊质量安全监管和溯源体系，在温图高勒苏木、赛汉陶来苏木，建设“1396”型（羊绒细度≤ 13.99 微米、拉直长度≥ 96 毫米）白绒山羊标准化示范养殖区，重点在选育阿拉善“1396”超级白绒山羊新品种、构建利益连接机制实现优质优价市场秩序、推动阿拉善白绒山羊地理标志产品保护等关键环节上实现突破，促进传统畜牧业提质增效可持续发展，把“1396”打造成中国驰名商标和国际高端羊绒品牌。建立骆驼挤奶示范基地。重点在培育养殖百峰骆驼家庭生态牧场、构建利益连接机制建设稳定的奶源生产基地。驯化挤奶母驼 0.1 万峰、生产加工鲜驼奶 200 吨、加工驼毛绒 50 吨、出栏成年骆驼 0.2 万峰，实现产值 0.6 亿元，基本建成覆盖全旗现代骆驼产业体系，促进传统养驼业转型升级提质增效。

（三）优势潜力产业发展

额济纳旗抢抓国家推进农业供给侧结构性改革、支持沙产业发展机遇，立足地处沙漠戈壁腹地，属于亚欧内陆气候和传统沙漠经济植物主产区的优势，以延伸肉苁蓉价值链为抓手，进一步具有鲜明地方特色的沙产业集群。

1. 额济纳旗沙产业优势明显

额济纳旗沙产业具有四个方面的优势：一是得天独厚的沙资源，生态环境好，无污染，同时高纬寒地极大地减轻病虫害发生率，一般年份基本不用杀虫剂，且杀菌剂用量极少，天然无污染。二是食品加工市场需求大。肉苁蓉、黑果枸杞均为名贵中药，尤其是肉苁蓉属于濒危珍稀科，具有极高的药用价值，具有十分广阔的市场空间。三是可大批量、匀质供应。额济纳旗随着各项生态建设工程的实施，广大沙区治理区林草植被资源不断增加，既显著改善了当地的生态环境状况，又为沙产业的发展奠定了良好基础。

2. 加快沙产业建设步伐

额济纳旗从五个方面积极推动沙产业的发展。重点培育沙产业龙头企业，支持企业进行原料基地建设，鼓励农牧民积极种植梭梭，开展人工肉苁蓉嫁接，生产经营方式以“公司 + 农户”经营为主，便于组织进行专业化生产，涉农部门整合项目资源结合实际，在技术指导、设施配备方面给予扶持。全旗有沙产业企业 5 家，农牧民种植户数达 150 余户，其中从事梭梭种植企业 2 家，从事黑果枸杞种植和开发利用的 3 家，拓宽了发展平台。

二、主动对标参与全球竞争

美国部分州与其自然资源禀赋类似，各自也都处于发展的关键机遇期，与之建立对标参考，是额济纳旗不断探索发展自身农业核心竞争力，进行差异化竞争的关键。

（一）对标美国新墨西哥州

新墨西哥州位于美国西南部，州面积 314 914 平方公里，居美国 50 州内第 5 位。气候为典型的沙漠气候，温暖而干燥，年平均气温 12℃，最高温 43℃，最低

温 -2℃。该州约一半的农产品是从新墨西哥州东部和西部生产的。农产品有花生、苹果、小麦、玉米、豆类、干草、马铃薯、辣椒和高粱等，棉花是主要经济作物，格兰德河灌溉地区为主要产棉区。牧场广布全州，以牛、羊为主，是全美乳酪业成长最快的地区。

（二）对标国际的启示

美国的新墨西哥州与额济纳旗在地理区位、资源禀赋和优势产业等方面有相似之处，同处中高纬度内陆性气候，冬季寒冷，夏季炎热，资源禀赋方面都是沙资源比较丰富，优势产业均为沙地种植业和畜牧业。

对标国际，额济纳旗具备较强的发展潜力。近年来，额济纳旗牢固树立创新、协调、绿色、开放、共享发展理念，全旗着力构建生态文明工程体系，近年来，随着沙区治理成效显著提升，植被资源不断优化，既改善了当地的生态环境，又为沙产业的发展奠定了良好基础。此外，坚持走产出高效、产品安全、资源集约、生态文明友好的农业现代化道路，着力构建集农户生产经营、现代物流服务支撑于一体的现代沙产业体系，努力构建优势特色突出、产业价值链条完整、市场竞争力强、生态环境可持续的新型现代化农业发展模式，通过实施综合生产能力建设保障工程、新型经营主体培育壮大工程、农业提质增效工程、农业生态保护利用工程等途径，加快了额济纳旗的农业现代化步伐。

三、统筹利用两个市场两种资源

（一）额济纳旗与蒙古国南戈壁省农业合作前景

策克口岸与甘其毛都口岸尽管分属内蒙古自治区不同旗，但对岸均为蒙古国的南戈壁省。额济纳旗策克口岸是全国对蒙边贸合作最早的边境口岸之一。加强额济纳旗与蒙古国的农业合作具有极强的地缘优势和资源互补优势。南戈壁省人口稀少，农业资源丰富，但农业技术相对滞后。额济纳旗农产品品种多、数量大，劳动力资源丰富，农业实用技术先进。中央提出建设“一带一路”重大倡议为中蒙双方合作带来机遇。国家还出台了黑龙江和内蒙古东北部地区沿边开发开放规划，为扩大内蒙古对蒙农产品贸易合作创造了宽松环境。内蒙古也提出打造连接亚欧丝绸之路经济带，有利于内蒙古发挥对蒙及中亚贸易的桥头堡作用，对深化中蒙全面战略协作伙伴关系，有着深远影响。而且，蒙方合作开发愿望迫切。由于蒙农业生产技术落后，资金短缺，普遍欢迎中国企业到蒙投资办厂，通过境外劳务合作，可促进农民增收。双方具有广阔的合作市场空间。此外，南戈壁省煤矿等矿产资源丰富，发挥额济纳旗在农牧业上的劳动力、资金、技术等优势，打造以中蒙煤矿交易为中心，辐射全国的物流枢纽基地。

（二）额济纳旗利用两个市场两种资源的思路和总体考虑

认真落实国家、自治区经济发展政策，创新驱动发展，积极推进供给侧结构性改革，推动传统产业转型升级和新兴产业发展壮大，积极培育新的经济增长点，提升核心竞争力，努力实现经济发展向依靠三次产业协同带动转变，着力打造煤炭产业、商贸物流产业、农畜产品加工业和边境旅游业，同时推进其他战略性新兴产业的发展。

1. 坚持创新发展，推动经济转型升级方面取得新突破

创新驱动发展战略，以产业转型升级为主攻方向，着力转变发展方式，转换发展动能，努力走出一条质量更高、后劲更足，优势充分释放的发展新路子。大力发展生态农牧业，推动以土地流转、专业合作社和龙头企业带动的农牧业发展新模式，调整优化种养殖结构，着力发展绿色、有机、生态农牧业。以节水为原则，新增高效节水灌溉面积 1 万亩。实施精品林果种植项目，规划种植蟠桃等林果 5 000 亩，实现生态效益、经济效益和社会效益有机结合。适度发展牧业，坚持以草定畜、草畜平衡，加快推进畜牧业产业化发展。结合策克口岸肉类指定口岸获批的有利契机，及早谋划农区标准化、规模化养殖。因地制宜推动畜种改良，大力推广阿拉善双峰驼、白绒山羊等优良畜种串换选育。规模化发展沙产业，鼓励农牧民种植梭梭、苁蓉、锁阳等沙生植物，加强与高等院校、科研院所的交流合作，做好适用技术推广应用，促进科技成果转化。围绕生态保护和精深加工建立专业化生产基地，打造额济纳沙生产业绿色品牌和地理商标。

2. 大力发展商贸物流业，以信息化带动现代化

当前，策克口岸经济开发区立体交通网络已初步形成，为策克口岸发展现代物流业奠定了良好基础。逐步完善的交通网络打造大型煤炭物流集散中心，建成永鑫公司智慧口岸大数据中心项目，利用信息技术和物联网技术提升发展智能物流，建设以生产性服务业为主、辐射陕甘宁青等周边地区的物流口岸，货运年吞吐量达到

3 000 万吨。

3. 推进建设农畜产品加工业，力促多元综合发展

继续完善边境互市贸易，最大限度放宽奇石、工艺品、畜产品和第三国免税商品进入市场交易。加快建设策克肉类定点进口口岸建设，年内实现冷鲜肉进口业务。规划建设农畜产品加工产业园，打造肉制品及皮毛加工产业链，形成肉制品初级加工及精深加工生产项目，皮毛加工生产项目，大力发展牛羊驼分割肉、低温保鲜肉和皮革、骨血及脏器综合加工。将蒙古国无污染绿色食品输入国内市场，建成年进口蒙古国牛羊肉 5 万吨（屠宰）的加工项目。将策克口岸打造成我国北方肉类生产加工和中转集散中心。

4. 充分挖掘旅游资源，大力发展边境旅游业

“十三五”时期，随着中俄蒙经济走廊建设的深入推进，策克口岸的区位优势和重要地位凸显，必将成为服务丝绸之路经济带和中俄蒙经济走廊西翼的重要通道。依托额济纳旗悠久的历史文化遗产和丰富的旅游资源，进一步与蒙古国合作开发旅游资源，拓展边境旅游业发展。以国家贸促会在策克口岸开展“ATA”单证册业务背景下，争取在策克口岸建设蒙古国领事馆。积极申请落实口岸落地签证业务，简化签证手续。首先大力发展边境商贸旅游项目，计划将该地区打造成 4A 级景区。在此基础上，精心打造跨境旅游线路，开辟策克至蒙古、俄罗斯的跨境旅游线路，大力发展免税商品贸易旅游，将策克口岸建成我国自驾游和跨境游的重要基地。

5. 力争进口肉类指定口岸建设达标，重点推进肉类口岸建设项目

开发区在内蒙古出入境检验检疫局的技术指导下，按照《质检总局关于进一步规范进口肉类指定口岸管理的公告》（2015 年第 64 号）规定，正在积极有序推进进口肉类指定口岸的筹建工作。

6. 深化发展煤炭产业，促进升级转型

策克口岸地区煤炭运输能力强，过境煤炭成本低、煤质优，积极响应国家供给侧改革，大力推进煤炭分级分质清洁高效利用是快速提升口岸地区经济产业发展水平，增大口岸地区经济提量的必然选择。通过煤炭深加工、煤化工、煤转电等实现“煤电用一体化”，建设煤制气、煤制油、煤基联产等项目建设利用境外资源发展循环经济产业园。大力发展煤炭洗选产业，建设煤炭焦化产业链，推行煤炭资源分类使用，开展焦化副产品的精加工和深加工。利用煤炭洗选后的中煤、煤泥、矸石为原料发展热电一体化产业。以热电厂产生的粉煤灰、炉渣、脱硫石膏等废弃物为原

料，生产粉煤灰蒸压砖等建材产品。

参考文献

李海燕 . 2017. 阿拉善盟额济纳旗服务型政府建设存在的问题及对策研究［D］. 呼和浩特：内蒙古大学 .

刘世增，李银科，吴春荣 . 2015. 沙产业理论在甘肃的实践与发展［J］. 科学经济社会，31（3）：1393-1397.

苏云峰 . 2010. 航天圣地胡杨故乡——额济纳旗［J］. 财经界，（9）：83-85.

赵才 . 2003. 依托优势突出重点促进对俄罗斯农业合作的快速发展［J］. 欧亚经济，（7）：19-21.

塞外绿洲——塔克什肯

一、塔克什肯农业发展

（一）农业资源特点

塔克什肯口岸位于新疆伊犁哈萨克自治州阿勒泰地区青河县境内，处在东经 90° 48′，北纬 46° 11′。对面为蒙古国的科布多省。中蒙边界线和塔克什肯口岸的距离大约是 15.5 公里。如果从塔克什肯入境的话，到乌鲁木齐市大约 510 公里左右，到青河县城大约 90 公里，距离阿勒泰大约 380 公里。口岸的东部与蒙古国科布多省的布尔干县接壤，距离蒙古国布尔干口岸 25 公里，距离蒙古国布尔干县城 65 公里，距离科布多省会大约 265 公里。

青河县属于大陆性北温带干旱型气候，冬季漫长而寒冷，风势较大，夏季凉爽，这里属于高山高寒地区，极端最低气温为 -53℃，年平均气温 0℃，四季变化不明显，空气干燥，年降水量小，蒸发量大。年均降水量 161 毫米，蒸发量 1 495 毫米，年平均无霜期为 103 天。2013 年，青河县人口 6.47 万人，由蒙古族、回族、维吾尔族、哈萨克族、汉族等 16 个民族组成，其中，哈萨克族人口数量最多，占全部人口数量的 76.46%，其次是汉族，大约占到 18.55%，其他少数民族占 4.99%。

塔克什肯口岸一直以来就是我国和蒙古国的重要贸易通道，这里依山傍水，地势平坦。中华人民共和国成立以后，中蒙贸易更是发展迅速，起初中国向蒙古出口的商品主要是农副产品、生活用品，进口商品主要是牲畜、棉布和茶叶。20 世纪 60 年代，塔克什肯与布尔干之间的贸易中断。塔克什肯口岸经国家批准后于 1989 年 7 月 20 日再次对外开放。中国和蒙古国政府在 1991 年签订协议，允许中国和蒙古国两国货物、人员和交通运输工具通行，居住在两国边境地区范围以内的两国公民可以凭边境通行证出入境。同时，协议规定塔克什肯口岸为双边季节性开放口岸，口岸开放时间为每年 4 月至 12 月。现有青河县至布尔干县的国际联运班车。

（二）特色农业产业发展

塔克什肯镇大力发展特色经济产业，由于这里有丰富的水资源，光热资源也非常充足，非常有利于种植沙棘和养殖沙棘鸡。沙棘是一种落叶性灌木，由于其可以在盐碱化土地上生存，耐旱、抗风沙，具有固沙环保的功效，并且由于沙棘果实含有丰富的营养物质和生物活性物质，在医用和药用方面都有重要的作用，因此沙棘同样具有很大的经济价值。从 2001 年开始，塔克什肯镇在国家退耕还林政策的基础上开始种植沙棘。2011 年，青河县种沙棘约为 9 万亩，塔克什肯沙棘种植总面积 3 万亩左右，其中挂果面积占到总面积的一半，采收沙棘果 300 余吨，农牧民采摘沙棘叶果实现增收约 60 万元。随后每年的沙棘种植面积和挂果面积都有所增加，农牧民增收效益显著。随着塔克什肯镇成为青河县的沙棘种植大镇，沙棘种植逐渐成为塔克什肯口岸附近农牧民增加收入的重要手段之一。

2007 年，以沙棘种植资源为基础的沙棘鸡养殖被定为发展战略项目，同一年，沙棘鸡养殖中心在塔克什肯成立。中心已建成的鸡舍占地面积大约为 800 平方米，累计投资 100 万元。目前，塔克什肯镇养殖沙棘鸡 8 万只。

除此以外，蔬菜、玉米、苜蓿等经济作物在塔克什肯地区也很受重视，不断地发展。当地在建成塔克什肯农业园的同时，对原有 20 座蔬菜大棚进行了加固改造，蔬菜围栏 5 公里。蔬菜出口种植备案基地 1 000 亩，大田蔬菜种植面积 400 多亩。塔克什肯地区还建立了百亩高产牧草示范田，建有苜蓿、玉米特色产业种植基地。

（三）优势潜力产业发展

除了基础的特色种植产业外，还可以发挥塔克什肯镇对蒙古国开放的口岸优势，发展塔克什肯口岸地区及跨蒙旅游购物等，以推动三产带动一产，三产融合发展。定期举办的中蒙国际边境旅游节，通过发展旅游业，在带动物资供销仓储运输行业发展的同时，以吃、住、行、游、购等五大娱乐的形式带动餐饮、住宿相关服务产业发展，优化三产结构。推动休闲农业的发展，增加农牧民收入，推动口岸及农村区域发展。

二、主动对标参与全球竞争

欧洲和日本具有丰富的农业和农业旅游发展经验，值得学习借鉴。塔克什肯地处自然资源和风土人情丰富的地区，发展农业和农业旅游尤其需要强化全球视野，对标国际一流，提升自身的核心竞争力，巩固和拓展优势产业。

（一）对标欧洲

1. 马斯特里赫特

位于荷兰东南部，马斯河畔、近比利时边界。林堡省省会。2017 年人口 12.15 万。始建于公元 4 世纪。大约在 18 世纪，这里先后被法国和比利时占有，1830 年至今归属于荷兰。主要产煤，还有水泥、纺织、冶金、化学、橡胶、玻璃、陶瓷等工业。有现代艺术博物馆、古教堂等建筑。旅游业发达。

2. 希尔克内斯

挪威东北部港市。在帕斯维克河畔，临博克峡湾，村庄邻近俄罗斯边境，是挪威沿海汽船的终点港口，是世界上最美丽的海边小镇之一。从 1910 年起，希尔克内斯因采矿业发展而兴起，是重要的铁矿区。这里虽然地处高纬带，但受暖流影响，气候较温暖。这里是卑尔根海空航运及北方公路运输的终点，有水上飞机基地和机场。希尔克内斯面积 2.15 平方公里，截至 2017 年，总人口 3 566 人。

3. 什特尔布斯凯普莱索

斯洛伐克东斯洛伐克州小镇，坐落于同名湖什特尔布斯凯普莱索湖畔，风景如画，为游览、滑雪和疗养中心。有 100 多个湖泊和几处瀑布。附近有塔特拉国家公园里的高峰。低于湖面几百公尺的湖南，有一重要隘口，位于比利时瓦赫河与波普拉德河之间。

（二）对标日本

白川谷小镇位于日本的“阿尔卑斯山脉”上，曾一度与世隔绝，这座小镇保留了有陡峭屋顶的茅草屋——日本民居最独特的建筑风格。

（三）对标国际的启示

欧洲和日本的部分地区与新疆塔克什肯在地理区位、资源禀赋和优势产业等方面有相似之处：一是地理区位类似，同处中高纬度，同属温带季风性气候，冬季寒冷，冬季时间较长，夏季干热；二是资源禀赋相似，自然环境优美，人文民族特色显著；三是优势产业相似，农业旅游产业发展优势明显。

对标国际，塔克什肯具备较强的发展潜力。近年来，塔克什肯积极推动贸易往来，努力发展特色优势农业产品，三产融合，积极推进乡村旅游，在不断发展经济的基础上，推进实现脱贫和可持续发展。应在做好塔克什肯小镇发展规划的基础上，借鉴对标小镇的先进发展经验，在农产品加工，农业旅游等产业方面不断加强，同时加强基础设施建设，为打造塔克什肯民族化、特色化建立基础，实现经济可持续发展。

三、统筹利用两个市场两种资源

（一）蒙古科布多省概况

科布多省位于蒙古国西南边疆，始建于 1931 年。科布多省东与扎布汗省和戈壁阿尔泰省相接，北面与乌布苏省相连，南面和西南面与我国新疆维吾尔自治区接壤，西面则与巴彦乌列盖省为邻。

全省土地面积 7.6 万平方公里，人口约 8 万余人，科布多省的省会为科布多市，下辖科布多县、额尔登布伦县、门海尔县、斋雷特县、明嘎特县、多尔贡县、曼汗县、莫斯特县、维恩茨县、策策勒格县、布尔干县、阿尔泰县布维特县、都特县、钱德曼县等 15 个县。科布多省是一个多民族省份，居住有哈拉哈蒙古族，还散居着明阿特蒙古族、额鲁特蒙古族、扎哈沁蒙古族、土尔扈特蒙古族、巴雅特蒙古族和其他一些部族。

科布多省的气候较温暖，水草丰美。科布多省的南面有蒙赫海尔汗山，海拔 4 362 米，东部有哈尔乌苏湖。农牧业产品有马铃薯、羊毛、谷物和牛乳，还有服装、木材加工、汽车修配、洗毛、食品等工厂。科布多省的手工业也比较发达。科布多省建有图书馆、游艺场、医院等生活设施，也有农牧业中等专科学校和师范学院。这里是蒙古国对俄罗斯贸易的中心，也是蒙古国通往中国新疆的要地。

（二）蒙古科布多农业发展现状

科布多省的经济支柱产业是畜牧业，近几年科布多省的种植业也不断发展，耕地面积约 7 700 公顷，主要农作物有谷物、马铃薯、水果和蔬菜。

科布多是科布多省会，位于科布多河支流布彦特河畔，临近哈拉乌斯湖。科布多又名吉尔格朗图，蒙语为“幸福”的意思，这里是蒙古国西部地区经济、文化中心。人口约 1.8 万。科布多所处地区地势平坦，海拔只有 1 396 米，一年四季温差比较大，常年平均气温在 0℃左右。科布多气候干燥，年均降水量仅有 90 毫米。科布多于 1961 年被列为地方城市。科布多市郊布彦特河谷瓜园和果园久负盛名，这里的国有农场生产羊毛、谷物、马铃薯和牛乳等农副产品。

（三）蒙古科布多农业发展潜力

蒙古科布多省的农业发展相对较弱，以瓜果和畜牧产品为主，发展相对滞后。在畜牧产品加工、果品加工和农业旅游方面发展潜力比较大。依托其优美的自然环境可加快三产融合发展，在休闲农业发展方面也是潜力巨大。

（四）塔克什肯利用两个市场两种资源的思路和总体考虑

1. 塔克什肯与蒙古科布多优劣势比较

塔克什肯地区农业发展、农产品加工业、农业生产技术优势明显领先于蒙古的科布多省。在自然资源禀赋方面和蒙古的科布多基本相似。

塔克什肯口岸的开放和边民互市贸易的开展，有力地带动了当地经济的发展，使口岸所在地的县、乡在短短几年内就摘掉了贫困帽子，走上富裕道路，对两国西部边境地区的人员和物资的交流起到了积极的促进作用。

2. 促进农产品加工和贸易的具体规划

一是持续加大对农牧业基础设施的投入力度。随着美丽乡村建设的不断深入和推进，在国家美丽乡村建设的契机之下，不断改善农牧业基础设施是推动农业发展和增加农民收入的基础。到 2010 年，青河县为加大农牧业基础设施建设，累计已投入 1.67 亿元，随着财政收入的不断增长还会继续加大对农牧业基础设施建设的投入。

二是提升农牧业产业化经营水平。加快农牧业标准化生产体系建设，建立和完善农牧业综合服务体系。加快灌区建设步伐，尽早实现牧民定居是清河县农牧业产业化发展的基础。到 2012 年，清河县阿苇灌区节水灌溉土地大约为 2 万亩，灌区建设可定居牧民 2 万多人，约 4 500 户。这将会促使牧民由游牧的生产方式转换为定居的生产方式。因此，应持续推进灌区建设开发，加大力度，早日促成清河县牧民告别逐水草而居的游牧生活，实现真正的牧民定居，以此进一步推动农牧业产业化发展。

三是提高农牧业生产的科技含量。在栽培和灌溉技术方面，大力普及推广先进养殖技术，实用栽培技术，测土配方施肥，高效节水技术等技术，同时加强农林牧优势品种的选育、引进和推广，提高优良品种覆盖率，提高科技对农牧业发展的贡献率。

四是鼓励发展休闲农业和乡村旅游业，利用当地优势自然人文资源，适度推进旅游业发展，加强三产融合，在发展旅游的基础上进一步带动农业，农产品加工业的不断发展，同时兼顾自然，实现绿色发展。

参考文献

刘霞 . 2013. 实现新疆青河县跨越式发展的思考 [J] . 实事求是，(2)：107-109.

吕淑华，索伦 . 2010. 塔克什肯口岸、吐尔尕特口岸面向第三国双边贸易升级多边 [J] . 中亚信息，(3)：20-21.

美克西 · 塔卫太 . 2014. 新疆哈萨克族生产方式转型研究 [J] . 乌鲁木齐：新疆大学 .

西域走廊——巴克图

塔城地区位于新疆维吾尔自治区的西北部、伊犁哈萨克自治州的中部，属于中温带干旱和半干旱气候区。辖塔城市、额敏县、裕民县、托里县、乌苏市、沙湾县和布克赛尔蒙古自治县5县2市，有5个县（市）与哈萨克斯坦共和国接壤，边境线长546公里。腹地有石油重镇克拉玛依、独山子石化基地和奎屯市。

一、塔城地区农业发展

塔城总面积4 356.6平方公里，总人口96万，有25个民族。农村总户数2.1万户，农业人口达6.6万人，下辖有39个乡、27个镇，8个街道办事处。库鲁斯台大草原总面积389万亩。塔城市三面环山，向西开口，南部沼泽洼地星罗棋布，可利用草原面积5 434.95万亩。2017塔城国内生产总值80.4亿元，完成农林牧渔业总产值39.6亿元。

（一）农业资源特点

1. 气候资源独特

塔城位于东经82° 16′ ~87° 21′ 、北纬43° 25′ ~47° 15′ ，地处欧亚大陆腹地，西、南面环山，东中部属于盆地地区，冬季严寒且漫长，将近半年。年极端最高气温40℃，极端最低气温 -40℃。塔城盆地降水量稍多，年均290毫米，蒸发量1 600毫米。乌苏、沙湾、和布克赛尔3县所处的准噶尔盆地降水稀少，年均降水不足150毫米，蒸发量却高达2 100毫米，日照2 800~3 000小时，无霜期130~190天。这里四季分明、光照强烈、绿洲土质肥沃、昼夜温差大，农作物微量元素丰富，独特的气候条件，既保证了农产品质量安全，也为生产无污染、安全、优质、营养的绿色食品提供了先决条件。

2. 沙地资源丰富

塔城地处欧亚大陆腹地，紧靠巴丹吉林沙漠的边缘，全旗总土地面积 10.45 万平方公里，12.1% 以上是戈壁、沙漠。丰富的沙区资源为以沙棘种植为主的沙产业提供了资源保障。大力发展梭梭林、沙棘种植，沙地资源得到有效利用。

3. 畜牧资源优良

塔城因地处边疆，开发较晚，使得生态保持完好，河流和土地没有被污染。全县牧草地 8 600 多万亩，充沛的草场资源为畜牧业提供了优越的自然条件，2015 年牲畜存栏数 148 万头（只），比上年增长 5.7%。其中，年末牲畜存栏头数达 95.5 万头（只），增长 11.7%。其中，大畜存栏头数 12.5 万头（只），增长 2.5%；羊存栏 80.2 万只，增长 13.8%。年内牲畜出栏数 59.7 万头（只），增长 18.2%。各类牲畜繁殖成活数 66.7 万头（只），增长 6.2%。全年肉类总产量 2.27 万吨，奶产量 3.9 万吨，禽蛋类产量 7 472 吨，羊毛产量 1 317 吨。建成标准化肉羊圈舍 8.9 万平方米，实施退耕还草 8 万亩、划区轮牧作业 2 万亩，建成自治区级、地区级优质肉羊种羊场 3 个。

（二）特色农业产业发展

2015 年，塔城农业机械总动力 30.75 万千瓦。农牧综合机械化率显著提升，该市不断优化种养结构，发展特种沙地植物精深加工，发展绿色有机生产，培育绿色农产品品牌。

1. 种养结构进一步优化

2015 年，塔城市粮经饲比例由上年的 83.7∶10.5∶5.8 调整为 88.1∶5.5∶6.4。积极推进以小麦、玉米为主的制种业发展，建成高标准良种繁育基地 13.1 万亩，万亩高产示范区 10 个。粮食总产 96.37 万吨，增加 14.3 万吨，增长 17.4%。其中，小麦总产 20.01 万吨，增长 3.3%；玉米总产 76.16 万吨，增加 13.48 万吨，增长 21.5%；谷子总产 0.19 万吨。经济作物中，油料总产 0.12 万吨，增长 2.2%；甜菜总产 2.42 万吨，减少 8.58 万吨，下降 78%；蔬菜总产 15.06 万吨，增加 1.96 万吨，增长 15%；打瓜总产 0.51 万吨，减少 0.49 万吨。

全地区水土资源丰富，宜农宜牧，宜工宜林，开发潜力巨大。地跨北四县的库鲁斯台草原河流纵横、清泉密布，是全国著名的平原牧场和生态湿地，拥有宜牧草场 8 981 万亩，天然打草场 103 万亩，畜均拥有宜牧草场 27 亩，草场理论载畜量达521.37万标准羊单位。2013年牲畜存栏数470万头（只），比上年增长3.9%。其中，牛存栏48.68万头，增长2.7%；羊存栏386.1万只，增长3.9%。肉类总产量17.3万吨，增长5.4%；绵羊毛产量10 139吨，增长6.4%；牛奶产量22.4万吨，增长9.7%；禽蛋产量2.68万吨，增长8.9%。畜牧业平稳发展。

2. 着力发展特种植物深加工

因地制宜，结合当地丰富沙地资源，推进肉苁蓉、沙棘等名贵药用植物深加工项目，通过延伸产品价值链，重点培育沙产业龙头企业，鼓励农牧民积极种植梭梭开展人工肉苁蓉嫁接，涉农部门整合项目资源结合实际，在技术指导、设施配备方面给予扶持。

3. 发展绿色有机生产

发挥绿洲土质肥沃、生态环境优良的优势，扩大绿色有机植物种植，提升农产品品质和附加值。目前，该市"秀满园"牌红枣获得北京中安质环认证中心颁发的有机产品认证证书，加快了乌苏林果由无公害、绿色向有机林果产品发展的步伐。

4. 发展畜牧业规模化生产

利用市场手段，坚持生态建设为本，重点项目建设为依托，加大舍饲养殖基础设施建设力度，积极引导牧民转变草原畜牧业生产经营方式，发展舍饲、半舍饲养殖和农区畜牧业，初步形成了以塔城市南部为主的高端草原畜牧业区，大力发展有机畜产品；北部重点发展旅游观光畜牧产业；中部大力发展规模化养殖肉羊基地。2014年牧业年度全市牲畜总头数达到90万头（只），出栏60万头，良种畜比重达到90%以上[①]。

二、主动对标参与全球竞争

（一）对标美国犹他州

犹他州位于美国西部，2017年人口310.2万，GDP为1 655.26亿美元，列美国50州第31位，占全美GDP比重0.86%，人均GDP53 364美元。犹他州由于山

① 塔城市畜牧兽医局 http://www.xjxmt.gov.cn/links/r50/index.html

多，气候干旱，可耕地不多，畜牧业收入占农牧业的70%左右，主要产出牛肉和奶制品、火鸡肉和鸡蛋、羊肉和羊毛等。河谷地区发展了灌溉农业，种植饲草（苜蓿）、大麦、小麦和甜菜、果蔬。

（二）对标国际的启示

美国的犹他州与塔城在地理区位、资源禀赋和优势产业等方面有相似之处：一是地理区位类似，同处中高纬度，同属内陆性气候，冬季寒冷，夏季炎热；二是资源禀赋相似，沙资源比较丰富；三是优势产业相似，沙地种植业、畜牧业发展优势明显。

对标国际，塔城具备较强的发展潜力。近年来，塔城不断实施生态建设工程，广大沙区治理区林草植被资源不断增加，当地的生态环境状况不断改善。此外，该市坚持走产出高效、产品安全、资源节约、环境友好的农业现代化道路，着力构建生产体系、产业体系、经营体系、服务体系、支撑体系，通过实施各种农业工程与项目，加快了塔城的农业现代化步伐。

三、统筹利用两个市场两种资源

（一）东哈萨克斯坦州概况

东哈萨克斯坦州是位于哈萨克斯坦共和国东部边疆，始建于1932年，位于哈萨克斯坦最东端，东南方和东方与中国接壤，省会乌斯季卡缅诺戈尔斯克市。面积28.3万平方公里，居哈萨克斯坦省区面积之首，下辖有15个区、6个市、24个镇。人口近139万，其中城市人口占36%，农村人口占64%，主要民族包括哈萨克族（33.7%）、俄罗斯族（48.3%）、乌克兰族（5.7%）、日耳曼族（3.7%）和鞑靼族（2.3%）。西部为沙漠土质，东部植被茂盛。1月的平均气温-20至-16℃，最热的7月平均气温20~25℃，降水量少，年均降水133毫米。农业用地面积620万公顷，哈萨克斯坦70%森林资源位于该州，木材储量和木材加工业居哈首位。

（二）东哈萨克斯坦州农业发展现状

东哈萨克斯坦州农业包括种植业和畜牧业。该州有7个国有农场，7 402个个体农庄，其农产品的产量占全国总量的 9.3%。全州共有 430 万公顷农业用地，其中耕地 70 万公顷。进入 21 世纪以来，该州加强了对农业生产的支持，实施了一系列规划，促进了农业的积极发展。作物栽培业的稳定发展带动了畜牧业的发展。东哈州的谷物种植以小麦为主，畜牧业以牛羊养殖为主。目前，东哈州牛的数量居全国第一位。东哈州成为哈萨克斯坦重要的肉、蛋、奶产区之一。2013 年，东哈州农产品产值增长率达到 4.7%，排全国第二位，仅次于阿克莫拉州（5.4%）。东哈州是哈萨克斯坦的农业种植大省之一。2016 年粮食播种面积 57.34 万公顷，单产 1 610 公斤 / 公顷，高于全国平均 1 510 公斤 / 公顷的水平，总产为 90.91 万吨，比上年增长 47.22%。肉制品加工和生产已经成为东哈州农业领域中的主要投资方向。2016 年肉制品产量 24.6 万吨，较 2015 年增长 1.5%。2018 年 1—5 月，哈萨克斯坦肉类产品总计 10.77 万吨，同比增长 14.5%，其中东哈州占全国的 16.6%，仅次于阿拉木图州（30.8%）[①]。

（三）东哈萨克斯坦州农业发展潜力

哈萨克斯坦实施了“2011—2015 年扩大牛肉出口计划”。在该计划下，已建成存栏量达 1.77 万头牛的 5 个育肥场。哈农业部对农场主引进良种牛实施一定补贴政策。随着畜牧产业链不断完善，东哈州有着优质的畜牧资源和规模草场经营优势，其农牧业发展潜力巨大。

（四）塔城与东哈萨克斯坦州农业合作前景

第一，地缘和资源优势突出。塔城与东哈萨克斯坦州紧密相连，巴克图口岸是全国对蒙边贸合作最早的边境口岸之一，经过多年发展，已由单一的边境贸易发展为多层次、多领域的经贸合作。东哈萨克斯坦州地区人口稀少，农业资源丰富。第二，农业互补优势强。塔城农产品品种多、数量大，劳动力资源丰富，农业实用技术先进。东哈萨克斯坦州地广人稀，双方自然条件趋同，农作物种植生产技术融合性很高，在农业领域各有优势，互补性很强，非常适合农业开发合作。第三，“一带一路”建设为双方合作带来机遇。合作市场空间广阔。

① 驻哈萨克经商参处 . 哈居民肉类消费量价齐升 .2018-06-22

（五）塔城利用两个市场两种资源的思路和总体考虑

1. 贯彻党的十九大有关乡村振兴战略决策部署

深入贯彻落实中央一号文件精神。培育壮大农牧业新型经营主体。将其作为“十三五”农牧业的增添后劲。以家庭农牧场、种养大户、专业合作社、龙头企业为重点的新型主体，将逐步成为现代农牧业发展的生力军，有利于解决技术推广落后、规模经营不大、劳动力资源不足、市场对接不畅、品牌建设滞后等问题，农牧业集约化、规模化、专业化、标准化、产业化不断推进，为“十三五”现代农牧业发展增添新的发展后劲。此外，加强农牧业科技的支撑作用。进一步改革完善乡镇农技推广体系，为农牧业技术推广注入新的活力。大力实施科教兴农战略和农村实用人才、新型职业农民培训工程，开展农牧业技术创新和机制体制改革，将为新一轮科技推广应用奠定人才保障和技术支撑。

2. 深化内外交流合作，提高外向型经济发展水平

以国家实施“一带一路”倡议和自治区建设丝绸之路经济带核心区为契机，加大向西开放力度。一是加强口岸核心区建设。立足口岸优势，依托“丝路文化商品城”、巴克图口岸边民互市市场，推进“中哈（塔城）国际合作试验区”建设。全力争取国家和自治区关于口岸建设相关政策和项目支持，积极推动巴克图综合保税区申报工作，力争开通 5 日免签边民互市。做好智慧口岸建设，提高通关效率。二是加强国际商贸物流平台建设。抢抓进口饲草的政策机遇，做好进口饲草料指定口岸申报工作。大力推动东哈州乌尔加县境外农业产业园区、海关盛大监管仓库、国经国合物流园等项目建设。配合做好克塔资源铁路、巴克图口岸至阿亚古兹铁路项目和塔城至哈国谢米市旅游包机业务工作，加强与哈国互联互通的跨境物流体系和物流基础设施建设，增加进出口货物集散能力。

3. 推进农业供给侧改革，促进农民稳步长效增收

按照“压粮、增畜、保收入”的工作思路，从提高农业供给体系质量和效率入手，努力形成结构合理、保障有力的农产品有效供给。优化种植业结构，在确保粮食安全的基础上，持续调减玉米种植面积、扩大饲草料种植面积、稳定小麦和林果种植面积。全年实现玉米种植 75 万亩，小麦种植 50 万亩，农作物良种繁育 14 万亩。种植加工番茄、中药材、谷子等特色高效经济作物，实现农产品多样化。加大高产创建力度，完成高产创建任务 28 万亩。充分发挥“塔城市现代农业科技示范

园”作用，完善3 000座温室大棚配套设施，引进新奇特瓜果蔬菜，实现蔬菜的高产、优质、高效生产。逐步提高畜牧业竞争力，进一步巩固完善现有养殖园区配套设施，加快推进“十百万”工程，大力推广“142”家庭养殖模式，推动肉羊、肉牛产业规模化、标准化、集约化发展。加大肉羊品种改良力度，提高良种覆盖率。大力推广“粮经饲”三元种植结构，建成高标准人工饲草料地5.4万亩。力争年末牲畜存栏76万头（只），出栏70万头（只）。抓好特色林果管理，不断提升特色林果基地管理水平，提高果品质量。加快高酸海棠加工企业建设，力争年内投产。夯实农业发展基础，严格落实耕地保护制度，实施高标准基本农田建设1.8万亩。有序推进阿不都拉水库、锡伯图水库、喀浪古尔河综合治理等重点水利工程建设。

4. 深入挖掘特色文化资源，推进旅游产业发展

坚持生态、文化和旅游三位一体，凸显文化特色，完善以“人文塔城”为核心的特色旅游产品和服务体系，大力发展生态城市的特色文化旅游产业，树立“油画塔城”品牌。一是加快文化旅游基础设施建设步伐。继续实施塔城市文化艺术中心、文化产业孵化基地、手风琴博物馆等项目，启动丝绸之路乐器博物馆、花毡博物馆、哈萨克民俗博物馆建设，做好戍边文化博物馆的布展及开放。二是打造旅游文化品牌。以“五朵金花”民俗家访点为支撑，推出以俄罗斯族、塔塔尔族等少数民族重大节日为主题的节庆活动。以巴克图口岸边境旅游为支点，有序发展出境游。以塔尔巴哈台山、库鲁斯台草原为基础，大力发展生态旅游。依托生态和资源优势，构筑康乐养生软环境。以丝绸之路国际汽车越野拉力赛、手风琴艺术节、环塔拉力赛等文化旅游活动为平台，提升塔城旅游知名度。三是拓宽文化旅游宣传渠道。建立以油画中的塔城官方网站为基础的“智慧旅游信息服务系统”，制作塔城旅游官方宣传杂志《油画中的塔城》，通过微信、微博、电台等渠道，做好旅游宣传工作。四是优化旅游环境。加强旅游行业安全生产管理工作，整治违法行为。推进旅游标准化建设，发挥旅游协会、农家乐协会等行业组织作用，做好旅游企业申评监管工作。

参考文献

李红波，闫向民，杜玮，等．2016．哈萨克斯坦畜牧业生产情况调研［J］．现代农业科技，(6)：281-283.

刘世增，李银科，吴春荣 . 2011. 沙产业理论在甘肃的实践与发展 [J] . 科学经济社会，31（3）: 1393-1397.

买买提依明，徐立，夏庆友，等 . 2008. 新疆维吾尔自治区桑树自然分布区域的地理生态环境及桑树形态特征 [J] . 蚕业科学，(2) : 294-297.

苗正伟，崔伟敏，徐利岗 . 2011. 新疆塔城地区近 54 年气温变化特征及趋势分析 [J] . 安徽农业科学，39 (11) : 6598-6601.

王艳，于东明，束从杰 . 2017. 东北资源助力西北边贸城市产业发展研究——以“一带一路”背景下的新疆塔城市为例 [J] . 技术经济与管理研究，(12) : 120-124.

伊力扎提 · 伊力工提 . 2014. 新一轮对口援疆政策实施现状研究 [D] . 乌鲁木齐：新疆大学 .

张岩岗 . 2014. 中国对中亚五国农业行业投资选择研究 [D] . 乌鲁木齐：新疆农业大学 .

赵才 . 2003. 依托优势突出重点促进对俄罗斯农业合作的快速发展 [J] . 欧亚经济，(7) : 19-21.

周伟 . 2014. 塔城边境城镇发展项目管理比较研究 [D] . 乌鲁木齐：新疆农业大学 .

驼队驿站——霍尔果斯

一、伊犁农业发展

（一）农业资源特点

1. 自然条件优越，资源富集

伊犁哈萨克自治州（以下简称伊犁），地处祖国西北边陲。伊犁被誉为“中亚湿岛”“塞外江南”和“花城”。伊犁地域辽阔，总面积为26.91万平方公里，比国内大部分省的面积要大；人口总数为440.8万。气候湿润，多年平均气温为3.3~9.6℃；雨量充沛，谷地年降水量约300毫米，山地年降水量500~1 000毫米；日照充分，全年日照时数达2 600~3 000小时。这些自然条件组合特别适合农业生产。在农业发展方面，由于农业机械的运用，生产力水平较高；规模化生产能力较强；因自然灾害引起减产的幅度较小，整体上农业生产稳定性较好。伊犁土地利用类型多样，有草地、林地、耕地还有园地等。草地面积最大，达到1 895.1

万公顷。其中，绝大部分是天然草场，达 1 879.1 万公顷，适合畜牧业的发展；其次是林地，总面积大约 180.1 万公顷，天然林占了 95.28%；耕地面积跟林地差不多，为 174.6 万公顷；园地所占面积最少，仅有 0.93 万公顷。另外还有一部分未利用土地，约有 409.07 万公顷[①]。伊犁水土资源也非常丰富，水资源可利用量达 83.5 亿立方米，是新疆唯一具有大规模水土资源开发的地区。

2. 地缘优势突出，经济外向

伊犁南北长 760 公里，东西宽 630 公里，是中国唯一的副省级自治州。伊犁与哈萨克斯坦国接壤，拥有 3 个国家级的对外贸易口岸——霍尔果斯口岸、都垃塔口岸和木扎尔特口岸，其中霍尔果斯口岸是中国陆路最大的通商口岸。考虑到伊犁地缘优势突出，随着“一带一路”倡议的推进，国家于 2010 年成立了霍尔果斯特殊经济开发区。由于多项优惠政策的颁布和实施，增强了伊犁对外开放的宽度和广度，强化了霍尔果斯作为外贸口岸和交通枢纽的功能，促进了伊犁以出口为导向的现代农业的发展。

3. 交通大动脉四通八达

近五年来，国家投入了 200 多亿元对伊犁进行基础设施建设，取得了可喜的成绩，伊犁的发展条件发生了翻天覆地的变化。目前，航空方面，伊犁州直境内机场就有两座；铁路方面，精—伊—霍铁路已全面通车，使得伊宁边境经济合作区、清水河江苏工业出口加工区和霍尔果斯国际边境合作区可实现无缝对接；公路方面，赛—果高速、清—伊高速公路已建成使用，一些国道、省道等主干线可连通各县市、乡、村，从而形成了以航空、铁路和公路为一体的新型立体交通网络格局。物流是农业发展中的关键因素之一。伊犁四通八达的交通条件，大大提高了农产品的运输能力，减少了鲜活农产品运输的损耗，降低了成本，开拓了农产品特别是鲜活农产品的销售市场。

4. 得天独厚的人文优势

哈萨克族是伊犁除汉族外人口最多的民族，有 112 万，占 25.5%，汉族占 45.2%。由于与哈萨克斯坦等周边国家具有相同的社会人文渊源，双方在族群上有着千丝万缕的联系，民族关系融洽，宗教信仰相通，风俗习性相近，贸易往来频

① 数据来源：叶再华 . 伊犁马种质特性的初步研究 [D]. 新疆农业大学，2008.DOI:10.7666/d.y1256661.

繁，有利于促进区域间的经济合作。

5. 优化农业生产结构基础工作成效日益明显

2016 年伊犁生产总值（GDP）1 562.3 亿元，比 2015 年增长 8.8%；州直属县市 GDP 782.0 亿元，比 2015 年增长 8.3%。一、二、三产业发展不平衡，尽管目前第一产业生产总值相对较低，但比重逐年增大[①]。

在农业方面，伊犁为了适应市场需求，提升综合生产能力，分别从粮食、蔬菜、油料、林果、畜产品和出口农产品加工这六方面进行建设。优化了农业结构和生产区域布局，粮食、食品和饲料的比重从 2010 年的 73∶25∶2 调整为 2015 年的 76.7∶17.7∶5.6。加强了农产品特色经济作物种植力度，优势特色农产品产业带初见成效，已基本形成农牧结合、粮经并重的发展局面。

（二）特色农业产业发展

2016 年全州农林牧渔业生产总值为 641.9 亿元，同比增长了 4.3%。同样，州直农林牧渔业同比增长了 4.3%，生产总值为 279.5 亿元[②]。

1. 种植业

伊犁由于独特的自然条件和气候条件，已成为国家和自治区重要的粮、油、糖基地和大豆生产基地。以粮食、油料、特色农产品加工等设施农业和区域特色为重点的高效种植业产业基地已初具雏形，为建立农民增收长效机制奠定了坚实的基础。

2016 年，全州和州直农作物播种面积比 2015 年都有所增加，分别为 2 052.81 万亩和 769.07 万亩，比上年增加了 8.77 万亩和 3.06 万亩。全州和州直粮食（含薯类）产量减少，分别为 658.04 万吨和 305.75 万吨，同比减少了 9.6% 和 3.0%，主要原因是播种面积减少，改种油料和甜菜等经济作物；全州和州直同时增加了甜菜的播种面积，再加上适宜的气候条件，2016 年甜菜大范围增产，分别比上年增加了 39.8% 和 16.0%；由于市场需求量减少，麻类播种面积减少，全州和州直分

① 数据来源：http://www.tjcn.org/tjgb/31xj/35160.html 伊犁州 2016 年国民经济和社会发展统计公报

② 数据来源：同上

别为 2.92 万亩和 0.42 万亩，产量同比下降 22.6% 和 57.1%[①]。

2. 畜牧业

畜牧业是伊犁农业的主导产业。在控制总量的基础上，以提高经济效益为目的，优化产品质量为手段，加快生产方式的转变，使畜牧业成为经济发展的支柱产业。2016 年末全州牲畜存栏头数为 1498.39 万头，比上年增长 0.9%；牲畜出栏头数为 1 379.37 万头，比上年增长 6.2%。州直牲畜存栏头数为 669.66 万头，比上年增长 0.1%；牲畜出栏头数为 674.95 万头，比上年增长 6.9%。

3. 渔业

伊犁州淡水资源丰富，而且水质好、无污染，具有得天独厚的发展优质淡水鱼的良好条件，渔业发展前景可观。2016 年全州渔业产值是 37 074 万元，州直产值是 16 884 万元。全州水产品产量是 30 588 吨，比 2015 年增加了 2 850 吨，增长 9.3%；州直水产品产量达 16 598 吨，比上年同期增加 1 435 吨，增长 8.6%。州直各级渔业部门将积极发展冷水性、亚冷水性鱼类，加大冷水鱼生产基地建设步伐，将冷水鱼生产作为州直渔业增产、渔民增收的重要渠道之一。同时，积极发展养殖、垂钓、住宿、餐饮、观光为一体的休闲渔业区。

4. 林业

1998 年以来，全州林业的地位和作用在逐步提升。随着林业五大工程的全面实施，平原绿化的达标，特色林果业和非公有制林业的崛起。到 2000 年，伊犁全面实现罐区农田林网化，一半以上的县市实现平原绿化达标，九成以上的农田因为得到森林的庇护而保持着稳定高产状态。截至 2016 年全州林业总产值 97 672 万元，州直林业总产值为 63 175 万元。

（三）优势潜力产业发展

1. 种植业

种植业布局合理，竞争力强。根据伊犁的自然环境和发展情况，合理布局种植业结构，增强其竞争力。农产品深加工区以伊宁市为中心，农产品集散中心以奎屯市为主，农产品出口前沿和仓储基地以霍尔果斯市为代表。重点发展领域：蜂产

① 数据来源：http://www.tjcn.org/tjgb/31xj/35160.html 伊犁州 2016 年国民经济和社会发展统计公报

业主要有尼勒克黑蜂蜂蜜、唐布拉黑蜂蜂蜜、那拉提黑蜂蜂蜜，在尼勒克、特克斯县、新源县、昭苏县和巩留县均建立了黑蜂种蜂场及大型养殖场；马铃薯产业以新源县、昭苏县、尼勒克县为主，特别是昭苏马铃薯，已通过地理标志产品认证，是当地农牧民重要的经济来源；薰衣草产业是伊犁的特色产业，薰衣草种植主要分布在霍城县、新源县、伊宁县、察布查尔县等地区，其中霍城县种植面积最大，产量占到了全国的97%以上，是世界四大薰衣草产地之一；油料产业区分布在雨水充沛、水源丰富的地区，以新源县、巩留县、特克斯县为中心；水稻产业区辐射地为察布查尔县，“察布查尔大米”为农产品地理标志产品；另外还有糖料产业区（霍城县、新源县、伊宁县、察布查尔县）、瓜类产业区（霍城县、伊宁县、察布查尔县）和特色温室及蔬菜、食用菌产业区（伊宁市、伊宁县、霍城县、昭苏县）等。

2. 畜牧业

伊犁畜牧养殖品种繁多，有荷斯坦牛、新疆细毛羊、美利奴羊、伊犁马、天山马鹿、青皮马鹿、伊犁白猪和新疆鹅等。在畜牧养殖结构调整中，充分发挥了资源优势，重点发展养牛业和养羊业。养牛业方面，加强了牛品种改良工作，建立了良种牛繁育基地，突出新疆褐牛的培育，加大养牛比例，加快繁殖，扩大牛的存栏量，同时增加出栏量。另外，养羊业方面，新疆细毛羊的特点是产毛量多、净毛率高、产肉多、适应性强等，根据需要筛选优秀基因进行繁殖生产，使得数量增长和质量提高相结合。有条件的地方还可根据资源条件发展特色畜牧业，例如天山马鹿，它在我国属于稀有珍稀动物，其鹿茸生长期短，产茸量较高，具有很高的经济价值；伊犁马由于体格高大，抗病能力强等特点，主要销往大城市的赛马场或马术俱乐部；新疆鹅主要分布在伊犁河谷和塔城盆地，鹅肉及肥肝、血、胗等的营养价值非常高，除了食用，有的还被制成医药产品。特色畜牧业的发展，增强了畜产品市场竞争力和抵御市场风险的能力。

二、主动对标参与全球竞争

（一）对标美国

美国具有丰富的农业发展经验，值得学习借鉴。当前，伊犁正处于农业现代化发展的重要时期，尤其需要强化全球视野，对标国际一流，认清与国外先进城市的差距，找到自身不足之处，坚持正确的价值导向，分析产生差距的原因，从而提升自身的农业核心竞争力，巩固和拓展优势产业。

1. 科罗拉多州

科罗拉多州位于美国西部，面积约为30万平方公里，比伊犁略大4万平方公里；人口跟伊犁差不多，为475.3万（2006年）。地貌特征上，西部以高山和丘陵为主，东部主要是高原。科罗拉多州是美国50个州中地势最高的，平均高度海拔2 072米；该州最高峰为落基山脉的埃尔伯特峰，海拔高达4 402米。科罗拉多有个宽80公里，长440公里的山前地带，处于落基山脉以东地区，地表呈波状起伏。该地带面积仅为全州的34%，但人口却占了全州的80%。东部的高平原地区气候干旱，年降水量很少，跟伊犁河谷相近，大约为400毫米，70%来自夏季降雨。科罗拉多州的气候比较温和，7月均温23℃，1月均温 -2℃。

科罗拉多州跟伊犁一样，自然资源非常丰富，包括森林、天然气、油、煤以及金、银、石料等。传统经济是以当地的资源为基础，进行矿产开发和农业发展，经济发展速度较慢。为了摆脱这种局面，科罗拉多州实行经济改革，以“多元化”为目标，产业涉及制造业、服务业、通信、高科技业和旅游业。特别是旅游业发展显著，科罗拉多州成为冬季滑雪胜地，其收入在美国各州中排名前10[①]。

2. 怀俄明州

怀俄明州地貌类型跟伊犁非常相似，草地面积非常大，其州名的含义就是“大草原”或“山与谷相间”（印第安语）。怀俄明州地处于美国西部落基山区，首府是夏延，在该州的东南角。总面积略小于伊犁，约为25.1万平方公里，但人口非常少，仅为58.5万（2016年），只有伊犁人口的1/8。因为地形地貌的因素，怀俄明州的气候与伊犁差不多。大角盆地和大分水岭盆地属于沙漠，总体气候比较干燥，年均降水量非常少，只有127毫米，但在高山地区却能达到1 000多毫米。温差比较大，极端最高温46℃，极端最低温 -51℃。

怀俄明州土地资源、生物资源和矿产资源丰富，经济上主要以采矿业、旅游业和农业为主。因为草地比较多，农业方面以畜牧业为主导，到处是牛羊牧场，约有一半土地用于畜牧业，发展飞速。怀俄明州的羊肉产量居美国第二位，仅次于得克萨斯州；羊毛质量和产量居全国前列。在种植业方面，由于雨水不充沛，只种些饲

① 科罗拉多州 .https://baike.baidu.com/item/%E7%A7%91%E7%BD%97%E6%8B%89%E5%A4%9A%E5%B7%9E/3288702?fr=aladdin

草、甜菜、马铃薯和麦类等农产品[①]。

3. 新墨西哥州

新墨西哥州是美国西南部四大州之一。面积略大于科罗拉多州，为 31.5 万平方公里，处于 50 州中的第 5 位；人口较少，只有 208.5 万（2015 年），但人口增长较快。

新墨西哥州气候温暖而干燥，全州年平均降水量 380 毫米，为典型的沙漠气候。这里日夜温差要缓和些，最高温度为 43℃，最低温度为 -2℃。

除能源和矿产产业外，农业也是新墨西哥州的重要经济支柱之一，种植业和畜牧业非常发达。主要种植的农产品有花生、棉花、辣椒和马铃薯等，经济作物主要是棉花，分布在格兰德河灌溉地区；畜牧业主要是饲养牛、羊等常见的品种。尽管新墨西哥州自然资源非常丰富，但主要的经济来源还是依赖于政府（各级政府提供全州 70% 的工作岗位）、产品贸易和第三产业。

4. 蒙大拿州

蒙大拿州位于美国西北部，占地面积约为 38.1 万平方公里，在全美 50 州中位居第 4 位。人口非常稀少，仅为 90.2 万。该州地形特征较为显著，在该州东部是大平原区，土地平缓辽阔，占全州的 60%。东部气候比较多变，温差大。40% 是落基山区，森林密布，处于该州西部。西部的气候则温和些，降水量也比较充足。

农业在蒙大拿州占有非常重要的地位，以种植业和畜牧业为主。主要种植的农产品有燕麦、大麦、小麦和甜菜等，其中大麦产量居美国第二；农业 GDP 中，畜牧业占 2/3，牛、羊存栏量分别位居美国第二、第三位。

（二）对标国际的启示

上述美国几个地区与伊犁哈萨克自治州在地理区位、资源禀赋和优势产业等方面有相似之处：一是气候类似，冬季寒冷，夏季炎热，温差大；二是资源禀赋相似，森林、水资源比较丰富，人均耕地面积较大；三是优势产业相似，以农牧畜业为主。

借鉴科罗拉多州、怀俄明州、新墨西哥州等美国城市的经验做法，并采取有力措施赶超先进。这几个对标城市曾经也是农业为主导产业，但通过农业产业布局的

① 怀俄明州 .https://baike.baidu.com/item/%E6%80%80%E4%BF%84%E6%98%8E%E5%B7%9E

调整，改变一、二、三产业的比重，依托自然资源等方面的优势，将农业与休闲旅游业完美结合，发展多功能型现代综合农业，从而增加城市竞争力和吸引力。

三、统筹利用两个市场两种资源

（一）霍尔果斯对岸的阿拉木图

1. 霍尔果斯口岸概况

霍尔果斯口岸地处东经 80° 29′，北纬 44° 14′，位于伊犁霍城县境内。霍尔果斯口岸是中国境内最西部的桥头堡，开展边境贸易具有相当大的优势，有着不可替代性。跟其他口岸相比，霍尔果斯口岸对外连通功能齐全、基础设施较完善，有利于物品的集散，再加上运输距离短，从而降低了物流成本。霍尔果斯口岸货运吞吐量大，是新疆客货综合运量最大的国家一类公路口岸。当前，随着国家进一步对外开放和经济的发展，霍尔果斯口岸将成为一个集商、贸、旅游功能为一体，并以发展进出口贸易和中转货物为基础的边境口岸。与霍尔果斯口岸对应的口岸为哈萨克斯坦共和国霍尔果斯口岸，位于雅尔肯特市，距中国霍尔果斯口岸仅为 1.5 公里。

2. 阿拉木图概况

阿拉木图位于哈萨克斯坦的东南部，地貌特征比较复杂，山区和山前平原分布在南部，大片沙漠和伊犁河谷地主要集中在北部。地势南高北低，最高峰是塔尔戈尔峰，海拔高达 4 973 米，平均海拔为 600~900 米。属于温带大陆性气候，冬季积雪不厚，持续时间不长，1 月平均气温为 -8℃；夏季炎热，7 月平均气温为 22~24℃；年降水量 600 毫米左右。阿拉木图人口为 160 万（2015），面积 324 平方公里，是哈萨克斯坦第一大城市。阿拉木图是重要公路运输中心和国内国际航空港，铁路通西伯利亚、乌拉尔、中亚和中国新疆，有铁路支线与土西铁路相连。输气管道从布哈拉通此。

3. 阿拉木图农业发展现状

阿拉木图物产丰富，但农业结构单一，以粮食、棉花、畜牧业为主。畜牧业特别发达，畜牧业在其农业总值中约占 60%，主要饲养羊、牛、马、骆驼等。尤其是卡拉库耳大尾绵羊，它是高质量羊毛的主要来源。

4. 阿拉木图农业发展潜力

目前阿拉木图农业总体不发达，但有很大的发展空间。一是可利用种植面积大。阿拉木图可耕地面积较大，而且有许多可耕地尚未投入使用。因此，在增加种植面积方面，阿拉木图具有现实可能的条件。哈冬小麦种植主要集中在哈南部地区的阿拉木图州、江布尔州和南哈州，这些地区占冬小麦种植面积的90%。哈独立以后的这些年来，哈小麦种植面积基本上没有减少。二是运用先进的农业技术大幅提高产量。由于地理位置和气候条件，阿拉木图可以生产品质不次于加拿大和美国最好品质的小麦。三是阿拉木图自然条件及其多样性，决定了阿拉木图具有发展畜牧业的巨大潜力。阿拉木图传统养殖羊、饲养牛、马、骆驼和猪等牲畜。与世界上其他地区相比，阿拉木图具有建立世界级牲畜饲养基地潜力。阿拉木图发展畜牧业，不但满足了当地对肉类产品的需求，而且促进了阿拉木图肉类产品出口。四是政府大力支持农场经营。哈总统纳扎尔巴耶夫要求加大力发展哈农场经营和农业中小企业，并要求根据新的科学技术和管理方法，恢复哈传统牲畜饲养能力。

（二）霍尔果斯口岸对哈贸易状况

1. 贸易额分析

中国对哈萨克斯坦的贸易中，一直处于顺差地位。在哈的主要贸易伙伴初中，中国是哈的第一大贸易伙伴（第一大进口国和第三大出口国）。中国同哈的贸易大部分是在霍尔果斯口岸进行。2012 年，中哈霍尔果斯国际边境合作中心正式运营，霍尔果斯贸易进入快速发展时期。根据伊犁统计局统计，2014 年，中哈霍尔果斯国际边境合作中心进出口货物总量为 238.35 万吨，进出口总额是 79.10 亿美元，货运量和贸易额均为新疆口岸之首。2015 年，原油价格持续下跌影响到中哈的贸易额，但霍尔果斯口岸并未受到影响，反而增长了4.6%。

2. 贸易结构分析

据新疆乌鲁木齐口岸办数据分析，霍尔果斯口岸对哈主要进口的产品有原油、铜、铁还有天然气等；主要出口的产品有机电、服装、钢材和果蔬等。2015年，除农产品出口额略有上升外，其余商品出口额都有所下降。果蔬方面，由于哈萨克斯坦对中国水果蔬菜需求量加大，出口额增长了18.27%。

霍尔果斯口岸对哈农产品贸易中，双方出口的大多是低附加值的初级农产品，出口种类较少，加工贸易所占比重很少。中哈贸易额中，以新疆为主，占了总量的一半，很少有其他地区参与中国与哈的贸易，贸易地区结构不平衡。

由于双边贸易具有长期的惯性，短期内无法改变贸易结构。霍尔果斯应发挥区位及政策优势，利用资源互补，优化贸易结构，达到深化中哈贸易合作的目的。另外，双方贸易过程中还需要注意政治风险和汇率风险等因素。

（三）伊犁利用两个市场两种资源的思路和总体考虑

实施“一带一路”倡议以来，伊犁通过利用国内国际市场、国内国外两种资源，调整农业结构，转变农业发展方式，从而提升农业可持续发展能力。今后将继续加强农业对外开放工作，积极同哈萨克斯坦合作，优化资源，实现优势互补。

1. 利用电子商务优势，促进农产品贸易合作

利用互联网与外贸相结合的方式，完善电子商务平台建设，推进电子结算进程，提高货币跨境结算效率。进一步简化商检和海关等方面的贸易手续，在通关服务、贸易政策和投资上为企业提供便利，促进双方农产品贸易合作。

加快霍尔果斯国际跨境电子商务产业园的建设。通过产业园与电子商务的结合发展，充分发挥口岸优势，推进境内外的互联互通。

2. 利用区位及政策优势，拓宽农业产业领域

霍尔果斯具有特殊的地缘优势，政府针对中哈霍尔果斯国际边境合作中心及配套区制定了特殊的优惠政策。比如办理出口报关手续实行退税、境外货物入区保税、区内企业的货物交易不征收增值税和消费税等，优惠力度之大，在国内比较少见。自优惠政策实施以来，霍尔果斯已经吸引了大批公司前来注册。

利用政策上的优势，吸引投资，把农业与旅游业结合，发展旅游农业。主要模式包括田园农业旅游模式、田园农业游、园林观光游、农业科技游、务农体验游以

及民俗风情旅游模式等。通过跨境旅游和边贸旅游促进农业升级转型，提升了霍尔果斯乃至整个伊犁的竞争力。通过对农业布局的合理规划，逐步形成了集原料种植、新产品研发、产品深加工、旅游项目挖掘、休闲娱乐等为一体的产业模式，促进双方的良性循环发展，为中哈贸易的深化奠定基础。

3. 利用农业技术优势，培育自主知名品牌

鼓励企业对外发展，培育优质名牌农产品。利用各项优惠政策，鼓励企业选育优良的品种，加大对产品的开发，提高农产品的加工水平。严把质量关，打造一批具有自主知名品牌的产品，从而增强企业的国际竞争力。利用企业农业技术上的优势，获得在贸易中的优势，达到效益最大化。

加强绿色农产品规模化，支撑现代农牧业发展。“十二五”期间，伊犁州直具有认证过的“三品一标”（无公害农产品、绿色食品、有机农产品和农产品地理标志）产品高达 300 项，分别为 200 项、65 项、16 项和 19 项。未来的发展目标是把伊犁州建设成为全国重要的绿色食品生产加工基地，由以“三品一标”为目标过渡到“四品一标”（无公害农产品、绿色食品、有机食品、决不食品和农产品地理标志），打造伊犁农产品生产消费的主导品牌，实现农业提质增效。

参考文献

本刊编辑部 . 2010. 阿拉木图食用菌市场前景广阔［J］. 浙江食用菌，（2）：38.

高策 . 2010. 西部边疆农业产业化发展及金融支持路径探析——以新疆伊犁州为例［J］. 西部金融，（6）：37-38.

何仁杰 . 2014. 伊犁地区香料产业整合发展模式研究［D］. 石河子：石河子大学 .

胡赛，蒲春玲，闫志明，等 . 2015. 伊犁河谷地区种植业产业布局调整与优化研究——以伊宁县为例［J］. 中国农业资源与区划，（5）：154-159.

兰静，黄安颖，齐贝贝 . 2015. 加快伊犁农业转型升级的对策建议［J］. 智富时代，（12）：52.

李江梅，田聪华，沈鸿等 . 2014. 伊犁河谷现代农业发展的 SWOT 分析［J］. 新疆农业科技，（3）：1-3.

马一轩 . 2016. 霍尔果斯口岸农产品绿色通道的建设与发展［D］. 乌鲁木齐：新疆农业大学 .

买买提热夏提 · 肉孜，布娲鹣 · 阿布拉 . 2013. 中国与塔吉克斯坦农产品贸易现状分析［J］. 边疆经济与文化，（4）：27-30.

潘浩 . 2011. 伊犁州直外向型农业发展的 SWOT 分析［J］. 经济视角，（27）：16-18.

蒲开夫，王福，刘艳 . 2009. 独立后哈萨克斯坦的农业状况［J］. 俄罗斯中亚东欧市场，（11）：31-38.

塔力木，路通，杨佳林 . 2016. 伊犁州直农业发展现状及对策［J］. 现代农业科技，（10）：284-285，287.

叶再华 . 2008. 伊犁马种质特性的初步研究［D］. 乌鲁木齐：新疆农业大学 .

赵莹 . 2016.“一带一路”视角下霍尔果斯口岸深化中哈贸易合作研究［J］. 无锡商业职业技术学院学报，（2）：59-63.

郑玉彬，顾问红，郑本明 . 2008. 新疆伊犁亚麻生产制约因素及对策探讨［J］. 农业科技通讯，（4）：11-13.

神州西极——伊尔克什坦

伊尔克什坦口岸是古丝绸之路上的一个重要通道和驿站，是通往吉尔吉斯共和国的国家级一类常年开放的公路口岸。2002 年 5 月 10 日伊尔克什坦口岸正式对外开放，允许中吉两国等国家的人民、货物及交通工具通行。2006 年 5 月伊尔克什坦口岸下迁工作得到了自治区人民政府批准。

一、乌恰县经济农业发展

（一）农业资源特点

乌恰县位于中国最西部，处天山南麓与昆仑山之间。东西长 180 公里，南北宽 160 公里，全县总面积 2.2 万平方公里，总人口 5.66 万人。境内有吐尔尕特和伊尔克什坦两个国家级一类对外开放口岸，是我国连接中亚、西亚的纽带和对外开放的桥头堡。

乌恰县辖 9 乡 2 镇、34 个行政村、8 个社区。2016 年，乌恰县内生产总值 20.10 亿元，同比增长 12.5%。

乌恰县属温带干旱气候区。冬冷夏热，降水集中，年雨量较少。乌恰县属典型山地地形，海拔高度 1 760~6 146 米，呈马蹄形。地貌以侵蚀断块山地出现。乌恰县三面高山环绕，东南部为喀什三角平原。地处强震带，地壳活动较为活跃，从 1905 年至今，发生主震 6.0 级以上有记载的地震就有 63 次。

乌恰县先后荣获国家级出口食品农产品质量安全示范区、全国双拥模范县、自治区安全生产先进集体、自治区计划生育优质服务先进县、自治州安全生产先进县和全国卫生县城、自治区文明县的初验。

（二）特色农业产业发展

乌恰县坚持发展现代农牧业，转变农牧业发展方式，提高农牧业经济效益，增加农牧民收入，提升农牧业整体水平，构建适应高产、优质、高效、生态、安全现代农牧业产业要求的体系。

基础农业稳步推进。2015 年，乌恰县通过稳定播种面积，强化科技投入指导，大力实施新品种、新技术引进推广，积极发展高原雪菊、玛卡、阿魏菇等特色农产品，试种农作物新品种 5 个、试验新技术 3 项、种植乌恰雪菊 200 亩、玛卡 250 亩。

设施农业提质增效。立足实际，强化管理、提高种植水平和棚均效益，稳步发展设施农业。果蔬产量达到 2 848 吨，产值达到 1 994 万元，出口果蔬 128 吨，货值 12.8 万美元。

传统畜牧业加快转型。新建万头牛羊良种繁育基地、多浪羊养殖基地、标准化养殖小区 2 处、牲畜暖圈 595 座、高原水产养殖 2 处。改良牲畜 13 万头（只），养殖特禽 30 万羽（只）。发放草原生态保护奖励资金 3 622.7 万元。成立了托云草业进出口公司，进口草料 106 吨。

特色林果业有序扩大。结合高原牧区实际，集中连片大力发展特色林果业，新种植林果棚 238 座、新造林 10 500 亩、补植补造 5 500 亩、植树 195.7 万株、新育苗 500 亩 264.7 万株。

扶贫开发全面推进。以整体脱贫、同步建成小康社会为目标，认真实施“1121”全覆盖帮扶工作机制，狠抓扶贫项目实施，扎实做好 34 个行政村贫困人口建档立卡工作，库勒阿日克村“九通、九有、九能”示范村建设通过自治区的验收。全年完成脱贫 720 户 2 861 人。

“两居”工程稳健推进。稳健开展“安居富民、定居兴牧”的建设、乡镇集中规划新村建设、产业转移进城定居建设三项行动，全年新建“两居”房 1 637 户。

劳务经济持续增长。狠抓就业技能培训，扩大“订单式培训”和“个性化培训”，拓宽农牧民就业渠道，引导农牧民就近就地劳务输出。全年实现劳务输出

11 161 人（次），创收 1.01 亿元，同比增长 10.9%[①]。

（三）优势潜力产业发展

2015 年，乌恰县政府以农牧业提质增效、农牧民持续增收为发展计划，利用市场化思维模式推动农业经济的发展，鼓励和培育农牧民种植大户、农村合作社，扶持和发展农副产品加工企业，积极推进农牧业现代化进程。

优化传统农牧业。传统农业要在稳定播种面积、扩大良种推广、加强科技指导、提高单产上下功夫，播种小麦 19 598 亩、玉米 11 737 亩、青稞 782 亩、豆类 875 亩，总产量达到 1.02 万吨，单产 308 公斤、同比增长 4.5% 以上。传统畜牧业要在品种改良、疾病防疫、舍饲圈养、牧业基础设施建设上下功夫，改良牲畜 13.5 万头，存栏 31 万头以上、出栏 20 万头以上。

稳步发展设施农业。加大指导服务力度，不断提高现代农业种植水平、管理能力和棚均效益，新建 300 亩设施食用菌基地、种植特色林果千亩。拓展农产品市场，建设农产品生产销售平台，强化产销对接、商超对接，继续开拓农产品外销平台，做好设施农产品销售服务，出口果蔬 200 吨。

大力发展特色林果业。牢固树立“大干林业、干大林业”的思想，积极发展红枣、沙棘等特色林果，在阿克、玛依喀克、希瓦克布隆、吾合沙鲁、康苏等林果基地新植面积 1.5 万亩、大果沙棘 3 000 亩。加大 32.2 万亩国家级公益林和 4 万亩特色林果管护和种植。扎实开展植树造林和 2014 年度巩固退耕还林成果项目，完成新育苗 500 亩。

加快发展现代畜牧业。推行千户联牧、培育千户养殖育肥，采取长草短喂、短草地喂、粗草细喂、细料精喂的方式，增大人工饲养量、减少天然放养量，稳定存栏、增加出栏率、提高商品率，新建集中规模养殖小区 4 处，积极发展种养大户、家庭农场、农牧民合作社，推进牧区超市建设，积极争取农牧产品产地批发市场项目，新培育发展农村合作经济组织和协会 10 家。加速做好冬季饲草料储备库建设工作，进口草料 1 000 吨。

积极发展高原特色种植、养殖。在托云、吉根等乡种植千亩乌恰雪菊（玛卡）

① 《2015 年政府工作报告——在乌恰县十五届人民代表大会第五次会议上》http://www.xjwqx.gov.cn/info.aspx?id=2594

和千亩马铃薯。在巴音库鲁提、开普太希水库等养殖高原冷水鱼20万尾，在各乡镇及北来西等饲养特禽40万羽（只）。

着力发展草料业。增大人工种植草料面积，在玛依喀克新种植人工草料3 000亩，在托云、乌鲁克恰提、吉根等乡实施天然草场引水灌溉3 000亩。认真落实退牧还草、休牧、轮牧政策，禁牧320万亩、休牧1 078万亩，实施草场网围30万亩。

加快农村富余劳动力转移。紧紧抓住加快推进新型工业化和新型城镇化的契机，依托企业、集团进驻提供建设项目多、就业岗位多、务工收入高的有利时机，以劳务中介组织、劳务经纪人、劳务协会为纽带，强化农民技能培训，规范劳务输出管理，加强用工需求衔接和组织引导，全方位、多渠道解决富余劳动力就地、就近就业，实现农牧民增收。2015年，转移农村富余劳动力1万人（次），创收1.2亿元。

二、主动对标参与全球竞争

（一）对标吉尔吉斯斯坦

吉尔吉斯斯坦面积为19.99万平方公里，地处欧亚大陆的腹心地带。吉尔吉斯斯坦享有“山地之国”之称，其国土面积93%为山地。大部分地区适宜发展农牧业，共约1 080万公顷，占54%。其中，牧场和天然割草场约934万公顷，占农牧业用地的86.5%，而耕地仅127万公顷，占11.8%。吉尔吉斯斯坦属温带大陆性气候，年降水量200~800毫米，高山年降水量1 000毫米以上。吉尔吉斯人口570万。主体民族为吉尔吉斯族，其余为乌孜别克族和俄罗斯族等民族。

吉尔吉斯斯坦拥有丰富耕地资源，辽阔的天然牧场，农牧业是其主导产业机构，再者为电力和畜牧业。据吉尔吉斯斯坦海关统计，2017年1—6月，吉中贸易额7.011亿美元，同比增长4.4%。其中向中国出口5 070万美元，同比增长140%；从中国进口6.504亿美元，同比下降0.1%。贸易逆差5.997亿美元。吉尔吉斯斯坦第一大贸易伙伴国是中国，占吉外贸总额的25%；中国也是吉尔吉斯斯坦的第一大进口来源国，占吉进口总额的32.6%；中国还是吉尔吉斯斯坦的第五大出口目的国，占吉出口总额的6.3%[①]。

① 吉尔吉斯斯坦2017年上半年对外贸易情况，http://www.mofcom.gov.cn/article/i/dxfw/ae/201708/20170802634825.shtml

（二）对标塔吉克斯坦

塔吉克斯坦国土面积为14.31万平方公里，北邻吉尔吉斯斯坦，西邻乌兹别克斯坦，南与阿富汗接壤，东接中国。东西长700公里，南北宽350公里。境内多山，约占国土面积的93%，有“高山国”之称。塔吉克斯坦全境属典型的大陆性气候，春、冬两季雨雪较多；夏、秋季干燥少雨。2018年7月1日，联合国估计塔吉克斯坦全国总人口910.72万人。

塔吉克斯坦拥有丰富的水力、矿产资源，但石油天然气资源匮乏。种植业在农业中处于举足轻重的地位，约占总产值的70%，尤以出产优质细纤维棉花闻名于世，在原苏联各共和国中塔吉克斯坦棉花单位面积产量居首位。种植棉花的面积占可耕面积的40%。畜牧业以放牧为主，饲养羊、牛、马。

塔吉克斯坦国农业是经济的主导部门，农业分为个体经济（主要地位）、集体农庄和公有经济。但整体农业生产力水平较低，管理原始粗放，农田灌溉渠系已基本废弃，大量土地闲置，极少量农业机械均购置于20世纪80年代，部分至今仍在继续使用，农用机械和技术的缺乏已严重制约着塔农业的发展。2011年塔农牧业总产值比上年增长7.9%，达148.53亿索莫尼，其中种植业同比增长8.2%，产值108.94亿索莫尼，畜牧业同比增长7.0%，产值39.58亿索莫尼。2018年上半年，塔农产品产值67.43亿索莫尼。

2012年12月10日，塔吉克斯坦成为世界贸易组织的一员，这进一步推动了中塔贸易。2015年，中塔贸易额为18.47亿美元，其中新疆与塔吉克斯坦贸易额占中塔贸易的比重为75.3%，贸易额达13.9亿美元。

（三）对标国际的启示

从地理位置来看，乌恰县与吉尔吉斯斯坦的奥什州毗邻，地理区位、资源禀赋和优势产业等方面有相似之处。一是地理区位类似，同处中高纬度，同属温带干旱气候区，夏季炎热，春秋湿润，冬季较冷；二是资源禀赋相似，水资源、矿产资源比较丰富；三是优势产业相似，棉花、小麦、羊产业发展优势明显。

地缘优势。乌恰县与吉尔吉斯斯坦的奥什州在民族风俗习惯、自然资源条件、种植（养殖）品种和模式等方面相似相通，有利于生产要素的便捷流转和转移，为双方调整优化种植结构提供了巨大空间，从而取得农业合作上的互利共赢。从气候条件来看，同处中高纬度，同属典型的大陆性气候，夏季炎热，春秋湿润，冬季较冷。资源禀赋相似，境内多山，水资源、矿产资源比较丰富。这些都十分有利于双方的合作交流。

政府间推动合作交流。自中吉、中塔建交以来，双边贸易稳健推进，呈现良好发展态势。2013 年 9 月，中吉《关于建立战略伙伴关系的联合声明》的签署，将两国合作关系提升到更高水平，实现中吉两国之间的经济优势互补。中国是塔吉克斯坦第二大贸易伙伴国，塔吉克斯坦是中亚 5 国中唯一与中国签订交流合作协议的国家。在中塔贸易中，与塔吉克斯坦接壤的新疆所占的比重最大。2011 年 8 月，双方签署了《中塔两国农业合作谅解备忘录》，促进了中塔两国在农业领域的合作交流[①]。

农业优势互补性强。在农业领域，中吉、中塔合作前景广阔。中国企业相比吉国、塔国在农业很多方面具有比较优势，如种植、养殖、防治防疫、农产品加工等方面。吉尔吉斯、塔吉克斯坦自然资源丰富，目前其农业生产成本较我国而言较低，无论资金、技术还是农产品市场，与我国互补优势明显。中国加强吉尔吉斯、塔吉克斯坦农业合作不仅能挖掘各自优势和潜力，而且将进一步增强与吉尔吉斯斯坦和塔吉克斯坦的经济贸易交流。

三、统筹利用两个市场两种资源

（一）伊尔克什坦对岸吉尔吉斯奥什州概况

奥什州作为吉尔吉斯的一个州，地处吉尔吉斯南部费尔干纳盆地和帕米尔高原之间，北邻乌兹别克斯坦，东接中国新疆，南靠塔吉克斯坦。面积 2.92 万平方公里，人口 124.79 万人(2003 年 1 月 1 日)。奥什州属于典型的大陆性气候，冬冷夏热，年温差大，降水集中，四季分明，年降水量较少。奥什州是吉尔吉斯斯坦重要的行政主体，地理位置十分重要，交通便利，资源丰富，发展潜力巨大。该州与中国有较长的边界线和长年通关口岸[②]。

① 张玉华等．中国—塔吉克斯坦农业合作现状及前景展望．世界农业．2013

② 2013 年吉尔吉斯斯坦社会经济概况 http://kg.mofcom.gov.cn/article/jmxw/201401/ 20140100476444.shtml

吉尔吉斯斯坦奥什州政府代表团来克州 http://www.xjkz.gov.cn/c0c6e97d-8852-4fbc-ae8a-cc262b289558_1.htm

（二）吉尔吉斯奥什州农业发展概况

奥什州农业以种植业为主。主要经济作物是棉花和烟草。20 世纪 60 年代开始发展烟草业，随着烟草种植面积逐渐扩大，其产值在经济作物总产值中占据重要地位。

奥什州拥有各种季节的天然草场，当地不断加强草场建设，对牧场不断进行更新改造，使得奥什州的畜牧业较为发达。其中羊业是畜牧业的主要部门，主要繁育细毛羊和半细毛羊。此外养牛业和养禽业也有一定发展。

（三）吉尔吉斯奥什州农业发展潜力

2016 年，吉尔吉斯斯坦农林牧业产值 1 971 亿索姆（约合 28.19 亿美元），同比增长 3%。其中，种植业、畜牧业、农业服务林业和狩猎各占 50%、47.7%、2.1%、0.2%。吉尔吉斯斯坦全国分为 7 州两市，农业主要分布在楚河州、奥什州和贾拉拉巴德州，农业产值分别为 417 亿、324 亿和 318 亿索姆，分别占全国的 24.3%、18.8% 和 18.4%[①]。

中国政府推动的“一带一路”倡议和提出共建丝绸之路经济促进沿线各个国家和地区更好地融入国际市场，同时也给予了吉尔吉斯斯坦一个绝佳机会，深化中吉在经济、旅游、教育、文化体育等多个领域加强合作与交流，进而推动奥什州经济繁荣发展。

四、乌恰县利用两个市场两种资源的思路和总体考虑

县域经济是推动国民经济平稳较快发展的重要增长极，乌恰县以“一带一路”、新一轮的对口援疆和特殊经济开发区的设立为契机，依托自身在经济发展中有地理位置、人文资源、宗教信仰等多个方面的优势，制定乌恰县经济区位的发展战略，对于乌恰县经济跨越式发展和对外贸易都有着极其重要的作用。

（一）依托地缘优势，加快建设对外开放通道

乌恰县（即吐尔尕特口岸和伊尔克什坦口岸）将成为通往中亚、南亚、西亚、

① 中亚矿业投资指南—吉尔吉斯斯坦共和国 http://www.vccoo.com/v/0922f2

欧洲各国的重要通道。因此，带动乌恰县经济发展需加快两大对外口岸通道建设，充分发挥口岸优势。政府需加快规划与建设铁路、高速公路和管道，推动矿产、能源资源的运输，吸引商贸、旅游人流。

（二）发挥区位和商业优势，发展开放型经济

政府应充分合理利用克州区位优势，建立健全商贸产业发展机制，大力发展物流贸易经济，积极促进城市商业贸易，给予开发区优势企业相关扶持和政策鼓励。把企业打造成为市场的主体，利用“企业 + 市场 + 产业”相结合的发展模式，促进企业的优化升级，打造优质品牌企业。按照现代专业化要求设立一批物流园区，制定相关园区政策，加强园区基础设施建设，通过园区集聚和带动作用实现企业共同发展。

（三）把握政策优势，加快口岸和特区建设

随着“一带一路”倡议进一步实施，国家将援疆重心放在了南疆地区，同时 2011 年 9 月国家还决定在新疆维吾尔自治区设立霍尔果斯和喀什两个特殊经济开发区，并给予其自由的经济政策支持，力求将其建设成为南疆经济进步增长极，还在乌恰县的经济开发区设立保税区，提供良好的边境贸易环境，在吸引外资的同时，也引导地方经济向开放型经济转变。建议以乌恰县—口岸—特区建立铁三角，以产业经济为核心，积极建设基础设施和服务意识，为资本投资提供良好的外部环境，促进南疆地区经济的发展和地区建设。

（四）坚持绿色生态理念，走可持续发展之路

打造绿色有机农特产业，提高绿色农业竞争力。乌恰县应重点打造特色有机农特产品产业，提高农业经济效应，增强与吉尔吉斯、塔吉克斯坦农业特别是畜牧业的合作，设立与东部对接的市场需求敞口基地，充分利用区内外资源优势，推动乌恰县农业的升级发展。

（五）打造人文旅游的高地，走生态旅游之路

乌恰县在发展第三产业的同时应注重对当地生态环境的保护，合理利用旅游资源结构，高举人文旅游的旗帜，以保护当地自然资源实现长足发展。

（六）促进资源的有效利用，提升资源的利用水平

把工业资源的有效利用作为乌恰县的工业化与城镇化的核心。充分有效利用当地资源优势，在提升资源的利用效率和水平的基础上打造金属加工业、建材加工业、清洁能源开发“三大基地”，实现乌恰县可持续的发展之路。

参考文献

高华 . 2013. 北约撤军阿富汗的安全形势分析［J］. 亚非纵横，（6）：1-9.

郭剑彪 . 2015. 抢抓历史机遇对标国际一流加快提升浙江制造核心竞争力——“德国模式”对浙江工业经济发展的经验与启示［J］. 浙江经济，（22）：6-9.

哈依热布 · 吐尔哈那里 . 2015. 新疆乌恰县经济发展现状与贫困问题研究［J］. 经济论坛，（5）：46-48.

侯逸 . 2012. 新疆农业保险发展实证研究［J］. 金融发展评论，（7）：103-110.

李志芳，田佳妮，徐明，等 . 2015. 吉尔吉斯斯坦农业发展概况［J］. 世界农业，（4）：124-128.

卢玉梅 . 2009. 乌恰县城市绿化建设与管理［J］. 农村科技，（6）：100-100.

吕志强，田发芳 . 2012. 塔吉克斯坦蚕业考察报告［J］. 蚕桑通报，（2）：40-41.

苏磊磊 . 2011. 新疆区域生态经济发展水平实证研究［D］. 乌鲁木齐：新疆财经大学 .

王超 . 2009. 环新疆经济圈视角下新疆主体功能区划分与定位［D］. 石河子：石河子大学 .

王佩佩 . 2015. 新疆乌恰县县域经济发展模式研究［J］. 北方经贸，（5）：92，95.

辛建保 . 2013. 新疆建设边境口岸城市的思考与策略——以新疆乌恰县为例［J］. 克拉玛依学刊，（4）：12-15.

杨照 . 2013. 塔吉克斯坦农业发展及中塔农业合作探析［J］. 俄罗斯中亚东欧市场，（2）：47-57.

张玉华，向欣，周捷，等 . 2013. 中国—塔吉克斯坦农业合作现状及前景展望［J］. 世界农业，（6）：111-113.

赵青松 . 2016. 中国与吉尔吉斯斯坦经贸关系：历史、现状与前景［J］. 新疆财经，（1）：66-73.

Doolotova Nurzhan. 2014. 中国与吉尔吉斯斯坦贸易互补性要点探析［J］. 现代妇女（下旬），（2）：23-23.

雪山上的口岸——红其拉甫

红其拉甫口岸是新疆众多口岸中自然条件最独特，辐射南亚市场地理位置最优越的口岸，也是古“丝绸之路”的重要通道。位于塔什库尔干县的红旗拉甫口岸同巴基斯坦北部地区毗邻。口岸海拔 4 500 米。中巴边界拥有我国著名 7 号界碑。由于地处偏远，海拔高，人称“雪山上的口岸”，是世界上最高的口岸之一。由于气候原因，红其拉甫为季节性口岸。每年 5 月 1 日至 10 月 31 日对旅客开放，限旅游团组过境，零散旅客过境可延伸至 11 月 30 日。12 月 1 日至翌年的 4 月 30 日，除

中巴两国邮政、贸易和特许人员外，对其他旅客关闭[①]。

塔什库尔干塔吉克自治县（简称塔什库尔干县）位于新疆维吾尔自治区西南部，帕米尔高原的东南部。外与巴基斯坦、阿富汗、塔吉克斯坦接壤，是全国唯一一个与陆地三国接壤的边境县。塔什库尔干县总面积约 2.5 万平方公里，占全疆总面积的 3.3%。全县由 14 个民族组成，包括塔吉克族、维吾尔族、柯尔克孜族等，其中塔吉克族占 82.5%。塔什库尔干县是人口较少的民族自治县，也是全国唯一的塔吉克族自治县[②]。

一、塔什库尔干县农业发展

塔什库尔干县总人口 3.32 万人，农业人口约占总人口 70%。2015 年以来，全年实现全县生产总值达 12.06 亿元，农牧民人均纯收入 6 521 元[③]。全县总面积约 2.5 万平方公里，其中山地面积比较大，占到总面积的 70.9%。草场面积占总面积的 17%，耕地面积较少，仅占总面积的 2.6%。塔什库尔干县土壤可利用率低，其质地疏松、土层薄、保水保肥差[④]。

（一）农业资源特点

1. 气候资源独特

塔县属高原高寒干旱—半干旱气候。冬季漫长寒冷，干旱少雨，光能充足，热量欠缺；春秋季短暂多风，有少量降雨；无明显夏季。大致可分为冷暖两季。年平均湿度为 30%~35%；年均日照时数达 4 434.7 小时；昼夜温差大，平均日差 14.7℃，最大日差 25.2℃；平均降水量为 68.1 毫米；平均风速为 2 米 / 秒；平均无霜期为 113 天[⑤]。由于热量资源不足，无霜期短，限制了种植业的发展，气候适宜牲畜放牧。

① 红其拉甫口岸简介 .http://xj.cnr.cn/spjyh/kaqk/200604/t20060427_504200175.html

② 塔什库尔干塔吉克自治县 .http://www.seac.gov.cn/art/2012/7/31/art_1722_26004.html

③ 安尼娃尔 · 牙合甫，乌兰 · 卡格德尔 . 塔什库尔干县畜牧业发展存在的问题与对策，新疆畜牧业，2017(4):20-22&26.

④ 关雪莲 . 新疆塔什库尔干县发展开放型经济刍议 . 实事求是，2017(1):96-99.

⑤ 塔什库尔干塔吉克自治县 .http://www.seac.gov.cn/art/2012/7/31/art_1722_26004.html.

2. 生态优势独特

塔什库尔干县拥有特有的水土光热资源，空气、土壤、水无任何污染，具备打造高原有机产品基地，发展特色农业的有利条件。塔什库尔干县向国家申报获批了高原青稞、高原恰玛古、高原牦牛、帕米尔小山羊四种有机产品原产地认证。红其拉甫进出口检验检疫部门将塔什库尔干县种植的马铃薯、恰玛古两种农副产品进行了出口基地备案①。

3. 生物资源丰富

塔什库尔干县地处高寒山区，高原气候寒冷，冬季漫长。高寒环境形成若干与之相适应的优良动植物品种。塔什库尔干羊是塔什库尔干县特有品种，对高寒地区环境条件有良好的适应能力，具有一系列优势，如体型大、早熟、增重快，抗病力强、耐粗放饲养等，成为新疆肉脂兼用地方良种羊之一②。塔什库尔干县著名的植物有紫草、青兰、玛咖、雪菊、藏红花等，具备打造高原特色农产品基地，对外开展农产品贸易合作的优势。

（二）特色农业产业发展

1. 产业结构进一步优化

塔什库尔干县地处高原，产业结构单一，产业链不长，县域经济发展受到制约。塔什库尔干县加大农业产业结构调整，使得农业的产业链不断延伸。经过采取落实一系列举措，塔什库尔干县已经初步形成六大产业发展体系，其分别为畜牧业、特色经济作物、粮食、棉花、林果业、设施农业，逐渐建立优化的农牧产业结构③。

塔什库尔干县是典型的高原高寒牧区，其主要支撑产业为畜牧业。畜牧业是农牧民增收的主要途径，农牧民 80% 以上的主要收入来自畜牧业。塔什库尔干县以促进畜产品基地建设为重点，全面推进畜牧业产业化。2015 年，塔什库尔干县全年牧业总产值达到 17 810.59 万元，畜牧业增加值 9 399.88 万元，全县畜牧业人均纯收入达到 3234 元。全县牲畜存栏量为 23.19 万头（只），其中牛和羊存栏量

① 刘明 . 新疆塔什库尔干塔吉克自治县经济发展研究 . 新疆畜牧业，2013(9): 15-17.

② 汤灵姿 . 新疆地方绵羊种质资源及研究利用 . 新疆畜牧业，2015(3):28-30&24.

③ 塔什库尔干县成立 60 周年之发展成就篇 . http://news.ts.cn/content/2014-07/23/content_10185020.htm

分别为4.31万头与18.27万只，分别占牲畜存栏量18.6%与78.8%。繁殖成活幼畜14.18万头（只），牲畜出栏9.06万头（只）。肉产量为3 759.24吨，奶产量为11 677.2吨，皮张产量为7.7万张①。

2. 发展特色农产品

2012年以来，塔什库尔干县紧紧围绕打造帕米尔高原特色品牌种植业，优化调整农业产业格局，引进多家生物科技企业入驻，引进项目涉及塔什库尔干县特色农产品、中草药开发种植、生物科技深加工园区建设等②。

为实现企业产生效益，做好加大塔什库尔干县特色农产品品牌创建工作，走出“品牌强农、品牌富农”的发展道路，塔什库尔干县积极鼓励企业开发帕米尔高原农产品、中草药品牌，充分发挥企业的市场优势，采取“企业＋农户”的形式，引导农牧民学习先进的种植技术。塔什库尔干县充分发挥独特的自然资源优势，积极引进生物科技企业入驻，着力打造以玛咖、雪菊等中草药为主的帕米尔高原生物科技产业。引进农牧产品龙头企业，提高产品附加值。在“企业＋农户＋基地”的集约化、现代化、可持续的发展模式下，塔什库尔干县不断加快牲畜品种改良，建设农贸批发市场，投资建设饲草料和能源储备基地。

（三）优势潜力产业发展

1. 特色农产品产业优势明显

塔什库尔干县大力推进产业结构调整，着力提高农牧产品附加值，大力发展高原高寒特色产业。塔什库尔干县引进3家生物科技企业，创建生物科技产业园，种植适宜高原生长的玛咖、雪菊、藏红花等特色经济作物。引进2家特色养殖企业，发展高原虫草鸡规模养殖。引进2家畜产品深加工企业，提升畜产品附加值。大力促进构建特色农畜产品直销平台，建设有机蔬菜生产基地，逐步推进绿色有机玛咖生产基地认证工作。

---

① 安尼娃尔·牙合甫，乌兰·卡格德尔．塔什库尔干县畜牧业发展存在的问题与对策，新疆畜牧业，2017(4):20-22&26.

② 塔什库尔干县成立60周年之发展畜牧篇．http://news.ts.cn/content/2014-08/06/content_10330245.htm

2. 加快特色农产品产业建设步伐

塔什库尔干县具有独特的气候条件，为典型的大陆性干旱气候。降水量少，昼夜温差大，空气比较干燥，使其具有发展高原特色农业的良好条件和优势。塔什库尔干县充分发挥特有气候和资源优势，通过利用科学技术带动产业发展，对农业结构进行不断调整与优化，全面推进优势农产品基地建设、特色农业产业带建设。以国内外市场为导向，对特色农产品产业实行专业化生产与一体化经营，大力促进产业建设的步伐[①]。

二、主动对标参与全球竞争

（一）对标美国

1. 科罗拉多州

科罗拉多州位于美国西部，落基山脉东侧，西部地形以高山州旗和丘陵为主，东部则是高原地形。落基山脉以东为科罗拉多山前地带，地表呈波状起伏。山前地带面积为全州的 34%。再往东属高平原地区，气温干旱，年降水量平均仅 406 毫米，但依海拔高度的差异，气候状况也有极大的变化。该州高山地区夏季凉爽，冬季则是寒冷多雪。平原地区一月的均温是 -2℃，7 月的均温则有 23℃。农田大部依靠灌溉。主要农作物有苜蓿、小麦、玉米、高粱、甜菜等。畜牧业发达，主要分布于东部大草原，畜产品主要包括肉牛、羊、鸡等。

2. 南达科他州

南达科他州位于中西部草原和落基山脉之间的过渡地带，地势西高东低，纵贯境内的密苏里河把全州分成河东区与河西区大致相等的两个部分，东部大草原无森林，土壤肥沃，是富饶的农业地带；西部是绵延起伏的高平原，有许多大牧场。南达科他州的气候非常极端，冬季寒冷多雪，夏季炎热。昼夜温差大，常年刮风，雨量少，湿度低，多晴天，东部地区夏天常有风暴。全年平均温度在 7℃左右。平均无霜期东南部为 160 天，布莱克丘陵地区为 110 天。年平均降水量 485.6 毫米。南达科他州畜牧业发达，是主要肉牛产业区之一。共有农场 3.18 万

① 新疆特色农业发展现状面临的问题和思路对策．http://news.ts.cn/content/2006-07/21/content_4193640.htm

个，农业用地1768万公顷，耕地638万公顷，主要农产品为牛、玉米、大豆、生猪和小麦。

（二）对标加拿大

1. 萨斯喀彻温省

萨斯喀彻温省位于加拿大中心地带，东西与曼尼托巴省和阿尔伯塔省为邻，南部与美国的蒙大拿州和北达科他州接壤。气候四季分明，比较干燥，和各地区差异较大，夏季平均气温25℃，冬季平均-25℃。每年降水量500毫米。由于是内陆地区，全省相对较为干燥，而且湿度自东北向西南一直递减。萨斯喀彻温省被誉为加拿大的“产粮之篮”，以牧场和麦田而闻名，农业产值占加拿大农业产值的15%。农业高度机械化，主产小麦、大麦、亚麻等。在畜牧业方面，萨斯喀彻温省的肉牛饲养产业规模仅次于阿尔伯塔省。

2. 阿尔伯塔省

阿尔伯塔省属于干燥的大陆性气候，冬季较长，始于10月而终于4月，每年降水量比较少。农牧业用地面积2 200万公顷。森林面积35万平方公里，其中21.6万平方公里划为经济森林区。阿尔伯塔省农业发达，农业产值占加拿大的1/4，是主要小麦产区之一。畜牧业发达，加拿大将近一半的牛肉产自阿尔伯塔省。牲畜存栏数位于加拿大首位，肉牛头数约占全国的一半。阿尔伯塔省的胚胎移植和生物遗传技术处于世界领先水平。

（三）对标国际的启示

美国与加拿大部分地区与新疆塔什库尔干县在地理区位和优势产业等方面有相似之处：一是地理区位类似，同处中高纬度，气候类型属大陆性干旱气候，冬季漫长寒冷，干旱少雨。夏季炎热。昼夜温差大。二是优势产业相似，畜牧产业发展优势明显。借鉴国际经验，提升塔什库尔干县农业产业竞争力。塔什库尔干县应建立与完善现代化畜牧业产业体系，加快发展特色农业产业，大力推动特色农产品生产与深加工，对特色农产品精深加工科学研究及开发利用进行大力支持，促进特色农业产业化发展①。

① 程海. 加快新疆特色农业转型升级的思考. 农村工作通讯，2014(4):55-57.

三、统筹利用两个市场两种资源

（一）红其拉甫口岸对岸的巴基斯坦吉尔吉特—巴尔蒂斯坦

1. 吉尔吉特—巴尔蒂斯坦概况

与红其拉甫口岸对应的是巴基斯坦北部地区吉尔吉特—巴尔蒂斯坦的苏斯特口岸。吉尔吉特—巴尔蒂斯坦位于巴基斯坦控制的克什米尔北部，是巴基斯坦最北的地区。面积 7.25 万平方公里。向西它与巴基斯坦的开伯尔—普赫图赫瓦省相邻，向北它与阿富汗的瓦罕走廊接壤，向东和东北是中国，向西南是自由克什米尔，向东南则是印度管理的查谟—克什米尔邦。吉尔吉特—巴尔蒂斯坦大多数地方是山地。吉尔吉特—巴尔蒂斯坦的经济主要基于它位于传统的丝绸之路上。中国贸易组织是当地最重要的经济组织，通过物资交换巨大的改变了吉尔吉特—巴尔蒂斯坦这个偏远地区的状况。

吉尔吉特—巴尔蒂斯坦的气候随地区变化很大，周边的山脉对它的气候有很大影响。其东部是西喜马拉雅山脉的湿润区，喀喇昆仑山脉和兴都库什山脉附近的气候就要干燥得多。在夏天白天非常热，但是在夜里相当冷，而有些山谷则终年非常冷。气候干燥，多年平均降水量不到 200 毫米，夏季最高温度可到 40℃以上，冬季最低温度可低到 -10℃以下。

吉尔吉特—巴尔蒂斯坦耕地面积 7.8 万公顷，约占吉尔吉特—巴尔蒂斯坦面积的 1.1%。林地面积为 64.6 万公顷，占 9%。总人口 130.1 万。其中，农业人口 105.9 万人，占总人口的 81%。

2. 吉尔吉特—巴尔蒂斯坦农业发展现状

吉尔吉特—巴尔蒂斯坦农场面积为 11.2 万公顷，平均每个农场面积为 0.79 公顷，规模比较小。农场机械化水平较低，主要机械为拖拉机、推土机、脱粒机等。

吉尔吉特—巴尔蒂斯坦农业主要为种植业和畜牧业两大部分。种植的农作物主要有谷类（小麦、玉米、大麦）、马铃薯和水果等。小麦、玉米和大麦的种植面积分别为 1.79 万公顷、1.76 万公顷和 4 965 公顷，产量分别为 3.83 万吨、4.70 万吨和 9 684 吨。水果种植面积 2.51 万公顷，产量 16.40 万吨。畜牧业以饲养牛、羊和牦牛为主。牛、山羊和绵羊的数量分别为 37.43 万头、89.72 万头和 27.95 万头。

牦牛数量为 1.95 万头[①]。

3. 吉尔吉特—巴尔蒂斯坦农业发展潜力

气候和丰富的水资源使吉尔吉特—巴尔蒂斯坦非常适宜高品质的林果生长。农业发展的重点产业是林果业，主要水果品种为苹果、杏子、桃等，果品颜色、香味、口感以及营养价值较高，干杏、苹果和桑树具有巨大的市场潜力。吉尔吉特—巴尔蒂斯坦的冷链物流运输设备设施和农产品加工基础设施匮乏，从而导致在收获和运输过程中大约一半的农产品发生腐变[②]。对于传统的水果品种，每年大约有 16%~57% 的新鲜水果被浪费。大多数食品加工单位很小，缺乏重要的市场间的联动性，只能同时处理总产量的一小部分。水果通常是手工干燥的，具有影响其质量的风险。吉尔吉特—巴尔蒂斯坦农产品以初级加工为主，产业链条短，农产品市场竞争力不强，分享农业附加值较少。提高其冷藏运输能力以及建立必要的基础设施可大大增加水果出口潜力。该地区倾向于传统的农业做法，不使用大量的化肥、农药，可大力发展水果有机种植。

4. 与吉尔吉特—巴尔蒂斯坦农业合作前景

中国与巴基斯坦之间具有良好、宽广的经济合作关系。2015 年启动的中巴经济走廊项目加强中巴之间交通、能源、海洋等领域的交流与合作，推动两国互联互通，促进两国共同发展。塔什库尔干县在“中巴经济走廊”中有着门户与廊桥的重要作用，是“丝绸之路”经济带重要节点。县内有两个一级对外开放口岸，分别为卡拉苏与红其拉甫。塔什库尔干县拥有独特的地理位置和气候条件优势，其特色农产品丰富，不仅具备成为高原有机农产品基地的潜力，而且具有对外开展农产品贸易合作的优势[③]。

吉尔吉特—巴尔蒂斯坦具有特殊的自然资源条件，迫切需要先进的农业科学技术、机械设备、管理经验等方面的支持，开展农产品冷藏保鲜技术与设施合作。塔什库尔干县与吉尔吉特—巴尔蒂斯坦的合作领域可集中在农业科技合作、农产品种植加工、农产品贸易以及农业基础设施建设等领域。充分利用两国种质资源，

---

① GILGIT-BALTISTAN AT A GLANCE 2013. http://gilgitbaltistan.gov.pk/DownloadFiles/GBFinancilCurve.pdf

② 高云，刘祖昕，矫健，赵跃龙，李树君．中国与巴基斯坦农业合作探析．世界农业，2015(8):26-31

③ 关雪莲．新疆塔什库尔干县发展开放型经济刍议．实事求是，2017(1):96-99.

加强林果新品种培育的合作研究，加强农产品加工、冷链物流、营销配送等农业产业化合作。

（二）对巴基斯坦贸易情况

1. 对巴基斯坦农产品进出口情况

中国与巴基斯坦两国在农产品贸易方面具有良好的双边关系。2006 年 11 月，中巴双方签订《自由贸易协定》。2012 年，双边贸易额首次突破 120 亿美元，其后呈稳定增长趋势。2015 年，中巴贸易总额增长到 189.58 亿美元，其中农产品贸易总额占中巴贸易总额的 4.2%。中巴农业合作领域逐渐拓宽，双方贸易主要包括纺织品、蔬菜干果、皮革制品等领域。

红其拉甫口岸开放以来，出口商品主要以日用百货、小家电以及少量对外承包工程设备等，进口商品主要以巴基斯坦干果、毛毯等民族特需品。贸易方式也多元化，具有信用证、外币现钞、出口货物收汇等结算方式，而过去仅仅为单一易货贸易。2015 年红其拉甫口岸进出口货物达到 5.87 万吨，其中：进口 4 955.8 吨，出口 3.86 万吨，进口额 2616 万美元，出口额 2.94 亿美元。

2. 对巴基斯坦农产品出口基地建设情况

目前新疆喀什地区结合各县市产业及产品优势加快了建设标准化农产品出口基地的步伐。巴楚县、泽普县、莎车县等县正迅速扩张畜禽总量，发展牛羊肉、白条鸡、鸡蛋等出口生产基地建设，岳普湖县、伽师县、英吉沙县等重点发展林果、蔬菜出口生产基地建设。

（三）塔什库尔干县利用两个市场两种资源的思路和总体考虑

充分发挥塔什库尔干县独特的地缘和资源优势，充分利用好国内国外两个市场、两种资源，大力发展外向型经济。扩大对外贸易，促进塔什库尔干县与周边国家的商贸交流，提升塔什库尔干县特色农业国际竞争力。突出发展具有区域特色和优势的主导产业，把塔什库尔干县打造成为重要的高原特色农产品基地。

扩大农产品出口，积极带动塔什库尔干县农业产业化发展。培育具有国际竞争力的涉农企业，加强对出口加工企业的扶持，统筹谋划重点特色产业和重点农产品的布局，着力提升两种资源两个市场的利用能力。以国内、国外市场需求为导向，充分利用塔什库尔干县发展特色农业的有利条件，培育一批具有比较优势的重点出口特色农产品，促进农产品出口。在巩固和深度开拓已有国内外市场的同时，开拓新兴的市场，积极开展国际营销。

积极建设塔什库尔干县特色农产品进出口生产加工基地，扩大重点特色农产品的出口。优化对外贸易的产品结构，积极开拓国际市场，促进外贸市场多元化。通过资金和技术支持，推动发展特色农业，探索特色农产品多种经营模式。提高农业的科技含量，加快特色农产品深度开发力度，促进农产品附加值的提升，提高特色农产品的国际市场竞争力。此外，培育良好的外贸合作环境。大力促进口岸基础设施建设，为外贸企业提供高效与便捷的服务。

参考文献

安尼娃尔 · 牙合甫，乌兰 · 卡格德尔 . 2017. 塔什库尔干县畜牧业发展存在的问题与对策［J］. 新疆畜牧业，（4）：20-22，26.

曾锁怀 . 2008. 新疆农产品出口的现状及对策［J］. 今日新疆，（22）：26-27.

程海 . 2014. 加快新疆特色农业转型升级的思考［J］. 农村工作通讯，（4）：55-57.

高云，刘祖昕，矫健，等 . 2015. 中国与巴基斯坦农业合作探析［J］. 世界农业，（8）：26-31.

关雪莲 . 2017. 新疆塔什库尔干县发展开放型经济刍议［J］. 实事求是，（1）：96-99.

郭瑾，阿不来提 · 依明 . 2017. 中国与巴基斯坦农产品贸易显示性比较优势及互补性研究［J］. 克拉玛依学刊，7（3）：48-54.

黄仁伟，吴雪明 . 2017."一带一路"为上合组织提供新机遇［J］. 新民周刊，（21）：56-57.

刘明 . 2013. 新疆塔什库尔干塔吉克自治县经济发展研究［J］. 新疆畜牧业，（9）：15-17.

刘晏良 . 2005. 对新疆"十一五"规划的思考［J］. 宏观经济研究，（4）：17-22.

汤灵姿 . 2015. 新疆地方绵羊种质资源及研究利用［J］. 新疆畜牧业，（3）：28-30.

肖非 . 2009. 新疆绵羊种质资源调查、保护及遗传多样性［D］. 石河子：石河子大学 .

闫莎莎，郭文慧 . 2010. 新疆农产品出口加工基地建设的现状，问题及对策分析［J］. 中国商界（上半月），（12）：369-370.

杨建超 . 2012. 新疆南疆维吾尔族大学生就业现状与维汉民族关系的相互影响［D］. 兰州：兰州大学 .

面向南亚的最大口岸——樟木

日喀则是我国西南边陲重镇，西藏自治区下辖地级市，建城至今有 600 多年历史，是西藏第二大城市，国土面积 18.2 万平方公里，2017 年人口 75 万，辖 1 个市区和 17 个县，其中边境县 9 个。日喀则有漫长的国境线 1 753 公里，与尼泊尔、不丹、印度三国接壤，战略位置十分突出，现有国家级一类口岸两个，二类口岸 2 个，边境互市贸易点 21 个，历来是与南亚各国友好往来的重要门户。日喀则地形气候复杂多样，由高山、宽谷和湖盆组成，横亘全境南北的喜马拉雅山脉是世界最年轻最高大的山系，世界最高峰珠穆朗玛峰就坐落在境内，平均海拔 6 000 米以上，终年积雪，冰川悬垂，是探险和科学考察的理想去处。

日喀则，藏语意为“水土肥美的庄园”。自 2011 年以来，当地政府依托资源优势提出和制定了“抓住一个优势、运用两种手段、打造三个经济带”的区域经济发展思路。通过几年的努力，全市生产总值、包括财政收入、农牧民人均收入等经济指标都有大幅提升，截至 2014 年，全市生产总值达到 145 亿元，财政收入 8.14 亿元，农牧民人均收入 6 810 元。经济的快速发展，有效拉动了城市基础建设和农牧民的生活水平。

一、日喀则的农业发展情况

（一）农业资源特点

1. 土地资源

日喀则的土地资源丰富而广阔，有大面积的耕地、草原，目前现有耕地 7.95 万公顷，草场总面积 946.6 万公顷，可利用的面积 733.3 万公顷，荒地约 3.3 万公顷尚未开垦。除湖泊沿岸水草茂盛的地带外，多为高山草甸型牧场；森林覆盖率 6.81%，主要分布于喜马拉雅山南坡的部分地区。

2. 气候资源

日喀则太阳辐射强，日照时间长，年平均达 3 300 小时，高原紫外线强烈。气温偏低，年较差小，年平均气温为 6.3℃，可算冬无严寒，夏无酷暑。位于喜马拉雅南坡的樟木终年温暖，雨量充沛，降水量约 2 000 毫米，具有亚热带海洋性气候特点。

3. 水资源

日喀则有河流 100 余条，西藏第一大河雅鲁藏布江流经这里，境内长度 700 多公里，流域面积 10 万多平方公里。此外，还有年楚河、朋曲河等河流长年奔腾不息。充足的水资源为农业发展奠定了足够的灌溉能力，但由于气候和季节变化的多样性，众多水系存在径流季节分配不均，年际变化小的特点。

（二）特色农业产业发展

日喀则主要以农牧业生产为主，因为独特的资源优势，这里素有“西藏粮仓”之美誉。日喀则海拔高，气候寒冷，所以这里选择生产的农作物必须以具有耐低温，生长期短特点的青稞、小麦、油菜等为主。畜牧业的发展同样具有特殊性，高寒、缺氧、低压的高原环境，迫使牧民选择养殖适应能力强的牦牛、藏绵羊、藏山羊等家畜。

1. 农牧业发展步入新水平

据统计，2016 年，日喀则市完成各种农作物种植面积达到 134.04 万亩，优质粮油、蔬菜、马铃薯等农作物的种植面积已经达到了 88.14 万亩，其中经济作物占到了 32.86 万亩、饲草饲料作物面积 13.04 万亩。通过示范推广，有效地在全市乡镇落实“千亩千斤”和 69 个“百亩千斤”青稞高产栽培示范点，总面积达 2.94 万亩。截至 2016 年，全市粮油产量达到了 42.74 万吨，新生牲畜 176 万头，家禽存栏 6 万羽。全市 17 家农牧业产业化经营龙头企业总产值预计达 4.9 亿元。农畜产品加工转化率逐年提高，高附加值产品开发步伐不断加快。

2. 城郊经济带的发展

近年来，日喀则积极推进农牧业的升级转型，引领城郊经济带的发展。城郊经济带涵盖了桑珠孜区、白朗、江孜、拉孜、仁布、萨迦等（区），通过农业供给侧改革，全市重点围绕粮油、蔬菜、马铃薯、藏羊、藏鸡、江孜大蒜等农牧业特色产业的基地建设，先后落实特色产业项目 221 个，总投资达到 7.95 亿元。作为城郊经济带的典型，白朗县的蔬菜大棚建设发挥了示范性。截至 2015 年，全县建成大棚 5 428 座，为市民提供新鲜蔬菜 4 500 万公斤，农民总收入达到 1.35 亿元，对农牧民人均纯收入的贡献率达到 20%。

3. 打造有机生态品牌

近年来，日喀则市大力发展区域公用农产品品牌的市场引领作用，培育和打造一批具有代表性的特色品牌。日喀则国家级农业科技示范园和年河农业科技示范园的建设为发展现代农业机械化发挥了示范功能。同时打造的“岗巴羊经济圈”，有效地推进了当地岗巴羊、亚东木耳等系列产品的有机认证，提升了高原特色“有机之乡和生态家园”的品牌效应。日喀则市政府大力培育雅江源、培强等一批有实力的现代农业龙头企业，在农业科技、肉类加工等市场中发挥引领作用，带动当地农牧民组建合作社，在科技、生产、加工、销售一体化带领大家共同致富，成功实现了农牧民由就业向创业转变。

（三）优势潜力产业发展

日喀则高度重视特色品牌农畜产品的培育，经过多年发展，白朗蔬菜、岗巴羊为代表的一大批农畜产品已经具有市场化的品牌能力。

1. 白朗县蔬菜种植

白朗自古就有种植青稞的历史，在当地人看来，土地上只能种植青稞，但是随着对口援藏支持力度的加大，从 1998 年开始，这里出现了现代化的蔬菜大棚，有效解决气候过低的不利因素，白朗人不仅可以吃上瓜果蔬菜，还形成了特色支柱产业和农民的致富产业。如今，白朗县依托山东援藏的技术和资金支持，大力实施“白朗蔬菜产业工程”，并投入资金扶持农牧民发展蔬菜大棚；昔日以牛羊肉为主食的白朗人，如今餐桌更加丰富营养：西瓜、番茄、青椒、西芹等几十个种类的优质蔬果品种应有尽有。在种植上当地农民已经完全掌握了大棚技术，通过“公司 + 基地 + 协会 + 农户”的产业化经营运作模式，把分散的家庭经营同县内外市场有机连接起来，不断加大市场拓展力度。

截至 2017 年，白朗县示范园种植的蔬菜品种有 116 种，其中主推品种 36 种。白朗县蔬菜种植总面积达 1.17 万亩，其中，特色蔬菜产业基地面积已达 1 700 亩；推广标准化生产技术种植 3 000 亩，重点维护建设标准化示范基地 25 个。现代化大棚 5 428 个，日喀则成为西藏最大的高原大棚蔬菜基地，年产各类蔬菜 3 750 万公斤，年销售额过亿元。

2. 岗巴羊

岗巴县属于高海拔地区，平均海拔 4 700 米，独特的地域气候特点，成就了独一无二的岗巴羊品质。岗巴羊以肉质细嫩、味道鲜美、无膻味等特点，成为日喀则农业品牌。

岗巴羊作为当地最具潜力的特色农产品，政府在产业开发投入力度逐年加大。2012 年 8 月，岗巴羊在全区率先获得国家农产品地理标志认证；2013 年，岗巴羊合作得到进一步的发展壮大；2014 年，岗巴羊获得原国家质检总局有机食品认证和地理标志保护产品认证。随着岗巴羊身价的提高，岗巴羊的价格从 2012 年的每只 900 元提高到现在的 1 300 元。

最近几年，日喀则把发展岗巴羊产业作为重点工作开展，提出了涵盖 10 个县区的“岗巴羊经济圈”概念。每个有能力有条件的乡镇都建设了规范化、标准化的养殖基地，培养优质种养，实现为其他县区提供 5 万只原种羊的目标。

岗巴羊已经成为当地农牧民精准扶贫项目，按照规划力争到 2020 年，岗巴羊年商品化达到 100 万只以上，通过发展产业链条，提高岗巴羊的附加值，打造出 30 个以上的拳头品牌产品，力争年行业总产值达到 10 亿元以上，净利润达到 3 亿元。为此，日喀则市多方筹措资金，先后投入 5 000 多万元，建成种羊场和扩繁场 11 个，规模化养殖场 11 个；为了扶持企业发展，市财政筹措 7 000 万元资金，补贴岗巴羊品牌龙头企业，提高企业对农户的引领作用，推动岗巴羊产业种、养、加、销一体化。

二、统筹利用两个市场两种资源

（一）樟木镇

位于喜马拉雅山南麓中尼边境的樟木镇属于中国西藏自治区日喀则市聂拉木县，其通商口岸樟木口岸是国家一类陆路通商口岸。樟木镇，1988 年设镇，面积 331.98 平方公里，具有亚热带海洋性气候特点，年降水量约 2 000 毫米，多集中在 3—10 月。樟木镇的主要农作物有玉米、小麦、青稞等。这里原始生态保持完好，自然生态植被丰富多样，国家一级动植物随处可见，更是虫草、贝母、雪莲等珍稀名贵中草药的原产地，山林溪水之间，獐子、雪豹、藏羚羊、野驴等 100 多种的珍稀动物时常出没。

（二）对岸国家及地区

1. 尼泊尔国家概况及农业发展

尼泊尔位于喜马拉雅山脉中段南麓。北面与我国西藏毗邻，东界锡金，东南、西、南与印度接壤。尼泊尔山峦起伏，素有“山国”之称，境内3/4的国土面积都是山川峻岭，海拔900米以上的土地约占全国总面积1/2。尼泊尔地势整体属于北高南低，喜马拉雅山脉横贯北部地区，一条起伏不大的狭长平原为南部主要特征，中部则是岭谷交错的山地。尼泊尔分为7个联邦州和75个县。首都加德满都位于第3联邦州。

尼泊尔是一个典型的农业国家。农业是尼泊尔的经济命脉，是第一产业，80%以上人民的生活水平依赖于农业的发展。目前农业生产水平十分低下，基本上处于自给自足的自然经济状态。2016年，尼泊尔农业产值62.95亿美元，比上年增长1.3%。耕地面积325.1万公顷，约占总面积的18%，人均耕地面积2.5亩，山多地少，耕地分布不均衡，40%的耕地没有灌溉设施。主要农作物有稻谷、玉米、小麦，经济作物主要有甘蔗、油料、烟草等①。尼泊尔的畜牧业属于尚待开发的一个产业。尽管家禽家畜的饲养在全国随处可见，但多以小集体为主，目前仍未形成大型的商业饲养场②。

2. 口岸对岸地区农业发展

樟木镇对应的尼泊尔地区属于第三联邦州。第三联邦州占地面积20 300平方公里，占尼泊尔总面积的14%左右。其中多拉卡占地面积2 191平方公里，2011年人口186 557人。2011/2012年度统计显示，牛存栏数61 027头、山羊存栏数194 035只。辛胡巴佐克占地面积2 542平方公里，2011年人口287 798人。2011/2012年度统计显示，牛存栏数73 780头、山羊存栏数248 931只③。

① 资料来源：尼泊尔农业概况．世界农业博览．2008-11-25.

② 资料来源：尼泊尔国家统计局．National Sample Census of Agriculture Nepal 2011/12 (District Summary).

③ 资料来源：同上

（三）中尼双边贸易以及樟木口岸边贸情况

根据中国商务部的统计，2016 年，中尼双边贸易额 8.9 亿美元，同比增长 2.7%。其中中方出口 8.7 亿美元，同比增长 4%；中方进口 0.2 亿美元，同比下降 30.6%。2016 年，中国向尼泊尔出口的主要商品有电话和电机电气设备及零附件、非针织服装、针织服装、鞋类、机械设备及零件、苹果、羊毛及羊毛纱线、其他纺织品、光学及医疗器具、皮革制品、车辆及零附件、化学短纤维、家具等。中国自尼泊尔进口的主要商品有贱金属雕塑像及其他装饰、地毯、医疗器具及零附件、生皮及皮革、披肩和围巾、首饰、其他纺织制品、有机化学品、铜器、木装饰品和羊毛织物①。

樟木口岸是国家一类陆路通商口岸，在西藏自治区边贸经济与中尼边贸经济发展中发挥着重要的作用。据聂拉木海关统计，2014 年中国与尼泊尔通过樟木口岸总贸易额突破 100 亿元人民币，占西藏外贸总值的 90% 以上。其中，中印民间通过口岸贸易额达到 8 000 万元人民币。随着西藏经济发展，樟木口岸的作用得到进一步提高，成为对内辐射西藏及相邻省区，对外辐射尼泊尔及毗邻国家和地区的边贸中心口岸，口岸规模不断扩大。中国和印尼等国之间每天大量货车往来于此，西藏、青海、甘肃等省区工农业产品输向南亚各地。其中从樟木口岸进口到中国的农产品主要有大米、面粉、辣椒、香水，出口到尼泊尔的商品则是羊毛、茶叶、盐和藏药。因此，进一步促进樟木口岸发展，对樟木地方经济、西藏自治区经济发展及包括中国与尼泊尔在内的南亚国家的经济交往将会起到积极的推动作用。

（四）促进中尼边境贸易持续健康发展②

1. 健全交通路网体系，整体提升西藏物流水平

随着樟木口岸物流量的增加，相关人才的引进成为当下首要任务。通过高素质的专业人才队伍建设，加强口岸物流运输的标准化、信息化，规范物流运输网的设计能力，提高运行效率，提升西藏的整体物流水平。目前，樟木口岸已经提档升

① 中华人民共和国驻尼泊尔联邦民主共和国大使馆经济商务参赞处，http://np.mofcom.gov.cn/article/ddgk/zwdili/201508/20150801077842.shtm

② 骆海燕．中尼边贸发展浅析—基于“一带一路”战略．2016-06-10.

级，能够很好地实现国家间交通运输线路的良好对接。完善了西藏出口贸易的公路体系建设。

2. 切实加快边贸市场硬环境建设及软环境建设

过去很长一段时间，道路和水电等基础设施的滞后，严重阻碍了中尼贸易规模。最近几年，通过两国共同努力。边贸市场和口岸的基础设施建设得到改善，货物通关更加科学高效。

3. 完善边贸合作机制，在口岸建立有效的磋商机制和货物通关协调机制

经过沟通协商，中尼双方在涉及企业及进出口货物价格和认证、货物检验、检疫等方面都做出很多努力，应尽可能地通过采取协商，建立起互信合作机制，以此增加双方贸易的互信度。通过简化双方口岸验关手续，提升口岸通关效率。

4. 拓宽贸易范围，寻求新的贸易增长点

政府应鼓励企业开拓技术贸易和服务贸易领域，开拓中尼贸易新范围，可以促进两国，特别是尼泊尔国家的经济产业发展，从而加大两国贸易规模，达到经济贸易的可持续发展。[①]

参考文献

安尼娃尔·牙合甫，乌兰·卡格德尔 . 2017. 塔什库尔干县畜牧业发展存在的问题与对策［J］. 新疆畜牧业，（4）：20–22，26.

关雪莲 . 2017. 新疆塔什库尔干县发展开放型经济刍议［J］. 实事求是，（1）：96–99.

李向（ThaemanyBountheung）. 2016. 老挝—中国农产品贸易发展现状与对策研究［D］. 南宁：广西师范大学 .

李志芳等 . 2015. 吉尔吉斯斯坦农业发展概况［J］. 世界农业，（4）：124–128.

刘明 . 2013. 新疆塔什库尔干塔吉克自治县经济发展研究［J］. 新疆畜牧业，2013（9）：15–17.

刘玉皑等 . 2016. 西藏樟木口岸边境贸易发展情况调查［J］，《西藏民族大学学报（哲学社会科学版）》，（2）：76–82.

骆海燕 . 2016. 中尼边贸发展浅析—基于“一带一路”战略［J］，商场现代化，（16）：7–8.

苏乐 . 2014. 甘其毛都口岸发展中蒙跨境经济合作研究［D］. 呼和浩特：内蒙古大学 .

王佩佩 . 2015. 新疆乌恰县县域经济发展模式研究［J］. 区域经济，（5）：92–92.

杨秀春 . 2014. 澳大利亚畜牧业发展现状、特点及其启示［J］. 畜牧与饲料科学，35（3）：63–64.

① 资料来源：西藏自治区边境贸易与经济增长的实证研究 .《山西农经》2016-04-15

杨照 . 2013. 塔吉克斯坦农业发展及中塔农业合作探析［J］. 俄罗斯中亚东欧市场，（2）：47-57.
叶荣聪 . 2012. 云南省河口县域经济发展战略研究［D］. 南宁：广西大学 .
张玉华等 . 2013. 中国—塔吉克斯坦农业合作现状及前景展望［J］. 世界农业，（6）：111-113.
周章跃 . 2012. 澳大利亚农业［M］. 北京：中国农业出版社 .

西南丝绸古道最后驿站——猴桥

腾冲市地处云南省西部边境，位于东经 98° 05′~98° 46′，北纬 24° 38′ ~ 25° 52′。腾冲市与缅甸山水相连，北部和西北部同缅甸接壤，县城距省会昆明 606 公里，距缅甸密支那 200 公里，距印度雷多 602 公里，自古就是我国连接东南亚、南亚的重要枢纽和商贸口岸，被徐霞客誉为“极边第一城”。腾冲面向南亚开放的条件较好，在 148.075 公里的国境线上，现有国家级一类口岸猴桥口岸，另有滇滩等边境通道。特别是腾冲机场的通航、腾密公路和保腾高速路的通车，“腾冲—缅甸密之那—印度”的国际大通道正在逐步形成。中国提出建设孟、中、印、缅经济走廊和云南桥头堡开放倡议，腾冲处在开放的前沿，是东盟经济圈、南亚经济圈和大西南经济圈的连接点，形成背靠内地、面向南亚东南亚、辐射带动周边的地理区位，使腾冲市在中国面向南亚、东南亚开放中的区位优势更加突出。

一、腾冲市农业发展

腾冲地处高黎贡山山脉以西，境内山高谷深，山脉多呈南北走向，海拔930~3 800米，属低纬度亚热带季风气候，立体气候明显。中部年均温度在15.4℃，年均日照时数2 093.1小时，年均积温4 647℃；年均降水量1 532.4毫米；年均霜日73天。森林覆盖率高达73%，如果加上草山草坡、茶园、竹林等，自然植被覆盖率高达80%以上。耕地面积123万亩，土壤以火山灰土、黄红壤、黄壤、黄棕壤为主，有机质含量高，土地肥沃，土层深厚。腾冲农作物生长区的低纬度（北纬25°）高海拔（1 100~2 300米）气候，适宜高原特色农业发展，是国家级商品粮油大县，先后列为全国粮食生产先进县、全国生猪调出大县、全国畜牧生产大县、全国奶水牛种源和奶源基地县之一，也是云南省首批高原特色农业示范县，农产品加工园区列为云南省级园区，云南省生物产业示范基地。2014年，总人口（常住人口）65.99万人，其中：城镇人口26.07万人，占总人口的39.5%，

乡村人口 39.92 万人，占 60.5%。2016 年实现农业总产值 54.56 亿元，增长 6.1%，农业增加值 33.93 亿元，增长 6.2%，农村居民人均可支配收入 9 400 元，增长 10.8%。

（一）特色农业产业发展

1. 传统产业巩固提高

粮食、畜牧、油菜、烤烟、茶叶、中药材等传统产业发展良好。2016 年全市农作物播种总面积 194.97 万亩，粮食总产 42.38 万吨；肉类总产 11.77 万吨，畜牧业产值 22.15 亿元；茶叶总产 1.33 万吨，产值 9.68 亿元；中药材及香料种植面积 24.67 万亩，产值 8.77 亿元；渔业产值 1.96 亿元。

2. 新型经营主体不断壮大

龙头企业、家庭农场、专业大户、农业合作社等新型农业经营主体发展迅速。目前，腾冲涉农龙头企业 76 户，其中省级产业化龙头企业 14 户，保山市级龙头企业 41 户；家庭农场 65 户，农民专业合作社 695 个，种植养殖专业大户 1 820 户；农业庄园 20 个。

3. 休闲农业与乡村旅游业发展快速

腾冲旅游景点多，景点集中，“和顺古镇、火山、热海、江东银杏、界头油菜

花海、云峰山、樱花谷”等旅游景区景点，休闲农业与乡村旅游快速发展，成效显著，腾冲万亩油菜花景观被列为全国最美田园风光，腾冲被评为全国休闲农业与乡村旅游示范县、中国最美乡村、固东镇江东银杏村、高黎贡山茶园、界头镇成为全国休闲农业与乡村旅游示范点，高黎贡山和台茶公司茶业企业被认定为云南省休闲农业与乡村旅游示范企业。

（二）优势潜力产业发展

1. 新兴产业发展迅速

以玫瑰花、鲟鱼和三文鱼“一花两鱼”项目为代表的新兴骨干产业进入培植发展阶段。其中，“两条鱼”有望成为今后代表腾冲农业产业和农特产品最靓的名片，有望在十三五末实现产量 1 万吨以上，综合产值 10 亿元以上，税收 2 000 万元以上，带动农户 5 000 人以上致富的新兴骨干产业。

2. 农产品加工业潜力巨大

依托于当地茶叶、油菜、烤烟、畜牧、特色经济林、特色蔬菜、水产、中药材、花卉、生物产业和园林绿化等特色种养产业，延伸当地农业产业链条，进行农村一二三产业融合，茶叶、蔬菜、肉类、饵丝、果脯、禽蛋、植物油、水奶牛、食用菌等特色农产品加工发展潜力大。

3. 观光休闲农业品牌打造

在持续打造界头万亩油菜花海品牌的同时，在中和、荷花坝区打造以果蔬种植采摘和特色餐饮服务为主题的片区式体验庄园。目前该片区已种植特色水果 27 个品种，果蔬和稻鱼面积 19 030 亩，有农家乐 28 家，年接待游客超过 4 万人次。

（三）对缅农业合作开展情况

1. 边境农产品贸易

2013 年起至今，腾冲每年在“十一”黄金周期间，举办一届边境贸易交易会（简称边交会），组织腾冲市农产品、农机经营商进行展销，邀请缅甸克钦邦政府参加，边交会取得了很大成功。在第二届边交会上，共有国内和缅甸、泰国、越南的 206 家企业和商户参展，展会期间，商品成交金额达 1 086.2 万元，意向签约金额 1 024.9 万元。

2014—2015 年，应缅甸克钦邦政府邀请，腾冲市政府代表团及商务代表团两次到密支那参加商贸活动。组织腾药、四馨坊、高黎贡山茶、赢兴商贸、晓红食品厂、元兴果品实业等企业参加展销，展出茶叶、红花油茶、药品、日化品、食品等10类119种特色产品。晓红腌腊、云腾方便饵丝、四馨坊、元兴果脯等被抢购一空，现场成交7.6万元，意向签约500万元，展销取得了很好的实效，远超预期目标，腾冲农产品受到缅北市场的欢迎，蕴含着巨大的合作商机。

2. 建立缅北种植基地

目前，该市外经贸企业积极到缅北地区开展农业合作种植业务，合作对象主要是缅方各大型企业及克钦邦第一特区政府，合作方式主要是由缅方企业提供土地，该市企业提供资金、技术、种苗并负责种植管护、产品返销。种植品种主要有香蕉、柠檬、西瓜、稻谷、玉米、橡胶、木薯、腰果、草果、茶叶、甘蔗、特色水果（火龙果、菠萝、柚子等）等10余个农经作物。目前，香蕉种植的发展速度最快，种植面积已达21.05万亩左右，种植企业主要有金鑫公司、宏达公司、森鑫公司、兴华公司、田湖公司、航发公司、荣垚公司、万佳公司8户外经贸企业，所种植的香蕉长势较好，规模和效益已初步显现。另外依托外贸公司与中国热带农业科学院合作，在缅北开展甘蔗、柚子、菠萝、冰糖橘等热带作物种植试验。

3. 建立对缅农业物流中心

腾冲市金鑫经贸有限公司自2009年成立以来，一直在缅甸北部从事农业种植合作开发，与缅甸昌银沽公司签订了30万亩土地合同，现已开发出10余万亩土地用于种植香蕉、橡胶、玉米、大米等农作物，自从事农业合作开发以来，长期聘用当地缅工2 500多人，带动了当地的社会经济发展，受到了缅北政府和民众的一致认可。公司于2014年完成了密支那分公司的注册，在克钦邦购买了95亩土地，预计在缅甸克钦邦歪莫县建设一个集物流、产品批发为一体的综合交易中心。公司在境内设立了有机肥厂、包装箱厂、物流分公司、进境水果指定口岸等。

4. 开展科技培训

2016年下半年，由茶桑站为实施主体，在缅北克邦文莫区开展为期5天对缅茶叶技术培训班，培训人数97人次。另外，在莫歪县的香蕉种植基地进行了主要内容为热带水果种植及农作物病虫害防治的技术培训。

5. 推进畜牧业合作

2015年，腾冲市成立了一家专门从事肉牛隔离育肥、养殖、加工销售为一体的跨境畜牧龙头企业——腾冲密森商贸有限公司。公司隔离育肥示范场现已基本建成并试运营，育肥场、屠宰精深加工厂正在选址。目前，该公司已与缅方公司合作，办有正规合法手续，并在缅通过公开竞标，获得了从缅北进口肉牛的特许经营业务。

随着国家对外开放的深入推进，腾冲跨境农业合作必将迎来一个跨越发展机遇。目前，腾冲至克钦邦密支那和腾冲至克钦邦板瓦二级公路已建成通车；猴桥口岸新联检楼和查验货场已建成投入使用，重要边境通道改造和物流园区建设全面实施；航空口岸与腾冲机场二期改扩建工程同步推进，2017年年底已投入使用；水果进境指定口岸完成建设并投入使用；2015年12月25日，粮食进境指定口岸已得到原国家质检总局的批复。依托基础设施的大幅改善，腾冲辐射联通南亚、东南亚两大区域的积极作用将更加凸显。

二、主动对标参与全球竞争

（一）类似地区概况、类似特色产业情况

缅甸属热带季风气候，年均降雨500~5 000毫米，年均气温27℃，适宜多种

植物生长。全国可耕地面积 1 823 万公顷，已利用耕地 1 215 万公顷，还有大量可耕地和水面。水资源也极为丰富，但水利设施建设不全，导致资源利用率较低。为此缅甸政府于 1988 年以来共兴修水坝、水库 150 座，增加农田灌溉面积 121 万公顷，现全国农田灌溉总面积 222 万公顷，占耕地总面积 18%，较之前已经有了较大改观。

缅甸热带作物资源丰富，主要农作物有水稻、小麦、玉米、花生、芝麻、棉花、豆类、天然橡胶、咖啡、水果、蔬菜、林木、甘蔗、椰子、槟榔、木薯、烟草和黄麻等。其中，禾谷类和豆类作物耕作面积最大，与天然橡胶一样，是其重要的出口创汇产品。

农业在缅甸经济中占据至关重要的地位，75% 的人口居住在农村，农业劳动人口占据全部就业人口的 64%，农业 GDP 占据总 GDP 的 42%，出口额占据总出口额的 46%。缅甸政府十分重视农业发展，例如在稻米生产中，制订提高稻谷产量计划、开发水洼地种植计划、将一年两季发展为一年三季种植计划，提高农户的种植积极性。为促进农业发展，缅甸政府还加大农田水利基本设施的建设力度，调整稻谷收购政策和免除了农机、农药、良种和化肥的进口关税，发展良种培育、提高化肥和农药的使用率、提倡科学种田和推广农具使用。

（二）对标国际的启示

1. 思路

当前和今后一段时间的腾冲农业产业发展“139”思路。“1”即走一条高原特色区域化都市农业可持续发展之路。在全国推进现代农业、全省打造“高原特色农业”、保山市委提出“农业发展、规模为要”要求的大背景下，腾冲只有突出农工，尤其是农旅融合发展的区域性特点，才能力求在同质化竞争中走出差异化发展的路子。“3”即腾冲农业产业宜以北中南“三化三区”来布局。北部规模化打造北部规模农业区、中部精品化打造中部精品农业区、南部多样化打造南部多样农业区。“9”即重点发展九大产业，巩固提升优质粮食、畜牧、油料、茶叶、烤烟、果、蔬七大传统优势产业，培植以中药材为主的生物健康和以三文鱼鲟鱼为主的高端冷水鱼两大新兴骨干产业。坚持巩固传统产业、培育新兴产业“两轮驱动”，两手抓、两不误，推动传统产业与新兴产业在更高层次上融合发展，相互促进、共同发展。

2. 加强边境口岸能力建设

一是加强桥头堡建设，建立农业、检验检疫、海关、税务、金融、商务、工信、林业等多部门协调推进机制，统筹推进对缅农业合作，建立健全检验检疫、退税、跨境支付、物流等服务系统，打通农产品境内外运转通道。二是扩大对缅农业开放，建立农产品出口生产加工基地、技术培训基地，推动农产品、农用物资、农业技术、品牌、标准、服务、文化走出去。三是壮大该市跨境农业企业集团成长，熟习缅甸法律、贸易习惯规则，建立缅北农业国际商会，增强企业竞争力和风险防控能力。四是推动对缅农业合作体制机制创新，培育外向型人才队伍，建立高效快捷地对缅农业合作机制。五是有序开展对缅农业合作，避免无序竞争，避免我国有害生物和病虫害进入缅北，避免农药化肥等过量作用对缅北生态环境的污染。

三、统筹利用两个市场两种资源

（一）缅甸北部克钦邦地区概况

缅甸克钦邦，是缅甸联邦东北部的克钦族自治邦。首府在密支那，密支那为缅北政治、经济中心和交通枢纽，是克钦邦最大城市，同时也是缅甸第三大城市，是缅北铁路的终点。克钦邦面积 8.9 万平方公里，人口 140 多万，辖不倒、密支那、八莫、株允 4 个地区，有 18 个城镇和 6 个小镇。首府密支那下设 4 县 18 个乡镇，市区有人口 40 万人，其中华人华侨约 4 万人（缅甸约有华人华侨 250 万人）。年降雨 2 836 毫米，最多的不倒地区达 4 606 毫米，最低的抹允地区也有 2 115 毫米。森林覆盖率高，有平地和山坡地。年平均气温 19.4℃，昔董坝海拔以下地区，气温较高，年最低气温 7℃以上，最高气温曾达 39.4℃，气候温热，雨量充足，是典型的热带雨林。土地为红壤、红黄壤、黑土，有机质含量高，肥沃，适宜各种林木及农作物生长。友谊碑海拔 2 100 米，地势最高，往西山势起伏延绵，到昔董坝海拔达 1 090 米，其间最低海拔 620 米，昔董坝往西到达弯莫县依洛瓦底江边海拔 160 米，再往西就是密支那市，地势平坦开阔，海拔在 131 米左右。

缅甸北部属热带季风气候，发展农业的自然条件较好，雨量充沛，光照时间长，自然灾害少，土地肥沃，农作物生长快，一年多熟，适宜多种植物生长。缅甸地广人稀，有大量可开垦荒地和未利用水面，水资源极为丰富，但缺少水利设施，利用率极低。缅甸的耕作技术还比较落后，基本上是靠天吃饭的传统耕种技术，优良籽种、化肥、农药、农业机械的使用量还很少，单产比较低。缅甸劳动力少，劳动效率低，但劳动力工资比较低。

缅北是一个多民族杂居的地方，有缅族、浪族、大小茶山族、景颇族、傈僳族、苗族和汉族等。克钦邦同腾冲的关系极为密切，克钦邦境内的克钦族、傈僳族与我境内景颇族、傈僳族是跨国境线而居的同一民族，他们语言相通，习俗相同，交往频繁，通婚、互市，亲如一家，这为腾冲发展跨境农业打下了良好的基础。

（二）缅北农业产业情况

腾冲虽与缅北接壤，但腾冲海拔在 1 600 米，缅北海拔只在 500 米左右，气温差异很大，作物、动植物差异很大，有很大的互补性。比如，缅甸北部适宜种植水稻、玉米、大豆、花生、甘蔗、木薯、香蕉、荔枝、柑橘、龙眼、柚子等热带水果，以及橡胶等经济作物；腾冲气候温凉，高海拔蔬菜（如大蒜、青菜、大白菜、芹菜、花椰菜、番茄、马铃薯等），茶叶、红花油茶、温带水果是缅北没有的，腾冲是蔬菜出口缅北的重要通商口岸。

（三）缅北农业合作潜力与意义

腾冲与缅北形成优势互补。缅北人口少，耕地多，还有大量未开垦的荒地，农业技术落后，生产水平低，经济落后。腾冲人口多，有 67 万人，土地相对较少，但农业科技先进，有很大的优势。这些农业产业上的优势与缅北农业经济的落后有很大的互补性。

缅北是多民族聚居的地方，民族矛盾深，地区局势不稳定，有很多居民为避祸远居深山，没有生活来源，部分居民以种植罂粟为生。腾冲与缅北最近，开展对缅农业合作，在缅北坝区发展替代种植，不仅有利于吸引缅北山区居民到坝区生产生活，发展当地经济，提高当地居民收入，同时对缓解当地民族矛盾，避免产生难民，稳定局势，促进中缅边境地区的和平发展具有长远的意义。

（四）腾冲市利用两个市场两种资源的思路和总体考虑

国家提出“一带一路”和孟中印缅经济走廊建设，但中—缅—印通道的“通而不畅”，推进缓慢，腾冲处在“极边第一城”，如何积极推进对缅农业合作可先行先试。根据缅北地广人稀，适宜低海拔热带作物生长，与腾冲互补性强的特点，在缅北建立缅北农业合作示范区，在腾冲建立对缅北农业合作试验，实现双轮驱动，推动中缅边境地区经济社会发展，实现百姓安居乐业，边疆长治久安。

要深入推进“一带一路”、孟中印缅经济走廊建设步伐，利用缅甸北部和腾冲各自的资源和科技优势，利用优势互补，加强两国农业合作，建立对缅农业合作长效机制，积极培育跨国农业企业集团成长，打造农业对外合作与对接平台，推进企业抱团出海，推动农业走出去，探索农业对外开放合作的新路径，形成推动农业对外合作的双轮驱动，提高统筹利用国际国内两个市场两种资源能力。主要采取以下对策措施：

1. 加强与缅甸的交流与合作

通过国家层面外交加强与缅甸联邦政府及地方政府沟通协调，把与缅甸的农业合作上升为国家行为，签订协议保护中方企业在缅投资的合法权益。同时建立经常性磋商机制，在缅北设立我国驻外办事处，与缅方经常性沟通与合作，更好地为中资企业、贸易实体做好保障和服务工作。保护企业、个体工商户在缅甸投资不受侵害，保护他们的利益不受侵害。

2. 加强对缅农业合作的平台建设

通过设立办事处，或国际商会，推进密支那境外经贸合作区项目，建设国外市场的商贸物流中转站，构建辐射缅甸、印度、孟加拉国等南亚东南亚国家的境外经贸交流基地。依托密支那的交通枢纽地位，通过搭建平台，积极推进境外投资工作，为对缅农业合作经济实体服务。鼓励和引导企业参与境外经贸合作区项目建设，在缅北地区大力开展农用物资、农机用具、发展建材、五金百货、工程机械、日用品展销批发业务和农业合作开发业务，促进我国农产品、农用物资（种子、化肥、农药）和农业机械在缅甸的销售，壮大实体企业的发展。

3. 建立对缅农业替代种植基地

引导企业到境外从事农业合作，通过参与周边国家农业合作与开发，拓展国外市场，鼓励企业建立缅北农业合作示范区。引导鼓励农业企业到缅甸设立分支机构，开展对外经济技术合作、替代种植。对比中国与缅甸优势和特点，本着优势互补的原则，重点发展国内缺乏的品种，如：橡胶、木薯、甘蔗、咖啡、热带水果、柠檬、麻竹、石斛、腰果、柚木、林木，以及花生、芝麻、豆类、油棕、水产品、牛、畜牧产品等品种。对水稻、玉米等粮食作物则根据进出口配额管理规定，按配额组织生产，预防粮食进口对中国粮食的冲击。

4. 提升缅北政府部门、企业和居民主动参与农业合作的意识

通过开展境外公益事业建设和民生改善工作，邀请当地有关部门和官员参与一些重要培训和重大公益活动，提高缅方对农业合作业务的认识，为跨境农业发展创造良好环境。动员企业逐步提高当地人员在中下层管理人员中的比重，激发缅甸籍中下层管理人员的主体意识，形成当地民众主动参与跨境农业的合力。

5. 加强对缅农业合作的培训

依托腾冲市的区位、技术优势，加强对境外提供农业技术培训和农资供给服务，努力把腾冲建成对缅农业技术培训基地，搞好技术输出服务，搞好配套农资供给服务。

6. 搞好农产品出口加工能力建设

加强出口农产品加工园区建设，扶持壮大涉外龙头企业，加快出口农产品初加工，推进农产品精深加工能力建设。开发更多适宜出口、缅甸人民喜爱的农产品。

7. 解决对外农业开发人才缺乏问题

加强腾冲市企业及至缅甸打工农民的教育与职业培训，开展涉外法律、涉外经商经验和知识培训，加强外出公民依法保护自身权益和自我保护能力。

8. 加强边境动植物安全防控隔离带建设

进一步加强生态环境保护，构建生物隔离屏障。切实加强边境动植物安全防控带建设，构建边境重大农作物病虫害、外侵生物、边境动物疫病安全、边境水生动物疫病与水产品质量安全四大防控阻击带、屏障、体系。隔离屏障是双向的，一方面防止外来生物及检疫病虫害侵入我国，另一方面防止我国的检疫病虫害侵入缅北，确保农业合作区的农业实现可持续发展。

参考文献

李絮，项义军 . 2015. 绥芬河口岸建设中存在的问题及政策建议 . 商业经济［J］,（5）：17-19.

穆家伟，蔺应福 . 2015. 加快发展腾冲市休闲农业探讨［J］. 云南农业，（4）：9-10.

彭彬 . 2006. 缅甸农业与农机化发展概况及中缅合作前景初探［J］. 现代农业装备，（8）：64-67.

祥瑞美丽之地——瑞丽

一、瑞丽市农业发展

（一）农业资源特点

瑞丽市位于北纬 23° 38′~24° 14′，东经 97° 51′ ~98° 02′，地处横断山脉高黎贡山余脉的向南延伸部分，西北、西南、东南三面与缅甸毗邻，国境线长 169.8 公里。总面积 944.75 平方公里，总人口 20 万人，其中，农业人口 8.9 万人，农村劳动力 7.1 万人。有 6 个乡（镇）、两个开发区（畹町、姐告）、两个国有农场，29 个行政村。属南亚热带湿润性季风气候。全年只分旱雨两季。年均降水量 1 400 毫米，年平均气温 20.5℃，日照 2 330 小时，有效积温 7 291℃，冬无严寒，夏无酷暑，没有零下温度出现，霜日很少。

全市耕地面积 19.8 万亩，农民人均耕地 2.2 亩。土壤以黑土和黄土为主，土地肥沃，适于热带、亚热带作物生长。2016 年，全市生产总值 86.1 亿元，比上年增长 15%；农村常住居民可支配收入 9 681 元，比 2015 年增长 11.2%；农业增加值为 9.8 亿元，比上年增长 5%。

（二）特色农业产业发展

1. 种植业

2016 年，全市农作物总播种面积 32.62 万亩，粮豆作物播种面积 18.65 万亩，占总面积的 57.4%；总产 67 126 吨。其中，水稻面积 8.13 万亩，亩产 445 公斤，

总产36 140吨；玉米面积9.72万亩，亩产292公斤，总产28 447吨。总产值62 111万元。全市农机总动力达168 968.4 667瓦，综合机械化水平达约51%；拖拉机拥有量达7 797台（其中，大中型拖拉机1 293台，小型拖拉机6 504台），完成机耕面积17 640.8公顷；机收面积6 568.26公顷，机插秧面积6 731.6亩。

2. 养殖业

2016年，肉牛、生猪、山羊、家禽存栏数分别为3.1万头、8.9万头、0.9万只、158.2万羽，同比分别增长8.4%、0.8%、15.8%、0.3%；肉牛、生猪、山羊、家禽出栏数分别为4.4万头、15.7万头、1.9万头、367.5万羽，同比分别增长16.9%、4.6%、3.4%、2.3%。肉、蛋、奶总产量分别为25 650吨、2 084吨、70吨，同比分别增长6.6%、0、1.4%。畜牧业产值63 399万元，同比增11%。

（三）优势潜力产业发展

瑞丽市农业产业主要有粮食、蔗糖、蔬菜瓜果、柠檬、热果、天然橡胶、茶叶、咖啡、林业、畜牧业和渔业。在这些产业中已初步具备产业化经营的有粮食、

蔗糖、柠檬、天然橡胶、茶叶、咖啡 6 个产业，并已初步具备种植、加工、销售体系，有相应的龙头企业，初步形成产业化生产经营。以柠檬、柚子为主的生物特色产业发展潜力巨大，以鲜食玉米、高山生态蔬菜为主的冬季农业发展迅速，效益明显。

二、主动对标参与全球竞争

（一）类似国家或地区——缅甸相关产业概况

缅甸位于中南半岛的西部，在西藏高原和马来半岛之间，是中南半岛上面积最大的国家，国土面积有 67.6 581 万平方公里。缅甸西北与印度和孟加拉国接壤，东北与中国和老挝为邻，东南与泰国毗邻，西南濒临孟加拉湾和安达曼海。缅甸属于热带农业国，总人口 6 000 万，农业产值占国民生产总值的 38.5%，农产品出口占出口总量的 1/4 左右，农业长期处于主导地位，是缅甸国民经济的基础。缅甸拥有丰裕的耕地资源主要农作物有水稻、小麦、玉米、花生、芝麻、棉花、豆类、甘蔗、油棕、烟草和黄麻等。2015 年中国从缅甸进口的农副产品主要有粮油类、果蔬类、水产类和经作类。其中，粮油类主要有大米、玉米、绿豆、眉豆、竹豆、黑芝麻、白芝麻、去壳花生、红腰豆、干芸豆；果蔬类主要有西甜瓜、香瓜、杧果、菠萝、鲜洋葱、腰果等；水产类主要有鳝鱼、螃蟹、虾、干鱼等；经作类主要有橡胶、蔗糖、咖啡等。从进口数量上看，西瓜年进口 66 万吨、杧果 13 万吨、香瓜 8 万吨、绿豆 2.6 万吨、玉米 1.6 万吨、橡胶 1.2 万吨、鲜洋葱 1.1 万吨、去壳花生 0.7 万吨、鳝鱼 0.26 万吨、饲料鱼粉 0.21 万吨。

缅甸国内拥有存栏牛 2 300 万头，且每年新增牛犊 500 万头，且缅甸国家因信仰问题，对牛肉的消耗非常有限，故牛源是非常充足的，同时作为缅甸农民，也非常希望能够将牛出口到中国。

缅甸南坎位于瑞丽江南岸，与中国瑞丽市弄岛镇隔江相望，是缅甸掸邦西北部的一个镇区（相当于县），也是缅甸北部的重镇和门户。勐卯三角地是瑞丽江及支流南畹河交界处一个富饶的坝子，处中缅交通要道上，至今从缅甸入云南，亦必由南坎度瑞丽江。由于地处要冲，加上勐卯坝土地肥沃，出产富饶，今缅北最大产米区即在此，因此南坎中缅商贾云集，为滇西南及缅北相当繁荣的商业小都市。

（二）对标国际的启示

缅甸南坎和云南瑞丽在地理区位、资源禀赋和优势产业等方面有相似之处：一是地理区位类似，同处同一纬度，同属南亚热带湿润性季风气候。冬无严寒，夏无酷暑；二是资源禀赋相似，土地肥沃，农产品资源比较丰富，适于热带、亚热带作物生长；三是优势产业相似，稻米产业发展优势明显。

对标国际，瑞丽市具备较强的发展潜力。近年来，瑞丽市农业产业布局合理、品质优良、农产品生态安全、资源节约、环境友好，基本实现“农业强、农村美、农民富”的目标；农业生产规模化、装备设施化、经营产业化、发展循环化、服务社会化进一步提升到新水平，农业综合生产能力、抗风险能力、市场竞争能力显著增强。基本建成粮食、蔬菜、柠檬、植物花卉、畜牧五个产业对缅示范区和展示区，辐射带动境外大面积发展生态粮食、生态蔬菜、生态热带水果（柠檬）、植物花卉和畜牧产业。

三、统筹利用两个市场两种资源

（一）缅甸概况

缅甸拥有丰裕的耕地资源。全国可耕土地面积约 2.73 亿亩，人均耕地面积达 4.8 亩，其中净种植面积为 1.7 亿亩；在耕地中，可灌溉耕地面积占净种植总面积的 18.5%，尚有 1.03 亿亩的空地、闲地和荒地待开发。在净耕地中，水田面积为 1.6 亿亩，占净耕地面积的 60% 以上。由此可见，缅甸农业具有极大的发展潜力。

缅甸是著名的“稻米之国”和“森林之国”，全国拥有林地 3412 万公顷，森林覆盖率 41% 左右，盛产柚木、鸡翅木、黄花梨、铁刀木、藤、竹等，是世界柚木产量第一大国。因丰富的自然资源，世界银行将缅甸称作“亚洲最为丰富的生物资源库”。

（二）缅甸农业发展现状

农业为缅甸的国民经济基础。农业产值占国民生产总值的 40% 左右。主要农作物有水稻、小麦、玉米、花生、芝麻、棉花、豆类、甘蔗、油棕、烟草和黄麻等。2011 年度缅甸出口大米 79.1 万吨，创汇 3.08 亿美元；2012 年度出口大米 106.6 万吨，创汇 3.8 亿美元；2013 年度缅甸出口大米 168.8 万吨，创汇 6.18 亿美元；2014 年度出口大米 139 万吨，创汇 6.44 亿美元，2015 年度，缅甸大米出口达

200 万吨。豆类也是缅甸重要的出口产品，2014 年度出口豆类 121 万吨，创汇金额 9.08 亿美元，超过大米。缅甸的渔业主要是私人经营，在向外国渔船征收费用的情况下，缅甸政府允许外国公司可以在划定的海域内捕鱼。20 世纪 90 年代开始同一些外国公司合资开办鱼虾生产和出口加工企业，水产品出口到多个国家和地区。

（三）缅甸农业发展潜力

1. 自然资源丰富

一是缅甸的气候为热带季风气候，一年分为旱、雨、凉三个季节，雨量充足，光照时间长，自然灾害少，土地肥沃，农作物生长快，一年多熟。二是耕地资源丰富，缅甸可耕地面积近 3 亿亩，2013 年播种面积 1 .776 亿亩，休耕地 660 万亩，可垦荒地 8 040 万亩，保护林地 2.75 亿亩，其他林地 2.28 亿亩。

2. 政策环境好

缅甸政府重视农业合作，目前最重视的农业合作有：一是投资进行土地水面开发；二是投资与农业生产特别是农业装备、农产品加工有关的工业行业；三是能提高其农业生产水平的技术合作，如水稻育种、栽培技术，水果、蔬菜的品种改良与栽培加工技术，畜牧水产养殖品种和饲养技术，橡胶品种、种植、加工技术等；四是贸易合作。

3. 农业劳动力成本低

一是土地租金低，一般亩租金仅为 20 元人民币；二是劳动力丰富成本低。缅甸人口 75% 在农村，农业劳动力约占全国总就业人数的 62%，一般情况下月工资为 15 美元。

（四）瑞丽利用两个市场两种资源的思路和总体考虑

1. 瑞丽市与缅甸农业发展的优劣势比较

瑞丽方面，一是缺乏相关扶持政策。二是基础设施有待完善。农业基础设施老化，设施化程度低，抵御自然灾害的能力弱；农产品流通基础设施缺乏；还未建立健全市、镇、村三级农业信息网络平台。三是产业化程度不高。农业产业经营规模小，产业协会及农民合作组织发展缓慢，产业化服务体系建设仍然滞后，产业链较短，产品附加值小，资源开发程度低。四是市场资源有限。瑞丽市毗邻国家的经济较为落后，市场容量有限；瑞丽市远离国内以大中城市为主体的特色农产品消费群体，新鲜农产品难于及时运达最终消费者手中，这是制约全市农业发展的瓶颈。五是新型劳动力缺乏。瑞丽地处边疆，少数民族人口较多，农民文化素质普遍较低，对农业科学技术的接受程度有限，瑞丽农业发展面临有文化、有知识的劳动力缺失的现象。科技水平较低和劳动力不足使得农业可持续发展面临不小的挑战。

缅甸方面，一是投资的政治环境较差，缅甸民族地方武装与缅甸政府的冲突影响了中缅经贸合作。二是农业基础设施差。缅甸农业生产投入严重不足，农业基础设施发展滞缓。缅甸尚未建立全国性的运输系统，电力严重不足，阻碍了外资进入农业领域。农业灌溉设施极少，巨大的水力资源无法得到有效利用。三是农业生产方式较落后，科技力量薄弱。缅甸农业耕作方式原始，复种指数低，农业生产效率低下，机耕水平仅达10%。此外，农业教育发展水平较低，大多数劳动力只有小学文化程度。

2. 利用两个市场两种资源的思路和总体考虑

要加强对缅农业合作，进一步解放思想，先行先试，由政府搭台，中缅两国农业合作规划为引领，企业和民间为实施主体，强调产业培育内外统筹，贸易投资农业为基础，以合作促进农业结构调整，以合作强化农产品有效供给。按照国家“一带一路”倡议和云南面向南亚、东南亚辐射中心建设的总体部署，遵循有利于动物疫病防控、有利于打击动物走私行为、有利于充分利用两个市场两种资源、有利于沿边开发开放和兴边富民的原则，以确保不发生区域性重大动物疫情和重大畜产品质量安全事件、拉动畜产品加工业转型升级、增加农民收入为目标，以“堵疏结合、风险可控、分步实施”为原则，做到管理规范，措施有力，防控有效，安全可控。

瑞丽试验区地处中国经济圈、南亚经济圈和东盟经济圈的交汇点，向南可直达缅甸皎漂、仰光及孟加拉湾，是我国经缅甸直达印度洋最便捷、最经济的陆上通道，从广州入海经马六甲海峡到缅甸仰光运距长4 850公里，陆海运距长7 066公里。昆明经瑞丽到缅甸仰光铁路长1 011公里，缩短运距6 055公里，昆明经瑞丽到缅甸仰光港口转加尔各答港口全长3 316公里，缩短运距4 720公里，昆明经瑞丽至缅甸仰光转口科伦坡全程长4 326公里，缩短运距3 590公里。瑞丽作为国家开发开放试验区，是我国向东南亚、南亚等印度洋沿岸国家开放的重要门户窗口。

据中国商务部的数据，中国已经成为缅甸第一大贸易伙伴国，是缅甸最大的外资来源国。国际农业合作不断加强。中央提出创新农业对外合作模式，支持开展境外农业合作开发，推进科技示范园区建设，开展技术培训、科研成果示范、品牌推广等扶持政策。瑞丽开发开放试验区条件便利。瑞丽重点开发开放试验区建设实施方案获批，为瑞丽开展对缅甸农业合作提供政策保障。中缅农产品发展潜力大。充分发挥瑞丽得天独厚的通道区位优势和开发开放试验区先行先试政策优势，有利于充分利用国内国外“两种资源”，建设国内国外“两个基地”，开拓国内国外“两个市场”，同时符合国家近年来实施的农业“走出去”战略。中缅边交会从 2001 年开始每年轮流在中国瑞丽和缅甸木姐市举办，极大促进了中缅双边经贸合作和发展。在瑞丽举办的“第十二届中缅胞波节”期间，瑞丽市与木姐市签订了友好城市关系协议。这为缅中双方的经贸合作、边民互市和文化交流提供了一个很好的平台。

参考文献

董仕华，雷婧 . 2015. 浅谈扩大德宏农业对缅“走出去”问题 [J] . 中小企业管理与科技（下旬刊），（1）: 150-152.

孔令聪，成兴广，林玉柱，等 . 2010. 津巴布韦粮食生产的困境与出路 [J] . 西亚非洲，（11）: 29-33.

李伟国，卢肖平，林建明 . 2002. 中缅农业合作前景展望 [J] . 世界农业，（10）: 46-49.

鲁言 . 2006. 富饶中的贫困——缅甸的政治经济环境与中国建材市场机会分析 [J] . 建材发展导向，（4）: 56-62.

张礼浩，张晓燕，伍冠锁，等 . 2013. 整合资源打造优质生态环保的美丽新农村——以六合区雄州街道农业规划为例 [J] . 科技和产业，（12）: 178-182.

张芸，崔计顺，杨光 . 2015. 缅甸农业发展现状及中缅农业合作战略思考 [J] . 世界农业，（1）: 150-153.

朱振明 . 2003. 缅甸经济艰难缓慢的发展 [J] . 印刷世界，（8）: 32-35.

澜湄大通道——磨憨

磨憨口岸地处我国云南省南部，与老挝的磨丁口岸相接，是中国面向老挝重要的国家级一类口岸和通往东南亚最便捷的陆路通道，是中国与东盟国家重要的贸易和经济合作交汇点。自 1993 年口岸正式开通以来，磨憨在与东南亚地区贸易中的地位日益凸显，成为中国与老挝跨境经济合作十分重要的边境口岸。2001 年，磨憨边境贸易区正式成立，2006 年更名为“云南西双版纳磨憨经济开发区”，是西双版纳州唯一的省级开发区。2015 年，中国与老挝签署文件，决定设立中国老挝磨憨—磨丁经济合作区。

来源：勐腊（磨憨）重点开发开放实验室管理委员会

一、勐腊县农业发展

磨憨位于西双版纳傣族自治州东南部的勐腊县内。勐腊县设 8 镇 2 乡，共有 52 个行政村、498 个自然村、517 个村民小组，主要有傣、哈尼、彝、瑶、苗、壮、拉祜等 26 个民族在此聚居。2016 年，全县常住人口 29.19 万人，其中户籍人口 24.87 万人，户籍人口中农村人口 15.93 万人，占比 64.1%，少数民族占户籍人口的 74.5%。2016 年，勐腊县生产总值达到 81.51 亿元，人均生产总值 28 028 元，一、二、三产业占比为 39：15：46。农村常住居民人均可支配收入 8 981 元，低于云南省平均水平，城乡居民收入比为 2.4：1。

来源：勐腊（磨憨）重点开发开放实验室管理委员会 李植森

（一）农业资源特点

1. 气候温暖，水热资源充足

勐腊县地处北纬 21° 08′~22° 25′，东经 101° 06′~100° 50′，海拔高度在 480~2 023 米，属亚热带季风气候，终年暖热，冬无严寒，夏无酷暑。年平均温度在 21℃，年降水量 1 700 毫米以上，平均相对湿度为 84%，全年 3 月湿度最低，为 74%，9 月最高，为 89%，是云南省 3 个湿度最大的县份之一（另两个是屏边和麻栗坡)。年均积温在 7 500℃以上,全年基本无霜。

2. 山地居多,耕地资源有限

勐腊县土地面积约 1 029.13 万亩,其中山地占辖区内国土面积的 95.6%,山间盆地(坝子)占 4.4%。耕地面积 40.74 万亩,约占国土面积的 4.0%,农民人均占有耕地面积 2.56 亩,低于全国和云南省平均水平(2015 年全国农民人均占有耕地面积为 3.36 亩,云南省农民人均占有耕地面积为 3.47 亩)。

3. 类型多样,生态资源丰富

勐腊县保存有完整的热带原始森林,原始森林覆盖面积达 490 万亩,占全县面积的 46%,是云南省森林覆盖率最高的县份。珍稀动植物品种多,到目前为止已识别的植物有 4 000 多种,占全国植物总数的 12% 左右,有国家保护植物 354 种,重点保护植物 43 种。县内野生动物资源也很丰富,已知的动物有 6 000 多种,其中,鸟类 427 种,占全国鸟类总数的 16%,陆栖脊椎动物 500 种,占全国总数的 25%,被国家列为重点保护动物 97 种。主要动物有亚洲象、野牛、巨蟒、孔雀、白鹇等。

4. 区位独特,战略地位凸显

勐腊县国境线长 740.8 公里,东、南部与老挝山水相连,西与缅甸隔澜沧江相望,拥有一个陆路口岸磨憨和一个水路口岸关累港,是素有"东方多瑙河"之美称的澜沧江—湄公河黄金水道的结合部,也是中国大陆通向中南半岛的走廊。现有 5 条公路直抵老挝、缅甸边境口岸,其中有 3 条直通老挝北部三省。同时,正在加快推进的泛亚铁路中线将由勐腊县内的磨憨出境,贯穿老挝、泰国,直达新加坡,独特的区位优势,使得勐腊和磨憨的战略地位日益凸显。

(二)特色农业产业发展

勐腊县是典型的边境农业县,农业以种植业为主,养殖业比重较小,发展了以粮食、橡胶、茶叶、水果、砂仁、畜牧和水产养殖为重点的高原特色现代农业产业。2016 年,第一产业总产值为 32.05 亿元。

1. 种植业特色突出

勐腊县在稳定粮食生产的同时,发挥地域优势和特色,积极推动橡胶、茶叶和中草药产业发展。2016 年全县粮豆播种面积 29.3 万亩,粮豆总产量 8.8 万吨。橡胶种植面积 224.2 万亩,开割 162.18 万亩;橡胶加工企业 32 家,干胶产量 16.8

来源：勐腊县农业局植保站罗锦富

万吨。茶叶种植面积 13.66 万亩，采摘面积 10 万亩，干毛茶产量 4 692 吨。砂仁种植面积 16.22 万亩，产量 1 961 吨。水果种植面积 13.34 万亩，产量 36.08 万吨，其中香蕉种植面积 11.82 万亩，产量 34.25 万吨。

来源：勐腊县农业局植保站罗锦富

2. 养殖业快速发展

2016 年，勐腊县生猪存栏 12.64 万头，出栏 12.24 万头；大牲畜存栏 1.65 万头，出栏 1.09 头；家禽存笼 113.8 万只，出笼 116.35 万只；肉类总产量 11 919 吨；禽蛋产量 1 372 吨。勐腊县有丰富的淡水资源，水产养殖逐渐向专业化、规模化发展，水产品产量大幅提升，淡水养殖面积 16 115 亩，水产品总产量达 8 660 吨。

3. 农业产业化水平快速提升

勐腊县大力发展农产品精深加工，鼓励和支持蔗糖、茶叶、橡胶、水果等农产品加工业优化升级，全面推动橡胶制品、普洱茶、傣药南药、绿特食品为重点的加工业有机融合、联动发展。年产 60 万吨热带果蔬精深加工项目、澳洲坚果精深加工项目、跨境动物区域化管理试点项目等一批项目前期工作有序推进。2016 年，全县精制茶产量 1 183 吨，白糖产量 3.22 万吨。

4. 重视生态资源保护

坚持“生态立县”战略，积极争取国家生态县创建，注重发挥蓝天绿地、青山碧水的生态优势。全面实施天然林保护、退耕还林等重点生态工程 700 万亩，治理

来源：勐腊县农业局植保站罗锦富

水土流失面积 70 平方公里。发展珍贵用材林 15.68 万亩，建设环境友好型生态胶园 15.58 万亩、生态茶园 7.3 万亩。建立易武州级自然保护区、澜沧江 · 绿三角县级自然保护区和关累镇级自然保护区，开辟勐腊—勐养生物多样性保护廊道，建立中老跨境联合保护区域 300 万亩。

来源：勐腊县农业局植保站罗锦富

（三）优势潜力产业发展

根据农业发展现状和国际国内市场需求，依托气候、资源及区位优势，勐腊县积极优化产业结构，巩固提升传统产业，加快发展新兴特色产业，大力打造高原热区特色农业品牌。

1. 大力发展生态产业

深植绿色发展理念，坚持生态建设产业化、产业发展生态化，充分利用勐腊丰富的生态资源，将经济发展与绿色生态结合起来，打造当地特色生态产业体系。科学发展天然橡胶产业，打造生态阳春砂仁基地县。利用好古六大茶山资源优势，加大古茶树资源保护力度，大力发展生态普洱茶产业。利用好“绿水青山”，发展生态观光旅游，深入挖掘少数民族传统节日文化内涵，由观光旅游向休闲、康体、养生旅游转变。

2. 发展蔬菜产业和特色养殖

推广普及夏粮冬菜的轮作模式，在稳定粮食播种面积的同时，发展好冬早蔬菜产业，完善蔬菜生产基础设施，推动无公害和标准化、规模化生产，增加土地产出，促进农民增收、农业增效。挖掘小耳朵猪、茶花鸡、高原特色肉牛和淡水鱼等特色产品优势，推动特种养殖产业化发展。

3. 推进农产品精深加工

依托当地养殖业需求，推动玉米等精饲料加工业发展。加快推进橡胶产品精深加工业发展，利用当地橡胶原料就地加工生产高中档橡胶产品，提升产业附加值。

二、主动对标参与全球竞争

勐腊气候温暖，属亚热带气候，且山地多平原少，与东南亚许多国家具有类似的气候、资源条件，勐腊未来的农业发展可以学习借鉴泰国、斯里兰卡等国家的经验。

（一）对标泰国

泰国位于中南半岛中部，全国土地面积约 5 108.9 万公顷，农业用地面积 2 211 万公顷，其中耕地面积 1 681 万公顷，占土地面积的 32.9%，人均耕地面积 0.2 公顷[①]，自然条件优越。2016 年，全国总人口 6 886.4 万人，泰国 GDP 总量为 4 068.4 亿美元，人均 GDP 为 5 907.9 美元，一、二、三产业结构为 8∶36∶56。农业是泰国重要的支柱产业，农业就业人口占全部就业人口的 32.3%，农产品是外汇收入的主要来源之一，泰国目前是全球第二大大米出口国和最大天然橡胶出口国。泰国农业以种植业为主，种植业、畜牧业和渔业比重分别为 60%、11% 和 12%。作物中，水稻居首要地位，约占农业总产值的 26.1%。天然橡胶是重要的经

① 数据来源：世界银行数据库 .

济作物，其产值占农业总产值的 11.9%。此外，甘蔗、玉米、香蕉、木薯等作物种植也占有一定比重。动物养殖中，肉鸡和生猪占主要地位，肉鸡和猪肉的产值分别占农业总产值的 8.4% 和 7.1%。

（二）对标斯里兰卡

斯里兰卡位于南亚次大陆南端，是印度洋上的一个岛国，风景秀丽，素有“印度洋上的明珠”之称。由于靠近赤道，气温较高，终年如夏，年平均气温 28℃，各地年降水量 1 283~3 321 毫米。斯里兰卡的土地面积约 627.1 万公顷，农业用地面积 274 万公顷，其中耕地面积 130 万公顷，占土地面积的 20.7%，人均耕地面积 0.1 公顷。2016 年，斯里兰卡全国总人口为 2 120.3 万人，GDP 总量为 806.12 亿美元，人均 GDP 为 3 835.4 美元，一、二、三产业结构为 8：30：62。斯里兰卡是以种植业为主的农业国，农业在国民经济中占有十分重要的地位，农业增加值占 GDP 的 8.2%，农作物以稻谷、椰子、茶叶和橡胶为主，是世界三大产茶国之一，也是世界最大的红茶生产和出口国[①]。

（三）借鉴国际经验，提升勐腊农业竞争力

勐腊与泰国在地理上处于同一区域，尤其是与泰国北部地区在气候和资源条件上十分类似，泰国农业优势特色突出，已经成为世界重要的农产品出口国家，每年创造大量的外汇收入。斯里兰卡是世界重要的茶叶生产和出口国家，其锡兰红茶闻名世界，茶叶生产管理体系也比较完备。勐腊的农业发展可以借鉴两国经验，开发自己的特色优势产品，形成“人无我有、人有我强”的农业产业体系。

1. 泰国农业发展经验

充分发挥自身资源优势，紧跟世界市场变化，发展多种形式的农业经营，丰富出口农产品种类，增强国际竞争力。第二次世界大战以后，泰国即抓住世界经济复兴和消费旺盛的良好机遇，认清农产品需求变化趋势，推动外向型农业发展。同时，发挥本国稻米生产优势，利用价格和税收等经济杠杆，对农业生产尤其是水稻生产进行补贴，并组建农业合作组织和协会，指导国内农业生产，在满足国内基本消费的同时，积极促进农产品的加工和出口的，以提高农民收入，提升泰国农产品

① 数据来源：世界银行数据库 .

在世界市场上的知名度和竞争力。

一是调整农业结构。第二次世界大战前，泰国农业十分单一，主要是种植业，种植业又以水稻为主。“二战”后世界经济快速发展，全球化进程加快，需求呈现多元化趋势。为适应国际市场需求，泰国逐渐调整优化农业结构，由单纯的种植业向到农、林、牧、渔业全面发展。粮食作物则是在做强稻米的同时，发展玉米、木薯、豆类等作物；经济作物则继续壮大橡胶、甘蔗等传统产业，并推动水果、鲜花、咖啡、麻类、油棕等作物发展。与此同时，畜牧业、水产业也快速发展，冻鸡和虾成为重要的出口农产品。农业加工业向深加工转变，品种不断丰富，品质不断提高，能够满足国际市场的多样化需求，得到许多国家消费者的认可。

二是面向国际市场。泰国农业主要为出口导向型，因此政府十分注意国际市场的需求变动。玉米和木薯原本在泰国的种植面积并不大，产量也不高，但由于日本市场对玉米的需求和欧美市场对木薯的需求，泰国逐渐扩大玉米和木薯的种植，将其发展成为具有国际竞争力的产业品种。

三是一、二、三产融合发展。泰国农业也是以小农经营为主，农业生产者抵御市场风险、市场谈判能力不足，十分容易受到外部冲击的影响。因此，泰国政府十分重视以现代化的企业管理理念来组织农业生产，采取农牧工商一条龙的组织方式，将市场与农民连接起来，实现种养加一体，以提高农民收入，增强农业竞争力。例如，一些泰国养殖企业通过延伸农业产业链条的方式，一方面经营饲料公司，另一方面与农民签订饲养合同，这既降低了企业成本也可以保障产品质量，使得产品符合出口市场要求。

2. 斯里兰卡农业发展经验

茶叶是斯里兰卡国民经济的支柱产业，也是该国外汇收入的主要来源（约占外汇收入的 1/3 左右）。斯里兰卡的红茶品质享誉全球，主要用于出口。这不仅是因为其独特的高山气候环境和优良的茶树品种，还与它严密的茶叶生产、销售、监管体系紧密相关。斯里兰卡的茶叶生产具有较高的组织化、规模化水平，并实施产加销一体化。同时，斯里兰卡政府将茶叶生产和出口视作本国农业的核心竞争力，经过 120 多年的发展和管理，斯里兰卡已经形成一套完善的产业监管、评价体系来确保茶叶品质。目前，斯里兰卡已成为世界最主要的茶叶生产与出口国家。

一是推广优良品种。斯里兰卡积极开展良种选育，积极推广良种，不断提高茶叶单产和品质。政府自 20 世纪 60 年代开始规定所有茶园换种改植或新发展的茶园全部采用无性系良种，并对采用良种的个体茶农进行补贴，以促进良种的推广。

二是坚持产业化经营。斯里兰卡对茶叶的生产与加工实施产业化经营。茶叶生产与加工主要有两种组织方式：一种是产加销一体化的企业运行模式，另一种是以小农户合作组织运行模式。同时，政府设立茶园小规模经营农户发展局势，对小规模农户进行资金支持。

三是注重生态和环保。良好的生态、环保环境是茶叶产品保持良好品质与市场生命力、竞争力的根基。斯里兰卡政府和茶农具有较强的生态环保意识，十分重视保持高山高原的原生态环境，对于病虫害的防治也主要采用绿色生态技术。

3. 勐腊发展的思路

勐腊的农业发展要充分发挥勐腊的区位和资源优势，抓住一带一路、中国—东盟自由贸易区、大湄公河次区域经济合作及勐腊（磨憨）重点开发开放试验区建设的重大机遇，以勐腊（磨憨）重点开发开放试验区建设为突破口，全力推进生态农业发展，加快现代农业建设进程。打造高原热区特色农业品牌，认真抓好勐腊特色生态农业种植示范基地、勐腊环境友好型橡胶园、勐腊生态茶园、勐腊现代农业发展蔬菜产业、磨憨生态观光农业产业园、勐腊澳洲坚果种植、磨憨仿野生铁皮石斛种植、勐腊小耳猪养殖基地、土鸡（含茶花鸡）养殖基地、高原特色肉牛养殖、名特优水产品养殖等新兴产业推广示范工作。加强畜牧业生产和特种养殖业发展。

三、统筹利用两个市场两种资源

（一）勐腊对岸国家边境省概况

与勐腊县相邻的国家主要是老挝和缅甸，与老挝的琅南塔、丰沙里和乌多姆赛省以及缅甸第二、第四特区相邻。这些邻国省区的气候与勐腊县基本相同，同属亚热带湿润季风气候。

琅南塔省位于老挝北部，总面积为 9 325 平方公里，人口约 13 万人。琅南塔省与我国勐腊县相接，省内山林密布，耕地稀少，其磨丁口岸与磨憨口岸相邻，是我国与老挝贸易往来的重要地区。丰沙里省是老挝国家最北部的一个省，西、北邻中国云南，东邻越南，面积为 16 270 平方公里，人口约 17 万人。乌多姆赛省位于老挝中部，总面积 15 370 平方公里，人口约 24 万人。

缅甸第二特区（佤邦）位于缅甸东北部，分南、北两块地区。北部地区东面和东北面与中国云南省临沧市、普洱市和西双版纳州相邻，国境线长 500 多公里，面积约 1.8 万平方公里。南部地区东临老挝会晒，南接泰国清莱府，国境线长约 600 公里，西北与缅甸第四特区（掸邦）相邻，面积约 1.7 万平方公里。全邦总面积 3.5 万平方公里，人口 40 多万，有佤、拉祜、傣、汉、景颇、苗、爱尼、崩龙、傈僳、布朗、阿克等 16 种民族，其中佤族人口占总人口的 70%。

缅甸第四特区（掸邦）位于缅甸掸邦高原东北部边陲，东北面与中国云南省西双版纳州和思茅区毗邻，东面隔湄公河与老挝相望，东南面与泰王国相邻，西与缅甸第二特区（佤邦）相连，面积 4 952 平方公里。人口 8.5 万人，辖勐拉、南邦、色勒三个地区，为缅北华人主要聚居区，此外还有爱伲族、傣族、佤族、布朗族等 13 个民族世代居住于此。

（二）勐腊对岸国家边境省农业发展现状

1. 老挝琅南塔、丰沙里和乌多姆赛省农业产业发展现状

老挝琅南塔、丰沙里和乌多姆赛省农业产业主要有粮食、橡胶、甘蔗、南药（砂仁）、香蕉、冬早蔬菜种植及畜牧养殖等，其中种植的甘蔗全部供给勐腊县。2017 年，甘蔗种植面积 5 万亩，产量 32 万吨。另外，大部分橡胶、香蕉、冬早蔬菜种植以及少部分粮食种植由中方投资商投资种植，其中有橡胶 85.5 万亩、甘蔗 9.5 万亩、茶叶 800 亩、核桃 2.2 万亩、其他农副产品 14.3 万亩，产品全部出口中国。

2. 缅甸第二、第四特区农业产业发展现状

缅甸第二、第四特区农业产业主要有粮食、橡胶、香蕉、冬早蔬菜种植及畜牧养殖等，因缅甸局势不稳定，中方投资较少。近年来，中国与缅甸农业合作加强，中方多次派出专家到缅甸开展农业技术示范，促进了中缅边境地区的农业发展。当前，缅甸第四特区的橡胶、香蕉、甘蔗、茶叶、砂仁初步形成规模，西瓜、南瓜、花生、黄豆等 10 多种短期作物也发展较快，粮食年产量稳定在 5 500 万公斤以上，实现农村人口年人均占有粮食 600 公斤。

（三）勐腊对岸国家边境省农业发展潜力

与勐腊县相比，老挝琅南塔、丰沙里和乌多姆赛省以及缅甸第二、第四特区人口密度相对较小，森林、草地覆盖率高，自然植被覆盖良好，人均占有耕地多，但经济发展水平不高，农业生产技术相对落后。受种植、育种、农业机械等技术的限制，老挝、缅甸的作物单产和动物产出水平均不高。同时，基础设施发展滞后、资金不足等问题也制约了农业的快速发展，但其丰富的光照、水力、耕地等自然资源和低廉的农业劳动力都对外国特别是中国资本具有一定吸引力，未来，该区域的农业具有较大的发展空间。

（四）勐腊利用两个市场两种资源的思路和总体考虑

1. 勐腊县与对岸国家边境省区农业发展优劣势比较

一是经济保持平稳发展。相比老挝、缅甸，勐腊县经济发展水平较高，且保持快速增长，2012—2016 年，勐腊县生产总值年均增长 9.3%，2016 年达到 81.5 亿元，人均生产总值达到 27 989 元。同时，勐腊农业支持政策不断完善，农民生活水平快速提高，农业产出能力不断增强。

二是基础设施完善。勐腊县公路、铁路建设快速推进，农村公路通达率逐年提升，水陆交通便利，数条公路与邻国边境省区相通，县内有高速公路与邻国州府、省府相连；能源网和互联网发展迅速，移动 4G 网络实现乡（镇）全覆盖。

三是市场空间广阔。我国幅员辽阔、人口众多，农、畜产品市场需求量大，且产品需求多元化，勐腊当地的特色农产品，特别是茶叶、热带水果、橡胶等产品，在国内市场上大有作为。

四是农业互补性强。勐腊县在作物种植、农业机械、病虫害防治、动植物检验检疫等农业技术方面具有一定优势，而老挝、缅甸两国的农业技术相对落后，边境省区发展相对滞后，许多技术和设备还需要从中国引进有很多可供开发利用的土地。勐腊县对于玉米等饲料作物和产品需求较大，同时当前的肉牛养殖也难于满足市场需求，而邻国边境省区有很多饲料和肉牛可供出口，因此双方在农业生产具有较强的互补性，合作空间较大。

2. 利用两个市场两种资源的思路和总体考虑

紧紧抓住国家“一带一路”和勐腊县（磨憨）重点开发开放试验区建设有利时机，深入实施农业“走出去”战略，依托国内的资本、技术和市场，充分利用国外丰富的资源，发展境外农业投资合作，建立境外粮食、橡胶、冬早蔬菜和肉牛生产基地，强化境内农产品出口基地建设，积极争取国家农业专项资金和项目。充分利用勐腊县（磨憨）重点开发开放试验区建设规划相关政策和措施，探索建立牲畜区域化管理模式。进一步放宽农产品进出口政策，扩大农业对外交流与合作领域和范围，加强对外农业技术交流与合作，深化与老挝、缅甸在农业技术、资源利用、动植物疫病防控、农产品交易等方面的交流与合作，促进农业共同发展，带动我国与邻国的农民实现增收致富。

3. 提升产业水平，加强区域贸易合作

充分利用区位优势，鼓励和支持有一定规模的企业投资稻谷、玉米、饲料等农产品加工项目。加快推进农产品加工园区建设，大力发展以热带水果、畜禽屠宰为代表的农产品加工业，因地制宜的发展好橡胶、茶叶加工业，改造提升境内橡胶加工企业，推进生态茶园建设，创建一批具有竞争力的农产品品牌。发展一批农产品进出口贸易龙头企业，支持发展农产品储运、保鲜等相关产业，高标准高起点筹建中老农产品市场和中老跨境动物交易市场。

参考文献

陈霜华 . 2001. 泰国农业现代化对我们的启示［J］. 经济问题探索，(2)：126-128.

王禹，李干琼，等 . 2017.“一带一路”背景下中国和泰国农业合作研究［J］. 农业展望，(1)：54-57.

许咏梅 . 2010. 斯里兰卡茶叶生产、加工与销售及对中国的启示［J］. 世界农业，(10)：18-20.

俞亚克 . 1996. 泰国农业概论［J］. 东南亚，(3)：13-18.

祖文龙，陈艳琴，等 . 2013. 西双版纳州与周边邻国的跨境农业服务思考［J］. 云南农业，(2)：15-16.

滇南明珠——河口

河口县位于云南省南部，红河哈尼族彝族自治州东南端，是云南省唯一的瑶族自治县，被誉为“滇南明珠”。河口县与越南老街省隔河相望，国境线长 193 公里（其中河界 73 公里，陆界 120 公里）。拥有中越边境最大的国家一级口岸——河口口岸，是红河沿边开放的重要窗口。河口交通便利，县域内滇越铁路、昆河公路、红河航道在此形成交通枢纽与越南对接，是云南乃至我国西南地区通往东南亚、南太平洋最便捷的陆路通道，有“东盟自贸区桥头堡”之称。全县常住人口 10.84 万人，居住着瑶、苗、壮、傣、彝、布依等 24 个少数民族，少数民族占 57.93%，其中瑶族占少数民族人口的 40.5%。河口属热带季风性气候，境内高温多湿，森林资源得天独厚，森林覆盖率为 47.3%，动植物资源种类繁多，素有“动植物王国”之美称。同时该地矿产资源富集，蕴藏金、铜、铁、锡、铝、锑、钛、矽线石、石墨、云母、土石等多种矿产。由于河口独特的贸易区位优势，口岸经济便成为河口县域经济的重要支柱，口岸贸易每年对地方财政的贡献率超过 50%，为河口赢得了“南方丝绸之路”“小香港”的美誉。

一、河口县农业发展

河口县总面积 1 332 平方公里，农业人口 6.82 万人，占总人口的 62.9%；城镇人口 4.02 万人，占总人口的 37.08%。全县辖 6 个乡镇（其中 1 个民族乡），27 个村委会，4 个社区，4 个国有农场（河口农场、南溪农场、坝洒农场、蚂蟥堡农场），285 个村民小组[①]。2017 年，全县总耕地面积 12.9 万亩，农民人均耕地 1.9

① 河口瑶族自治县人民政府．河口瑶族自治县行政区域 [EB/OL]. (2017-08-08) [2017-09-27]. http://www.hk.hh.gov.cn/hkgk/xzqy/201708/t20170808_49056.htm

亩，全县实现地区生产总值51.87亿元，比上年增长21.2%；农业总产值15.16亿元，比上年增长7%；农村经济总收入3.31亿元，比上年增长7%；城镇居民人均可支配收入为30 786元，比上年增长10%；农村居民人均可支配收入为11 501元，比上年增长11%。

（一）农业资源特点

河口县具有独有的气候资源、以山区为主的土地资源、丰富的生物资源等特点。

1. 独有的气候资源

河口县位于东经103°23′~104°17′，北纬22°30′~23°02′，全县呈热带季风湿热气候特征，雨量充沛、高温高湿、终年无霜。全县年均降水量1 785毫米，8月份雨水特别集中，月降水量占全年总量的1/3，其他大部分时段雨水正常，分布相对比较均匀。年平均气温23.2℃，最高气温40.9℃，最低气温1.9℃，最热月（7月）平均气温27.6℃，最冷月（1月）平均气温15.6℃，相对湿度85%，日照时数1 393~1 605小时，被专家誉为“天然温室”。

2. 土地资源以山区为主

河口县山区占全县总面积的97.76%，河谷平坝占2.24%。境内最低海拔76.4米（红河与南溪河交汇处），是云贵川三省海拔最低点，最高海拔2 354米（大围山主峰）。有2/3的土地面积处于低热河谷，平均海拔150~500米，土壤以砖红壤为主，有机质含量高，pH值小于5.5~6.5，土壤肥沃，适宜发展香蕉、橡胶等热区经济作物。

3. 丰富的生物资源

由于河口县独有的气候特征与土地资源，孕育了丰富的生物资源。河口县有森林 79.09 万亩，其中竹林达 17.59 万亩，境内的大围山自然保护区及花鱼洞森林公园有热带雨林、山地雨林、苔藓常绿阔叶林、山地苔藓矮林、南亚热带季风常绿阔叶林等不同森林类型蕴藏着丰富的动植物资源。林海中分布着 5 个植被型、10 个植被亚种、27 个群系、41 个群落，有 3 620 种种子植物、272 种蕨植物、217 种苔藓植物、338 种高等真菌植物，与同纬度带世界的其他区域相比非常罕见。同时河口蕴藏着丰富的野生动植物资源，拥有金丝猴、穿山甲、鲣鸟、卷羽鹤鹏、冠斑犀鸟等世界珍稀动物，金花茶、树蕨、东京木、长蕊木兰、小叶船板树等国家珍稀濒危植物。丰富的动植物资源为河口工、农产业的发展与升级提供重要的原料[①]。

① 叶荣聪．云南省河口县域经济发展战略研究 [D]. 广西大学，2012.

（二）特色农业产业发展

2017 年，河口县进一步优化种养产业结构，加大特色农业培育力度，农业产业呈现良好发展态势。

1. 优化种养产业结构

2017 年，全县粮食种植面积 83 339 亩，总产量 30 511 吨，比去年增加 417 吨。其中：玉米种植 44 389 亩，水稻 20 950 亩，豆类 9914 亩，其他杂粮 3 086 亩。蔬菜种植面积 1.041 7 万亩，产量达 0.780 6 万吨。

2017 年，大牲畜存栏 1.1 04 4 万头，生猪存栏 6.7 459 万头，家禽存笼 30.125 万羽；生猪出栏 8.719 9 万头，肉牛出栏 0.172 万头，羊出栏 0.016 8 万只，肉禽出笼 29.904 2 万羽；禽蛋产量 1 009 吨，实现肉类总产 8 098 吨，完成全年任务的 100%。全年完成畜牧业产值 2.32 亿元，同比增长 0.86%。

2. 加大特色农业培育力度

2017 年，河口县按照“稳橡、退香、扩果、增效”的发展思路和“两线三带”产业规划，突出集中连片，打造具有比较优势的林果产业和生物药业示范基地 15 个。全县橡胶面积稳定在 11.3 万亩，产值 4 000 万元。实施香蕉水肥一体化示范项目 6 000 亩，香蕉面积有效减退 2.24 万亩，控制在 16 万亩以内，产值 7.2 亿元。发展红心柚、柑橘、杧果、菠萝蜜、砂仁等特色林果和生物药业近 8 万亩，全县水果种植面积达 25.31 万亩，农业产业规模效益逐步凸显。

（三）优势潜力产业发展

河口香蕉种植历经百年，是全国山地香蕉的主产区。近些年，随着香蕉市场的繁荣，河口进一步优化调整产业结构，把培植香蕉作为推进农业发展、推动农民增收的首要把手，因地制宜、科学规划、积极引导农民走向香蕉产业致富的道路。

1. 河口香蕉产业发展优势明显

河口香蕉产业发展有以下四个方面优势。一是地理资源优势。河口境内海拔低、气温高如“天然大温室”，发展香蕉生产有得天独厚的自然条件。二是品质优势。河口香蕉表现出果实饱满、果肉柔滑、香甜味美、营养丰富（含钾含糖高）以及耐存储等优良特质，深受大众消费者青睐。三是道路运输、劳动力优势。河口口岸有滇越铁路自昆明出发从河口出境，在老街入境后经越首府河内直达海防港，此外河口至河内还有 328 公里公路和 321 公里水路相通。便捷的交通资源，使河口香蕉远销于俄罗斯、日本、北京、上海、西安、沈阳、郑州、福州等国内外大中型城市。另外，河口香蕉种植大户都是雇佣邻县或越南籍的廉价劳动力，大幅降低劳动力成本。四是可大批量、均质供应。2016—2017 年，全县 10 461 户 52 232 人直接或间接参与香蕉产业发展，分别占全县总户数、总人口的 33.35%和 58.39%。其中，中小散户 6 672 户 33 869 人。全县有香蕉标准化生产基地 3 个共 3.5 万亩，完成绿色食品认证 1.8 万亩。有香蕉营销中介经纪组织 100 余家，香蕉包装箱销售点 100 多个，每年参与包装运输 2 000 余人，仅香蕉纸箱包装行业年销售量就达 1 亿元以上。

2. 河口加快香蕉产业发展步伐

河口从三个方面积极推动香蕉产业的发展。一是从改良老品种入手，加快品种更新换代，推广种植高产、优质、高效的香蕉新品种，实现规模化、标准化、优质化经营，同时对种植大户采取不同的香蕉管理技术培训方式，提高农户的种植水平。通过改良品种、专业化种植等手段，有效提高了农民种植香蕉的经营规模与经济效益，实现规模经济。二是以绿色食品和无公害食品为切入点，建立优质高效香蕉标准化生产基地，发展香蕉地理标志品牌，加大产品宣传推介力度，打造“河口山地香蕉”品牌效应，并注册“蓝靛花”“坝洒”“云河”“云垦”4 个香蕉品牌，其中“云河”“云垦”牌香蕉获得国家绿色食品 A 级认证。三是加快香蕉营销体系建设，培养农村专业流通队伍，解决香蕉销售难题。按照“协会 + 公司 + 合作社 + 基地 + 农户”的种植经营模式，成立“河口县香蕉产业协会”，对香蕉产、供、销各个环节提供服务、指导和监督，使香蕉从种植、采收、包装、运输到销售各环节更加科学规范，从而实现香蕉产业健康、有序、稳健发展。2017 年 7 月 20 日，原国家质检总局在北京组织有关专家对河口香蕉进行了国家地理标志保护产品技术审查，经与会专家充分质询和讨论，同意河口香蕉通过技术审查，下一步，将把此认证工作拓展到其他产业，着力打造高端农产品，提升河口农业产业知名度。

二、主动对标参与全球竞争

菲律宾、越南与河口有着极为相似的农业发展特点，“他山之石，可以攻玉”，当前河口县在面对宏观环境错综复杂与自然灾害多发的双重困境与严峻挑战下亟须立足自身实际，强化全球视野，学习和借鉴他国农业发展经验，发挥比较优势，不断巩固和拓展优势农业产业，进一步提升自身的农业国际竞争力。

（一）对标菲律宾

1. 吕宋岛

吕宋岛位于菲律宾群岛北部，人口 5 000 万，面积 104 688 平方公里，约占全国的 34.9%。气候为热带雨林气候，除高山地区外，气候炎热，雨量充沛，年降水量超过 2 000 毫米。吕宋岛地势北高南低，山地与丘陵占 2/3 以上。吕宋岛中部平原水量充沛，土质肥沃，是全国粮食主产区，一向被称为菲律宾的“粮仓”，其次为吕宋岛北部的卡加延谷地、伊罗戈斯地区以及比科尔平原。南部和东南部是重要经济作物区。吕宋岛种植的粮食作物主要是稻米和玉米，其中稻米的种植量占整个菲律宾稻米种植量的一半以上，经济作物主要是椰子、马尼拉麻（蕉麻）、香蕉、甘蔗、杧果、烟草等。林区主要出产优质硬木。

2. 棉兰老岛

棉兰老岛位于菲律宾群岛南部，形状不规则，海岸线曲折，多半岛与港湾。岛上山地、高原广布，有菲律宾第一大河——棉兰老河（长 400 公里）。人口 1 800

万，面积 97 530 平方公里，约占全国面积的 32.5%，地广人稀。属热带雨林气候，太平洋西北方向产生的台风通常刮向吕宋岛及菲律宾中部群岛，很少登陆棉兰老岛。因此，与菲律宾的其他地区相比，该岛较少受到台风袭击，土壤肥沃、适宜农业发展。棉兰老岛盛产的粮食作物有稻米、玉米，经济作物有椰子、香蕉、杧果、蕉麻、菠萝、烟草、和咖啡等。工业有化肥、钢铁、木材和食品加工，伐木业占重要地位。稀有动物有食猴鹰，为当地独特品种。

（二）对标越南

1. 清化省

清化省位于越南中部的热带沿海地区，狭窄而延伸，西接老挝，东临北部湾。交通便利，位于越南铁路、公路南北交通主干道上，且具备机场和海港。截至 2016 年年底，人口约 353 万，辖区面积 11 114 平方公里。该省多雨高温，年平均气温约为 23~24℃。天然资源丰富，灰土面积占总面积的 64.6%，土壤肥沃，盛产的粮食作物主要有水稻、玉米。经济作物有香蕉、棉花、木薯、红薯、甘蔗、花生、茶叶等。工业在机械、木工、纺织与食品加工等方面取得成就。

据越南统计年鉴统计，截至 2016 年年底清化省有农场 913 个，谷类（包括水稻、玉米、小麦、高粱等）种植 30.7 万公顷，总产量 172.6 万吨，人均产量 489.3 千克。水稻种植 25.4 万公顷，总产量 149.3 万吨，其中春季水稻种植 12.3 万公顷，产量 79.5 万吨；冬季水稻种植 13.1 万公顷，产量 69.8 万吨。玉米种植 5.3 万公顷，产量 23.3 万吨。红薯种植 0.7 万公顷，产量 5.3 万吨。木薯种植 1.8 万公顷，产量 27 万吨。畜牧业方面，水牛 19.3 万头，黄牛 23.1 万头，猪 94.5 万头，家禽（包括鸡、鸭、鹅）1 772.9 万羽。渔业总产量 14.8 万吨，其中水产养殖 5 万吨，海洋捕获 9.7 万吨。截至 2015 年年底，森林面积 5.3 万公顷。

2. 河江省

河江省为越南东北的边境山区省份，北部、西部分别与中国的云南、广西接壤。截至 2016 年年底，人口约 81.6 万，辖区面积 7 929 平方公里。河江省位于热带季风气候区，夏季高温多湿，冬季干燥少雨。省境多山地丘陵，河流密布，水量充沛，是越南的一个农业省。在河江省绵延不绝的山脉梯田上培育出了河江人特殊的耕种文化，苗、瑶两族在这片山脉梯田的山谷、山坡运用自己的耕作方式进行农业生产，形成了别具一格的农耕文化。盛产的粮食作物主要有水稻、玉米。经济作物有茶叶、香蕉、棉花、木薯、红薯等。

据越南统计年鉴统计，截至2016年，河江省有农场38个，谷类（包括水稻、玉米、小麦、高粱等）种植9.1万公顷，总产量39.6万吨，人均产量485千克。水稻种植3.8万公顷，总产量21万吨，其中春季水稻种植0.9万公顷，产量5.3万吨；冬季水稻种植2.8万公顷，产量15.8万吨。玉米种植5.4万公顷，产量18.5万吨。红薯种植0.2万公顷，产量0.9万吨。木薯种植0.5万公顷，产量4万吨。畜牧业方面，水牛15.8万头，黄牛10.4万头，猪49.1万头，家禽（包括鸡、鸭、鹅）405.6万羽。渔业总产量0.2万吨，其中水产养殖0.18万吨，海洋捕获0.02万吨。截至2015年，森林面积5.6万公顷。

3. 义安省

义安省位于越南中北部，北与清化省相邻，南接河静省，西临老挝，东临北部湾，具有发达的水陆交通体系，在连接越南其他省份和东南亚各国上具有区位优势，农产品进出口贸易发达。截至2016年，人口约310万，辖区面积16 481平方公里，是越南第一大省。盛产的粮食作物主要有水稻、玉米。经济作物有香蕉、木薯、红薯、茶叶等。

据越南统计年鉴统计，截至2016年年底义安省有农场464个，谷类（包括水稻、玉米、小麦、高粱等）种植24.5万公顷，总产量125.8万吨，人均产量404.9千克。水稻种植面积18.6万公顷，总产量100.7万吨，其中春季水稻种植面积9.2万公顷，产量60.1万吨；秋季水稻种植面积5.5万公顷，产量27万吨；冬季水稻种植面积4万公顷，产量13.6万吨。玉米种植面积5.9万公顷，产量25万吨。红薯种植面积0.5万公顷，产量3.5万吨。木薯种植面积2万公顷，产量43.7万吨。畜牧业方面，水牛29.1万头，黄牛42.6万头，猪90万头，家禽（包括鸡、鸭、鹅）1 753万羽。渔业总产量15.5万吨，其中水产养殖4.7万吨，海洋捕获10.8万吨。截至2015年，森林面积5.7万公顷。

（三）对标国际的启示

菲律宾的吕宋岛、棉兰老岛和越南的清化省、河江省、义安省与云南省河口县在气候特征、土地特征和优势农业产业等方面有相似之处：一是气候特征相似，同处低纬度带（温度带属热带），气候类型属热带雨林或季风气候，常年高温，雨热同期；二是土地特征相似，境内多山地或丘陵，森林资源丰富；三是优势农业产业相似，热带水果种植尤其是香蕉产业发展优势明显。

对标国际，河口县农业产业发展潜力凸显。近年来，河口县牢固树立“创新、协调、绿色、开放、共享”发展理念，主动融入国家、省、州发展战略，坚持不懈抓好产业培育，不断壮大热区林果业，积极推进农垦区产业转型，产业结构调整成绩显著。打造绿色生态，推进天然林资源保护，巩固退耕还林成果，实施中低产林改造、生态功能区等重点生态工程建设。坚定不移践行绿色发展理念，大力发展生态农业，实现绿色产业与循环经济的协同发展，积极发展林下经济，努力培育形成具有比较优势的绿色产业体系。加大生猪、牛羊、家禽养殖大户扶持力度，实现畜牧业产值飞速发展。通过加强与老挝、海南省技术合作等途径，加快河口县农业现代化建设步伐。

三、统筹利用两个市场两种资源

（一）河口对岸的越南老街省

1. 老街省概况

老街省地处云贵高原的山脚近平地处，属热带季风气候，全年高温，夏季降雨丰沛，冬季降雨稀少，春秋极短。全年平均气温介于 18~28℃，年平均降水量为 1 736 毫米。居住着京、苗、瑶等近 30 个民族，总人口 68.4 万。国土总面积 6 364 平方公里，其中农业生产用地 1354 平方公里，占 21.3%；林业占地 3 487 平方公里，占 54.8%。老街省以发展农业与渔业等传统产业为主。矿产资源丰富，主要有磷灰石、铜矿、铁矿、石墨稀土元素、水晶、陶瓷等。有开采、加工、化工、发电等工业。

2. 老街省农业发展现状

老街省农业主要分为种植业、畜牧业和渔业三大部分。农作物主要有茶叶、谷类（杂交水稻与玉米）、大豆、蔬菜、香蕉和饲料作物等；养殖业主要有奶牛、肉牛、猪、家禽等；渔业主要有罗非鱼、小龙虾、鲤鱼，鳟鱼等。

据越南统计年鉴统计，截至 2016 年老街省有农场 243 个，谷类（包括水稻、玉米、小麦、高粱等）种植 6.9 万公顷，总产量 29.6 万吨，人均产量 432.6 千克。水稻种植 3.2 万公顷，单产 49.9 百公斤 / 公顷，总产量 15.8 万吨，其中春季水稻种植 1 万公顷，单产 57.3 百公斤 / 公顷，产量 5.8 万吨；冬季水稻种植 2.1 万公顷，单产46.4百公斤/公顷，产量10万吨。玉米种植3.8万公顷，单产36.8百公斤/公顷，产量13.8万吨。红薯种植0.1万公顷，产量0.6万吨。木薯种植0.9万公顷，产量11.4万吨。畜牧业方面，水牛12.4万头，黄牛1.6万头，猪49.4万头，家禽（包括鸡、鸭、鹅）303万羽。渔业总产量0.6万吨，水产养殖0.2万公顷，产量0.597万吨，海洋捕获0.003万吨。截至2015年年底，森林面积34.8万公顷。

3. 老街省农业发展潜力

老街省农业生产用地13.54万公顷，占全省总面积的21.3%。目前，已形成4 000公顷的茶树种植区，500公顷绿色蔬菜种植区以及年产300吨以上杂交水稻种子等。

4. 河口县与老街省农业合作前景

河口县与老街省农业合作有广阔的发展空间，主要表现在以下四个方面。一是地缘优势突出。河口与老街隔南溪河、红河相望，最近处仅100米左右。河口口岸是中越边境云南段最大口岸，区位优势极其明显。河口境内有完善的道路设施与老街水路、陆路相连，交通便利，为双边农产品贸易提供了良好的合作基础。二是越

方积极推进老街口岸建设，合作愿望强烈。近年来，越南加大对老街口岸建设资金支持力度，不断完善交通、通信等基础设施。放宽边贸管理，简化出入境贸易手续，鼓励民众利用一切条件积极发展同中国边民的商品贸易关系。同时引进外资，鼓励企业投资从而刺激边境贸易经济的快速增长，实现本国经济良性发展。三是良好的经济互补关系。老街省农业资源丰富，农业劳动力廉价，但农业科技技术落后，进行农业生产的农机设备大部分依靠国外进口，而河口所在的云南省在农业机械、农机设备等行业具有比较优势。资源禀赋方面，云南省水电资源富足，但石油和天然气资源相对匮乏；而越南的电力资源十分短缺，但是石油和天然气资源蕴藏丰富。因此，中越双方可凭借自身的资源禀赋、产业优势、相互合作从而实现双边农业联动发展。四是中越跨境经济合作区的建立进一步推动中越两国农业合作。跨境经济合作区的建立将促成区域内享有优惠的财政、税收、投资、贸易以及其他配套的产业政策，为中越口岸经济发展提供强有力的动力。

（二）河口利用两个市场两种资源的思路和总体考虑

近年来，河口充分利用“一带一路”、中国—东盟自由贸易区及中越“两廊一圈”的加快建立带来的新发展机遇，并利用国际国内两个市场两种资源，不断完善河口的基础设施建设，进一步优化招商引资环境。积极推动中越（河口—老街）跨境经济合作区建设，利用双方互为原产地的产品市场及丰富的劳动力市场，从事产品跨境进出口加工贸易，实行贸易和投资的自由化政策，探索跨境合作的新模式，促进县域经济发展。

促进农产品加工和贸易主要有以下几个方面：一是按照云南省人民政府“融入滇中，联动南北，开放发展”的战略部署和河口县委“开放主动、内外互动、产业驱动、三区联动”的发展要求，加快推进跨境经济合作区、边境经济合作区、进出口特色工业园区建设，并依托“三区”，围绕农产品贸易加工业，重点发展农副产品、橡胶、热带水果、木材、海产品、纺织精深加工等加工业，争取更多的农业企业进驻河口。二是着力壮大农产品商贸物流业。大力引进、扶持和培育一批综合性物流企业，加快北山国际物流园区、山腰铁路物流园区、坝洒仓储物流园区等一批物流节点、配送中心和物流园区项目建设。继续做好河口铁路口岸汽车整车进口试点申报工作。支持电子商务平台、现代物流信息平台建设和发展，积极推进跨境电商业落地河口。三是继续深化与越南的交流与合作，办好每年一届的中越（老街）

国际贸易交易会（边交会），搭建好河口与越南、南亚及东南亚各国之间的农产品贸易、投资、交流平台，不断提升对外开放的层次和水平，进一步开创对外开放新格局。

参考文献

河口瑶族自治县人民政府 . 2017. 河口瑶族自治县行政区域［EB/OL］.［09-27］. http://www. hk. hh. gov. cn/hkgk/xzqy/201708/t20170808_49056. html.

刘盈，邵建平 . 2014. 中国河口—越南老街跨境经济合作区建设的 SWOT 分析［J］. 东南亚纵横，（5）：14-17.

齐欢 . 2014. 中国河口——越南老街跨境经济合作区建设的进展、问题及对策［J］. 红河探索，（6）：19-27.

汪汇源 . 2015. 菲律宾香蕉产量增加 3%［J］. 世界热带农业信息，（12）：12-13.

叶荣聪 . 2012. 云南省河口县域经济发展战略研究［D］. 南宁：广西大学 .

越南国家统计局 . 2017. 越南统计年鉴 2016［J］. 河内：统计出版社.

郑淑娟 . 2009. 菲律宾达沃省和棉兰老岛依靠香蕉出口克服金融危机［J］. 世界热带农业信息，（6）：20.

郑素芳 . 2008. 菲律宾吕宋岛香蕉生产情况［J］. 世界热带农业信息，（7）：14.

同志加兄弟——友谊关

友谊关位于广西凭祥市西南端，是我国九大名关之一。关楼左侧是左弼山城墙，右侧是右辅山城墙，犹如巨蟒分联两山之麓，气势磅礴。友谊关距凭祥市区18公里，是通往越南的重要陆路通道和国家一类口岸，322国道终端穿过友谊关拱城门，与越南公路相接。

友谊关景区是一座城楼式建筑，楼高22米，底层是厚实的城墙，中央为圆拱顶的城门，非常雄伟。镶在拱门上的“友谊关”三个大字，由陈毅元帅亲笔题书。友谊关始建于汉朝，初名雍鸣关，后改名为鸡陵关、界首关、大南关，到了明代

又改为镇南关。中华人民共和国成立后，1953 年经周恩来总理批准，改名睦南关，1965 年为了表示中越两国人民“同志加兄弟”的深厚友情，经国务院批准改名为友谊关。1995 年被确定为广西壮族自治区爱国主义教育基地，1996 年被列入第四批全国重点文物保护单位名单。

一、凭祥市经济农业发展

（一）农业资源特点与社会经济发展概况

凭祥市位于广西壮族自治区西南边陲，距广西首府南宁市 235 公里，距越南首都河内市 180 公里，全境处于北回归线以南，东经 106° 45′ ~107° 48′，北纬 22° 06′ ~22° 16′，东界宁明，北邻龙州，西南两面与越南接壤，陆地边境线长 97 公里，国际界河——平而河流经凭祥境内约 19 公里，为中越边境线上交通最便捷陆路口岸城市。凭祥市总面积 650.32 平方公里，2015 年末全市总人口 11.25 万人，辖 4 个镇，共 7 个社区、31 个行政村，266 个自然屯。凭祥市境内有凭祥、友谊关两个国家一类口岸和平而关国家二类口岸，边民互市贸易点六个。

2016 年，凭祥市实现地区生产总值 65.35 亿元，同比增长 12.6%。其中，第一产业实现产值 5.31 亿元，同比增长 3.7%；第二产业实现产值 18.72 亿元，同比增长 11.0%；第三产业实现产值 41.32 亿元，同比增长 14.6%。全年外贸进出口总额 104.72 亿美元，同比增长 12.1%。其中，出口总额 68.53 亿美元，同比增长 2.2%；进口总额 36.19 亿美元，同比增长 37.3%。全年社会消费品零售总额 20.99 亿元，同比增长 10.3%。其中，城镇消费品零售额 16.17 亿元，同比增长 9.9%；乡村消费品零售额 4.82 亿元，同比增长 11.8%。城镇居民人均可支配收入完成 29 772 元，增长 8.1%；农村居民人均可支配收入完成 9 889 元，增长 10.2%[①]。

凭祥地处南亚热带南沿，具有明显的南亚热带季风气候特点，雨热同期，对农作物、喜温林木、亚热带果树、蔬菜等农、林、牧、副、渔各业来说，都具有得天独厚的气候条件。凭祥市降水充沛，干湿季节分明，当地年平均降水量 1 364 毫米，雨量分配不均，春干、秋旱、夏涝、冬少雨，其中友谊镇、凭祥镇是凭祥

①《凭祥市 2016 年国民经济和社会发展计划执行情况与 2017 年国民经济和社会发展计划草案的报告》，http://pxszf.gov.cn/xinxigongkai/guihuajihua/guominjingjiheshehuifazhanjihua/2017-09-22/13961.html

市多雨区，也是大雨、暴雨中心区，年降水量在 1 350~1 450 毫米。凭祥市冬暖夏热，光热资源丰富，当地年平均气温为 21.5℃，全年最热月份为 7 月，平均气温为 27.7℃，最冷月份为 1 月，平均气温为 13.3℃；年平均日照时数为 1 570.0 小时，7 月最多为 192.0 小时，2 月最少仅为 55.8 小时；雾日不多，年平均为 12.2 天，主要出现在秋冬季节。

凭祥市地形自西向东可分为以下 5 个地带，即西部山脉、中部山脉、东南部山脉、东北部山脉和自东而西再向南的中部峰丛盆谷地带，地势自西向东倾斜，其中位于境内中部山脉的大青山为最高峰，海拔 867.9 米。土壤有红土母质、砂页岩母质、冲积母质、石灰土母质、紫色岩母质、花岗岩母质等类型，土壤种类有水稻土壤、畲地土壤和山地土壤三大类，适宜发展不同种类的农业生产①。

（二）特色农业产业发展

凭祥市主要农产品和经济作物有甘蔗、优质稻、八角、本地柑橘、油桐、油茶、云香竹、黄毛竹和木薯等。近年来，凭祥市不断优化农业产业结构，主推蔗糖产业、林产业和食品加工业等产业发展，逐渐形成了竞争力强、特色鲜明、布局合理、农林牧业协调发展的格局②。

1. 种植业产业结构进一步优化调整

2015 年，凭祥市全年有效灌溉面积 2 946 公顷，其中，粮食种植面积 4 894 公顷，较上年增加 903 公顷，产量 20 125 吨，同比增长 14.5%；蔬菜种植面积 2 188 公顷，较上年增加 61 公顷，产量 37 950 吨，增长 3.1%；水果种植面积 1 526 公顷，较上年增加 17 公顷，产量 10 929 吨，同比增长 3.5%；甘蔗种植面积 4 982 公顷，较上年减少 665 公顷，产量 372 067 万吨，同比下降 11.7%；油料种植面积 253 公顷，产量 254 吨，同比增长 17.6%。

2. 畜牧水产业继续保持稳步增长

2015 年年末，生猪存栏 4.75 万头，比上年增长 1.1%。全年生猪出栏 5.17 万头，下降 0.4%。肉类总产量 5 791 吨，比上年增长 3.6%。其中，猪肉产量 3 958 吨，增长 1.7%；牛肉产量 287 吨，增长 5.1%；羊肉产量 44 吨，增长 2.3%。禽

① 广西地情网 · 凭祥市志，http://lib.gxdqw.com/catalog-c54.html

② 数据来自《崇左年鉴（2016）》，http://lib.gxdqw.com/file-m19-1.html

蛋产量301吨，增长4.9%。水产品产量2 995吨，增长3.8%，其中内陆养殖2 907吨，内陆捕捞88吨。

3. 林业资源优势进一步凸显

凭祥市全年木材采伐量11.35万立方米，同比增长1.2%；松脂产量10 881吨，同比增长11.4%。年末全市森林覆盖率69.78%，森林活立木蓄积量316.1万立方米，获“国家珍贵树种培育示范县”和“广西绿化模范县”称号。同时，凭祥市不断加强林业专业合作社建设，加快创建自治区现代特色林业（核心）示范区建设，打造万亩沉香基地。

（三）优势潜力产业发展

1. 特色种植养殖业不断发展

积极发展特色种植养殖业，建成现代特色农业（核心）示范区208公顷，引进台湾宝岛“美人椒”辣椒产业扶贫项目以“公司+合作社+农户”模式开展，公司免费提供种苗、地膜、技术，共有300户贫困户参与；大力推广金色香橘种植，新建凭祥市级水果产业（年橘）示范区，600亩示范园已可采收赢利，后续扩种

2 000 亩[①]。养殖业方面，发展具有当地特色的“凭祥石龟”，制定发布《凭祥石龟》和《凭祥石龟养殖技术规范》两个广西地方标准，并成功获农产品地理标志产品，全市龟鳖养殖户 1 500 户，年产值 5.8 亿元；凭祥市斗鸡养殖年出栏 8 万多羽，实现年产值 8 000 多万元，现已成为全国最大斗鸡交易集散地，当前正在加紧推进“凭祥斗鸡”申请国家农产品地理标志工作[②]。

2. 继续发掘红木产业发展潜力

当前凭祥市形成了集原木进口交易、自主设计加工、销售展示服务于一体的产业链，2016 年红木文化产业稳步提升，红木文博城年销售额突破 50 亿元，获“中国东盟红木家具之最”“中国红木第一城”等称号，“红木凭祥”品牌影响力不断提升。为此凭祥市大力发展红木产业，充分挖掘产品优势，投资建设红木文化创意产业园；创新开展红木“转贷通”业务，为企业解决资金流转问题；与新华社合作首次发布中国红木家具价格指数，提高凭祥红木产品在国内市场的地位。目前友谊关工业园红木加工基地一期建成投产，红木文博城一期、二期投产运营，并获评国家 4A 级旅游景区，进一步为当地红木产业的发展开辟更加宽广的空间。

3. 现代农业与乡村旅游实现深度融合发展

成功创建广西现代特色农业（核心）示范区、桂台现代农业合作示范基地。继续以“公司 + 基地 + 农户”模式，推进边关牧歌生态示范区、明利农业综合开发生态循环种养基地、世界珍稀林木生态园、桂商现代农业生态园、凭祥市夏石镇新鸣村板小屯万亩沉香种植基地申报自治区级现代林业核心示范区等项目建设。抓好旅游产业扶贫，以四星级乡村旅游区为龙头带动，鼓励旅游企业开发农家乐及旅游娱乐项目，发动农户成立旅游合作社，探索“政府 + 企业 + 合作社”模式，带动贫困户增收致富。全面启动边关风情旅游带建设，军事探秘游、红木文化游、边关风情游、东盟跨境游四大“名片”初显成效。建成 4A 级景区 2 个、3A 级景区 7 个，4 星级、3 星级乡村旅游区各 1 家，3 星级农家乐 4 家，星级酒店 10 家（其中四星级酒店 4 家）。2015 年接待游客 562.02 万人次，旅游总收入 44.19 亿元。

4.“口岸 +”产业布局初步显现

2015 年，凭祥市边境贸易跃居全国首位，连续 5 年实现边境小额贸易进出口、

①《凭祥：农业产业发展惠及农民》http://www.gx.xinhuanet.com/2016-12/02/c_1120023661.htm

②《凭祥加快特色产业体系转型升级》，http://guangxipingxiang.mofcom.gov.cn/article/dongtai/201705/20170502571318.shtml

对越进出口、对东盟进出口等指标位列广西第一，水果进出口、红木进口两项指标居全国第一；互市贸易改革稳步推进，引导边民参与互市贸易，带动边民增收效益明显。2016 年凭祥外贸进出口总值 757 亿元，同比增长 15.42%，外贸出口总值 468.6 亿元，同比增长 9.11%，进口总值 288.5 亿元，同比增长 27.39%；边境小额贸易进出口总值 380.8 亿元，其中出口总值 360.5 亿元；对东盟贸易进出口总值 739 亿元，同比增长 13.8%，其中出口总值 457 亿元，同比增长 7.5%；对越贸易进出口总值 640.4 亿元，同比增长 0.14%，其中出口总值 398 亿元。同时，水果贸易在 2015 年超过深圳成为全国最大的水果贸易口岸后，继续保持高速增长，进出口量 203.5 万吨，同比增长 44.3%，其中进口 172.2 万吨，同比增长 68.84%①。

二、主动对标参与全球竞争

（一）对标越南

越南属热带季风气候，各地气候因地形及距离赤道远近而有较大的差别。南

①《凭祥市 2016 年国民经济和社会发展计划执行情况与 2017 年国民经济和社会发展计划草案的报告》，http://www.pxszf.gov.cn/xinxigongkai/guihuajihua/guominjingjiheshehuifazhanjihua/2017-09-22/13961.html

方靠近赤道，气温高、湿度大，并且全年温差很小。北方最热为 7 月，平均温度可达 29℃，1 月最冷，平均气温 15℃。大部地区 5 月至 10 月为雨季，11 月至次年 4 月为旱季。越南全国人口 9 190.39 万，其中农村人口占 68%，劳动人口 6 433 万，占总人口的 70%，有 54 个民族，主要以京族为主，占比 86.2%。

从农业生产领域来看，越南属于典型的人多地少的国家，主要种植水稻、玉米、高粱、豆类、木薯等粮食作物。稻谷是其主要粮食作物，主要分布在红河三角洲、湄公河三角洲及沿海平原地区。2015 年，稻谷播种面积 783.49 万公顷，全年稻谷产量 4 522.26 万吨，较上年增加 0.6%。2015 年，越南农林渔业产值 390 亿美元，比上年增长 2.6%。其中，农业产值为 290 亿美元，增长 2.3%；林业产值 12 亿美元，增长 7.9%；水产业产值 88 亿美元，增长 3.1%。同年农、林产品出口 170 亿美元，同比减少 1%，占出口总额的 10.5%；水产品出口 66 亿美元，同比减少 15.6%，占出口总额的 4.1%。

2015 年，越南经济保持平稳增长，GDP 增幅达 6.68%，人均 GDP 为 4 570 万越盾（约合 2 109 美元），较上一年增加 57 美元。2015 年中越双边贸易总额 959.66 亿美元，同比增长 14.74%。其中，中方对越方出口 661.24 亿美元，增长 3.75%；自越方进口 298.42 亿美元，增长 49.93%。2015 年越对华贸易逆差 372.82 亿美元。据越南工贸部统计，2015 年越南边贸总额为 275.6 亿美元。其中，中越边贸额达 234 亿美元，占比 85%，同比增长 10.1%。

（二）对标老挝

老挝位于中南半岛北部，北邻中国，南接柬埔寨，东临越南，西北达缅甸，西南毗连泰国，国土面积 23.68 万平方公里，属热带亚热带季风气候区，一般年份平均降水量 2 000 毫米，境内 80% 为山地和高原，多被森林覆盖。据 2015 年 12 月 10 日公布的老挝第四次人口普查结果，老挝全国总人口 647.24 万人。国内生产总值 102.32 万亿吉普（约 128 亿美元），农林业占 GDP 的 23.7%，人均 GDP 为 1 875 美元。

老挝境内自然水系充足，土地资源丰富，日照时间长，农业开发条件较好，农业是老挝国民经济发展的重要组成部分，老挝全国 80% 以上的人口都从事着农业及其相关领域的生产活动，因此农业对老挝经济发展具有很重要的作用。近年来，老挝农产品贸易在对外革新开放过程中取得了快速发展，无论是在贸易规模还是在贸易质量上，都呈现出良好的发展趋势，根据老挝工业与贸易部门的统计数据，2014 年老挝的农产品贸易总额达到了 6.537 亿美元[①]。

2014 年老挝全国耕地面积 98.1 万公顷，实际种植面积 95.8 万公顷。主要农产品有稻谷、玉米、木薯、红薯、豆类、水果、花生、咖啡、烟叶、棉花等。稻谷种植面积 77.27 万公顷，稻谷种植面积占全国农作物种植面积的 85%，其中 90% 为糯稻，主要分布在万象地区、沙湾拿吉省、沙拉湾省和占巴色省等地，产量 400 万吨，其中南部三省稻谷产量占总产量的 40%。

至于其他作物，2014 年，甜玉米种植面积 27.1 万公顷，产量 25.6 万吨；薯类种植面积 2.1 万公顷，产量 25.9 万吨；蔬菜种植面积 15.4 万公顷，产量 136.3 万吨；果树种植面积 4.1 万公顷，水果产量 75.8 万吨。森林面积约 1 700 万公顷，全国森林覆盖率约 50%，产柚木、酸枝、花梨木等名贵木材；橡胶 27.1 万公顷，进入割胶期 2.9 万公顷，产胶量 5 万吨；咖啡是老挝重要的出口农产品，种植 8.4 万公顷，产量 9.8 万吨，质量优良，种植区主要分布在南部占巴色省、沙拉湾省和色贡省。据老挝《万象时报》10 月 9 日报道，老挝 2017 年咖啡出口额将超过 1.12 亿美元，比 2016 年增长约 33%，预计将出口 4 万多吨，比 2016 年增加 1 万吨[②]。

养殖业规模较小但发展势头稳定，2014 年全年涨幅约 2%，其中水牛养殖增幅 1%，黄牛 3%，羊 2%，猪 6%，禽类 5%。全年鱼、肉、蛋类制品产量 36.1 万吨，同比增长 10%。

（三）对标国际的启示

1. 地缘优势

从地理位置来看，凭祥与越南谅山接壤，毗邻广宁、高平等省，拥有多个边贸口岸及边民互市贸易点，为两地农业贸易提供了便捷通道。从气候条件来看，两地气候差异较小，相近的气候和生态条件使得双方农业生产条件相似，也使双方的农业科技成果更具相互适应性和适宜性，极大减少双方农业科技合作交流间的障碍，为双方开展农业科技合作提供了宽广的领域。从农业产业结构来看，凭祥市与越

① 李向（Thaemany Bountheung）. 老挝—中国农产品贸易发展现状与对策研究 [D]. 广西师范大学，2016.

②《老挝 2017 年咖啡出口量激增》，http://www.mofcom.gov.cn/article/i/jyjl/j/201710/20171002655471.shtml

南、老挝北部地区的农业产业结构极为相似，均为水稻、水果、甘蔗、木薯等农产品的主要产区，相似的产业结构有利于生产要素的便捷流转和转移，为双方调整优化种植结构提供了巨大空间。

2. 政府间推动合作交流

广西农业厅加强与越南边境省区农业部门的合作交流，与越南广宁、谅山、高平三省农业厅建立农业厅厅长联席会议制度，签署了备忘录等合作文件，共同磋商解决了一些重大合作问题。双方就进一步实现口岸开放、改善基础设施、推动通关便利化等达成共识，提升口岸出入境货物量与人口的增长。

3. 农业优势互补性强

凭祥与越南老挝在农业发展的资源条件既相似又有差异：从土地资源看，凭祥山多耕地少，近年土地成本涨幅大，越南老挝耕地资源丰富，因此凭祥市发展高产高效农业，与越南老挝发展稻米、水果等农产品生产方面形成优势互补，进一步优化土地资源配置；从劳动力资源看，我国劳动力整体素质较高，近年成本涨幅较大，而越南老挝劳动力成本较低，相互合作有利于降低产品成本提高劳动生产率；从农业科技水平看，我国农业教育体系相对完善，而越南老挝传承着传统农业技术，通过合作有利于实现技术交流与融合，促进农业生产可持续发展。

三、统筹利用两个市场两种资源

（一）友谊关对岸越南谅山省概况

谅山省位于越南东北部，总面积为 8 331.24 平方公里，设有 10 个县和一个市，226 个乡坊和城镇，2016 年全省人口总数为 76.87 万人（越南国家统计局），境内有 1A、4A、48、279 等国道通过，是连接高平省、太原省以及广宁省东部、北江省南部、北宁省和首都河内的交通枢纽，北部与中国广西接壤拥有 2 个国际口岸和 7 对边境互市贸易点，因此在与我国南部各省的经济交流中具有非常便利的条件，此外还开通了国际联运列车，可以通过中国直达中亚，欧洲地区，推动了越南北部各省之间的沟通以及对外交流。谅山市是谅山省东部城市，与广西凭祥市接壤，距我国友谊关 19.5 公里，南距越南首都河内 130 公里，谅山以北是层峦起伏、丛林密布的越北山地；谅山以南，是稻田纵横、水网密布的北部平原。当地还是重要的交通枢纽，有公路、铁路纵贯谅山，北可达中越边境，南则直通河内。有铝土矿采矿业，并以产茴香著名。

（二）越南谅山省农业发展概况

谅山省气候夏季炎热，冬季时间较长气温较低，偶尔会出现降雪，当地年平均雨量为 1 400~1 500 毫米，年降水天数为 135 天。独特的气候使得谅山省拥有与其他地区截然不同的农业生产环境，可以发展种植温带、亚热带和热带作物，特别是各类周期长的农作物如橘子、柿子、桃子、梨等水果作物，八角、橄榄、咖啡、茶叶等经济作物以及松树等经济林木。2015 年，谅山省地区生产总值增长 9.67%。与 2014 年相比，农林业增长 4.43%，人均地区生产总值为 3 480 万越盾。

（三）越南谅山省农业发展潜力

2015 年，谅山省地方财政总收入为 6.875 万亿越盾，达到预算的 137.6%，比 2014 增长 28.6%；地方财政总支出 7.9 164 万亿越盾，达到预算的 122.4%，增长 20%。2015 年，谅山省与中国贸易额近 40 亿美元，其中对华出口 16 亿美元，各类农产品、水果经口岸对华出口 10 亿美元[①]。2016 年 1 月，越南政府总理批准了包括谅山省同登—谅山口岸经济区在内的 9 个使用 2016—2020 年越南中央财政投资发展的重点边境口岸经济区，目前该省正在继续集中建设谅山一同登口岸经济区，使其成为该省的动力经济区[②]。双方还就推进崇左市与越南谅山省之间的跨境劳务合作，签署《关于开展中越跨境劳务合作的协议》双方劳务领域的交流、沟通与合作推动了劳务领域合作向深层次、规范化发展，为双边经济发展和边境地区繁荣稳定作出贡献，劳务合作取得实质性进展。

（四）凭祥市利用两个市场两种资源的思路和总体考虑

1. 构建沿边开放新格局

凭祥重要国家级开放平台——凭祥重点开发开放试验区于 2016 年 8 月 2 日获国务院批复设立，全国首个国检试验区——中国—东盟边境贸易凭祥国检试验区

① 《越媒认为应加大政策支持，推动中越边贸发展》http://www.mofcom.gov.cn/article/i/jyjl/j/201603/20160301277554.shtml

②《越南批准 9 个口岸经济区》，http://kmtb.mofcom.gov.cn/article/jingmaofagui/201601/20160101236298.shtml

正式落户运作。凭祥重点开发开放试验区、中越凭祥—同登跨境经济合作区两大国家战略平台纳入国家“一带一路”总体规划。友谊关口岸获国务院批准开展口岸签证业务。凭祥综合保税区体制机制改革成效显著，2016 年园区外贸进出口总额 1 233.76 亿元，同比增长 19.3%，是广西全区唯一外贸超过千亿元的产业园区；保税进出口总额 205.44 亿元，增长 52.4%；入区企业进出口总额 221.43 亿元，同比增长 49.8%，在全国 44 个封关运营的保税区中排名第 12 位，增加量和增速在全国综保区中均排名第一，总额在广西海关特殊监管区域中排名第一。凭祥边境经济合作区扩容扩区加快推进，2016 年园区工业总产值 22.6 亿元，同比增长 4.62%，位居崇左园区前列。友谊关工业园和宁明园区一体化建设，标准厂房、污水处理项目开工建设。友谊关口岸扩大开放至浦寨、弄怀获得国务院审批同意。友谊关口岸成为全区关检合作“三个一”试点，探索推进中越“两国一检”新模式[①]。

2. 加强互联互通取建设

不断加强通关能力建设，凭祥市边境贸易货物监管中心于 2016 年 3 月正式启用，配备有全国第一台水果辐照设备和海关先进查验设备 H986，通关更加快速便捷。凭祥市边境贸易货物物流中心（中越跨境）货物专用通道中方路段累计完成投资 1 亿元。中越友谊关—友谊口岸国际货物运输专用通道一期工程通车，二期工程推进顺利。两条专用通道建成启用后，将实现人货分离通关，进一步提高通关效率。平而口岸管理和货物监管中心项目建设进展顺利，互市贸易区、连接越南的平而河大桥（中方）已经建成启用，加快推进越方连接大桥道路、平而口岸联检楼、监管场所、查验设备等设施建设，以及叫隘边民互市点升级改造综合开发、友谊关工业园至油隘（叫册）公路、油隘边民互市点升级改造及综合开发等。

3. 提升沿边金融改革创新

2016 年全市跨境人民币继续领跑全区，金额达 841.01 亿元人民币，占全区比重 49.19%。中国（广西凭祥试验区）东盟货币服务平台交易活跃，2016 年通过服务平台交易额为 316.04 亿元人民币，同比增加 189.52 亿元，增长 149.79%。人民币对越南盾兑换特许业务及越南盾现钞调运获得突破，设立了崇左首家本外币兑换特许机构并获准开办本外币兑换特许业务。成立广西首家产业发展基金——中

① 《凭祥市 2016 年国民经济和社会发展计划执行情况与 2017 年国民经济和社会发展计划草案的报告》，http://pxszf.gov.cn/xinxigongkai/guihuajihua/guominjingjiheshehuifazhanjihua/2017-09-22/13961.html

国—东盟（凭祥）沿边开发开放产业发展基金，并成立基金管理服务公司，首期基金 5 亿元已完成阶段性募集。目前已创新开展了红木借款客户“转贷通”、商贸企业“惠贸通”等金融服务项目；互市贸易改革稳步推进，引导组建 8 家边贸合作社参与互市贸易，边民互市贸易信息服务平台和结算中心建成使用。

4. 致力创新驱动，推进重点产业转型升级

围绕供给侧结构性改革，深入实施“口岸 + 商贸物流”“口岸 + 专业市场”“口岸 + 边贸加工业”，深入推进旅游业发展。

一是升级发展现代物流业。加快推进凭祥（铁路）进境水果指定口岸、广西凭祥综合保税区产业配套物流基地建设及冷链产业园、外贸综合服务平台等项目的开展。充分发挥物流信息平台、凭祥大数据中心暨跨境电商综合服务平台的作用，加快推进国际物流项目建设，加快推进跨境电商物流，挖掘黄金物流通道，打造中国—东盟陆路集装箱枢纽，争取把商贸物流做到全国一流水平。

二是加速发展口岸加工业。大力发展边贸加工业，抓好坚果、水产品、水果、红木等产品落地加工。并不断完善污水处理厂、燃气站、跨境劳务合作培训中心等配套项目，加大规模以上企业培育入统工作，重点扶持红木企业发展，探索建立中越跨境劳务市场，重点服务口岸加工业发展。启动凭祥中越跨境劳务合作先行区项目，规划建设跨境劳务培训基地、就业技能交流中心等设施，组织开展越南劳务人员技能培训。

三是大力发展边贸市场。依托外贸特色商品，打造面向东盟的进出口商品集散地。做好水果贸易文章，完善分选、分级、包装、冷链仓储、配送功能，尽快建成中国—东盟（凭祥）水果城专业市场，巩固水果贸易口岸龙头地位。促进口岸管理简政放权，提升口岸通关服务，推进口岸监管方式创新，推进浦寨开展互市区游客免税购物试点，打造互市商品免税购物区。

四是积极培育电商新兴产业。扎实推进中国—东盟（凭祥）电商产业园、电商孵化园等项目建设，引导企业入驻，鼓励大众创业、万众创新，建成中国—东盟（凭祥）创业示范基地。推进跨境电商监管、跨境电商综合服务平台、跨境电商产业园的建设与完善，依托地区优势，大力发展农村电商，推进网货下乡、农产品进城，打造广西农村电商示范市。

参考文献

程心怡 . 2016. 中国凭祥—越南同登跨境经济合作区建设方案研究［D］. 杭州：浙江大学 .

李大跃，吴开均，蒲大清，等 . 2012. 关于越南种业的考察报告［J］. 中国种业，(7)：19-22.

李向（Thaemany Bountheung）. 2016. 老挝—中国农产品贸易发展现状与对策研究［D］. 南宁：广西师范大学 .

林莹 . 2017. 中越边境地区土地利用变化及景观格局对比研究［D］. 南宁：广西师范学院 .

刘国宣，梁华，李金席 . 2006. 凭祥市 2005 年鼠疫监测分析［J］. 中国热带医学，(8)：1415.

沈慧梅 . 2010. 我国褐飞虱与白背飞虱的境外虫源研究［D］. 南京：南京农业大学 .

沈建华，丁农，费建明，等 . 2005. 越南蚕业现状见闻［J］. 中国蚕业，(3)：89-91.

王金龙（VISOUTHIVONG KHAMPHOUVANH）. 2017. 老挝吸引中国企业直接投资的环境分析与产业选择研究［D］. 昆明：昆明理工大学 .

项凯标，高胜达 . 2009. 中国社区商业营销策略［J］. 销售与市场（管理版），(28)：97-99.

杨映川 . 2010. 崇左市历史文化资源调查与开发研究［J］. 沿海企业与科技，(11)：86-93.

张谱 . 2014. 不同经营主体的人工林经营模式经济效益分析［J］. 北京：中国林业科学研究院 .

张莎 . 2013. 中国东盟农业合作：现状、问题及对策［D］. 上海：上海师范大学 .

周行，毛昌祥，吕荣华 . 2006. 老挝的水稻生产现状［J］. 世界农业，(8)：49-50.

周雪春 . 2006. 中国东盟农业合作研究［D］. 南宁：广西大学 .

海岸线起点——东兴

东兴是广西壮族自治区下辖县级市，区位独特，物产丰富，生态宜居，文化多元。东兴地处我国大陆海岸线最西南端，因兴于北仑河[①]东岸而得名，东南濒临北部湾，西南与越南接壤，是我国唯一与越南海陆相连的国家一类口岸城市。东兴物华天宝，资源集“边、海、山、少”等特色于一体，拥有全球最大的跨境红树林示范保护区，栖息着4万多只各类鹭鸟，盛产对虾、沙虫、鱿鱼、石斑、海蜇、青蟹、金花茶、香料等特色产品，获得国家地理标志认证的“红姑娘”红薯、“皇帝果”等无公害养生佳品享誉国内外。东兴气候宜人，环境优美，空气优良率达到100%，享有“中国长寿之乡”“中国最佳生态旅游城市”等美誉。同时，东兴开放

① 北仑河，是中国、越南边境东岸的一条界河。

包容，兼收并蓄，集边关文化、海洋文化、长寿文化、红木文化、伏波文化、京族文化以及历史文化等特色一体，拥有京族哈节、京族独弦琴艺术2个国家级非物质文化遗产和京族独弦琴、京族鱼露、京族民歌等多个自治区级非物质文化遗产。

一、东兴市农业发展

（一）农业资源特点

东兴市位于东经107°53′~108°15′，北纬21°31′~21°44′，属南亚热带季风气候区，气候湿润，冬短夏长，年均气温23.2℃左右，年日照时数1 500小时以上，年平均降水量2 738毫米，是中国著名的多雨区之一。

充沛的雨量给东兴农业发展创造了有利条件。在590平方公里的土地面积中，农业面积占到40%以上。其中，耕地面积9万多亩，林地面积将近20万亩，水产养殖面积9万多亩（含滩涂）。东兴市结合当地自然资源，大力发展柑橘、石斛、牛大力、金花茶、红薯等特色种植业，以及对虾、文蛤、石斑鱼和野生动物驯养以及草食动物养殖业，形成了以红薯、蔬菜、水果、水产养殖为特色的农业产业结构。

2016年，东兴市完成地区生产总值93.18亿元，比上年增长10.3%。其中，农林牧渔业总产值27.88亿元，比上年增长4%，占地区生产总值的比重达到30%。东兴现有户籍人口15万，其中，农业人口9.1万，农村劳动力5.8万。全市农业经营主体活跃，农业休闲示范点80家，各类农民专业合作社278家，家庭农场36家，农产品加工企业28家，防城港市级龙头企业15家。2016年，东兴市城镇居民人均可支配收入34 993元，农村居民人均纯收入14 960元，比2015年增长10%，在广西全部县（县级市、自治县）中名列首位。

（二）特色农业产业发展

东兴市沿海又沿江，生态环境良好。基于当地的自然资源，红薯、果蔬、莲藕、中药材等特色种植业，以及水产、食用菌等特色养殖业得到了较好的发展，形成了一大批特色农业产业。

1. 红薯产业

“红姑娘”红薯是东兴市特色优势农产品，东兴市政府注重打造红薯品牌，红薯产业迅速发展，种植规模不断壮大。2016年，东兴“红姑娘”红薯种植面积

21 000 亩，产量 12 874 吨，产值 567 万元。先后建立“红姑娘”红薯无公害标准化生产基地和脱毒种苗繁育基地，并通过“公司 + 基地 + 农户”等形式，从种植到销售开展一体化服务。“红姑娘”红薯先后通过无公害农产品认证和绿色食品认证，获得了农业部颁发的农产品地理标志登记证书。东兴镇河洲村被广西壮族自治区命名为红姑娘红薯村，“红姑娘”红薯还获得广西名特优产品称号。

2. 果蔬产业

东兴市围绕广西优果工程升级行动计划，大力推广水果标准化生产技术，不断调整农业产业结构，充分利用本地土地资源和气候条件优势，积极推进水果种植，特别是“皇帝果”柑橘与香蕉种植。2016 年全市果园面积达到 2.2 万亩，总产量达 1.2 万吨，总产值达 4 000 万元。在蔬菜生产方面，东兴市依托“菜篮子”工程建设项目，不断完善蔬菜基地基础设施建设，改善生产环境，激发农民种菜的积极性，组织和引导农民开展无公害蔬菜生产。2016 年全市无公害蔬菜种植面积达 45 500 亩，总产量 42 562 吨，总产值 10 791 万元。

3. 中草药石斛产业

东兴市生态环境优美，空气湿润，夏无酷热，冬无严寒，山泉水矿物质多，适合铁皮石斛生长，而且出产的铁皮石斛品质优良。围绕石斛的生产、加工和销售，东兴产生了一批石斛相关企业，部分企业已经形成种植、加工、科研、销售一体化，采取“农民 + 基地 + 公司 + 市场”的创新型模式，并与大中院校和科研单位密切合作，开发与研制铁皮石斛鲜品，取得了较好的经济效益。东兴市政府在当地的“十三五”规划中，将竹围石斛金银花种植基地列为重点建设基地。2016 年，东兴市石斛种植面积 600 亩，年产量 36 吨，年 产值 3 600 万元。

4. 水产品养殖

东兴市水产养殖业发达，盛产对虾、沙虫、鱿鱼、石斑、海蜇、青蟹等海产品，是广西特色水产业先进县。近年来，东兴市实施水产资源开发战略，大力发展水产养殖业，提高水产品市场化率，强化基地科技水平建设，推进规模经营，优化养殖结构，使渔业生产得到快速协调的发展，特色水产品养殖成了促进农民增收的主导产业。2016全市水产品总产量12.5万吨，总产值19.3亿元，养殖总面积78 345亩，其中海水养殖65 145亩，淡水养殖13 200亩。对虾是东兴市海水养殖的主导产品，2016年全市对虾养殖面积43 205亩，产量4 914吨，产值14 742万元。东兴市2017年渔业总产值为21.98亿元，同比增长5%。

（三）优势潜力产业发展

在当地的“十三五”规划纲要中，东兴市明确提出：重点发展休闲观光农业、家庭农业等新型生态农业，主要发展“红姑娘”红薯、金花茶、石斛、金银花、莲藕、对虾、名贵鱼类、优质禽畜等特色种养业；适当发展无污染的农产品加工业和特色旅游业。目前，东兴市抢抓国家推进农业供给侧结构性改革，自治区重点发展现代特色农业示范区的机遇，加快扶持特色优势产业发展，主要体现在两个方面：

一是完善现代农业种植产业体系。稳定发展区域内粮食作物、经济作物和园艺作物生产。加强蔬菜、水果、名贵中草药等产品优势产区建设。积极发展“菜篮子”产品生产，扩大市郊区周边村镇的“菜篮子”产品生产基地规模。推动以“皇帝果”柑橘、金花茶、石斛、草莓等为主的优势园艺产品生产。大力发展农产品加工和流通业，加强特色农产品加工基地建设，引导农产品加工业向种养业优势区域和城市郊区集中。计划至 2020 年，新增皇帝果 5.2 万亩、无公害蔬菜 1.15 万亩、铁皮石斛 0.35 万亩、“红姑娘”红薯 9.5 万亩。

二是推进现代特色农业示范区建设。在现有 5 个现代特色农业示范区的基础上，着重打造自治区、县、乡三级现代特色农业示范区“1+1+5”目标，即打造 1 个自治区级现代特色农业核心示范区（富康智能化生态养殖核心示范区），提升打造 1 个县级现代特色农业示范区（不老峰铁皮石斛产业示范区）以及打造 5 个乡级现代特色农业示范区（绿水青山休闲产业示范区、东缙荷塘种养产业示范区、万众牛大力生态产业示范区、百果香休闲农业示范区、长湖生态农业示范区）。

二、主动对标参与全球竞争

东兴与越南北部最大、最开放的口岸经济特区和单列三类都市的芒街市仅一河之隔，是中国面向东盟的前沿和窗口，是通往越南等东盟国家最便捷的陆海大通道。“十二五”期间，经东兴口岸出入境人数年均达到 600 万人次，2016 年突破 700 万人次。经东兴口岸赴越南游客占广西 90% 左右，已成为中越边境最大的旅游集散地，是我国第三大陆路口岸。2016 年，东兴市外贸进出口总额为 30.9 亿美元，增长 10.8%，很大程度地促进了当地的经济发展。

美国和墨西哥等很多边境港口城市和东兴市类似，由于良好的地理位置和自然资源，成了当地区域经济发展中心。在全球化大背景下的今天，应当扩大视野向国际看齐，将自身对标国际一流水平，以明确自身优势和不足，吸取他山之经验与教训，不断提升自身的竞争力。

（一）对标美国

1. 布朗斯维尔市

布朗斯维尔市所在的得克萨斯州是美国的第二大州，总面积 695 622 平方公里，仅次于阿拉斯加州。得克萨斯州农业发达，经济长期以农牧业为主，牛、马、羊、羊毛、马海毛和干草等产量居美国首位。得克萨斯州耕作主要靠灌溉，种植了大量的谷类作物和农产品，主产棉花，次为稻米、花生、水果、蔬菜等。

布朗斯维尔是美国得克萨斯州南部城市，位于格兰德河流入墨西哥湾的入海口，隔格兰德河与南岸墨西哥的马塔莫罗斯市相望。布朗斯维尔为亚热带灌溉农业地区的贸易中心，工业以食品加工为主，还有与石油、天然气有关的工业和电子零件、飞机零件等工业。布朗斯维尔经济的主要依据是通过北美自由贸易协定（NAFTA）与墨西哥进行国际贸易，布朗斯维尔是美国公认的商业环境最好的城市之一，也是美国制造业增长最快的城市之一。

布朗斯维尔港是城市经济的重要支柱，位于布朗斯维尔市南端，是得克萨斯的一个深水海港，面积约 40 000 英亩，是美国面积最大的公共港口。布朗斯维尔港于 1936 年启用，港口由 17 英里长的航道连接至墨西哥湾，是美国得克萨斯湾沿岸航道和墨西哥道路网络之间的一个重要联结窗口。

2. 圣地亚哥市

圣地亚哥市所在的加利福尼亚州农业非常发达，农业用地占全州 30%，主要为灌溉农业。加州农牧产品多达几百种，为美国重要的肉、蛋、奶产区。棉花、稻米、甘蔗、蔬菜、水果产量在美国居突出地位，中央谷地是最富庶的农业地带。加州林业发达，为美国三大木材生产州之一。加州的渔业产值在美国居首位，圣弗朗西斯科、圣迭戈及圣佩德罗为重要渔港。

圣地亚哥市是加利福尼亚州第二大城市，位于该州南端圣迭戈湾畔，南距墨西哥边境 20 公里，市区面积 829 平方公里，人口超过 137 万。圣地亚哥市属于半干旱气候或地中海气候，气候以温暖为特点，夏季干燥，冬季温和，降雨多发生在 12 月份到 3 月份。圣地亚哥土地肥沃，海洋资源丰富。主要农产品为鲜花、水果、坚果、蔬菜、家禽和家禽制品、田间作物、蜂蜜制品等。

圣地亚哥的商业港口以及在美墨边境的地理区位使边境贸易成为城市经济发展的重要支柱。圣地亚哥经美国政府授权经营对外贸易，该市与墨西哥接壤边界长 15 英里（24 公里），其中包括两个过境点。圣地亚哥拥有世界上最繁忙的国际边境，特别是圣伊西德罗港口，货运车船每天络绎不绝。圣地亚哥有两个具有货运设施的港口，其中一个位于圣地亚哥市中心的第十大道海运码头，港口具有集装箱、散货、冷藏、冷冻仓储等设施，能处理各种各样进出口商品。

（二）对标墨西哥

塔帕丘拉是墨西哥恰帕斯州南部的一个城市，濒临危地马拉和太平洋边境，面积 300 多平方公里。境内的恰帕斯港港口是墨西哥连接中美洲的陆地和海上最佳通道，被誉为恰帕斯辖内的“珍珠港市”。塔帕丘拉市辖区一部分属于恰帕斯州马德雷山脉，一部分延伸至其西部平均海拔 170 米左右的太平洋沿岸，不同地区随着维度上升气候表现不同。塔帕丘拉市一年中大部分地区炎热潮湿，是世界降雨最多的地区之一，平均年降水量达到 3 900 毫米。

塔帕丘拉市经济以畜牧业、渔业、旅游业、种植业、通信及金融业为基础。位于太平洋岸边的恰帕斯港是该市的经济引擎，也是墨西哥重要港口之一。塔帕丘拉是恰帕斯州地区生产总值最高的城市之一，市政府把种植和出口经济作物作为发展经济的重要方式，特别是咖啡、可可、香蕉、甘蔗等。此外，塔帕丘拉还盛产高粱和大米等。值得一提的是，塔帕丘拉市还是一个以咖啡种植和出口为商业中心的城市，是墨西哥和中美洲之间一个重要的交通枢纽。塔帕丘拉的商业和旅游业发达，超过 60% 的劳动力从事商业和服务业（包括旅游业），远远高于墨西哥的平均水平。

（三）对标国际的启示

从美国和墨西哥的几个边际港口城市发展来看，城市所在的州农业都非常发达，食品加工业是重要延伸产业，边境贸易发挥着举足轻重的作用，形成了大区域发展农业、港口城市发展食品工业和边境贸易的模式。美国和墨西哥的边境港口城市的发展，离不开北美自由贸易区、墨西哥和危地马拉自由贸易区的建立。同时，布朗斯维尔等几个城市的休闲旅游业也非常发达，很好地带动了当地渔业、食品业、餐饮业等多个相关行业的发展。

国外边境港口城市的发展有很多值得借鉴的地方，可利用东兴沿海沿边的区位优势和资源优势，大力推动符合当地条件具有特色优势的农业产业，发展食品加工业和边境贸易，促进一、二、三产业相结合，形成自己特有经济发展模式。基于和越南毗邻的优势，实施更加主动的开放战略，形成面向国内和东盟的开放合作新格局，推动中国和越南以及东盟国家农业合作，促进双边农业农村的经济发展。例如，大力发展中越农产品物流体系建设、推动建设中越农业合作示范园区，放宽对越南等东盟国家农业投资限制、简化对外农业投资管理、鼓励国内有实力的企业和个人到境外开展农业领域投资合作等。

三、统筹利用两个市场两种资源

（一）东兴对岸越南广宁省芒街市概况

芒街是越南北方靠近中国的一个城市，位于越南东北部，东临北部湾。芒街市总面积 520 平方公里，人口 10.8 万，主要民族为京族。芒街与东兴隔河相望，地理位置独特，是进入越南的门槛，也是中国游客必游之地。芒街原是越南广宁省辖下的一个镇，1994 年越南政府将其划为“口岸经济区”，2008 年升格为芒街市，享受特殊政策。芒街市农业以种植业为主，工业以矿业为主，种植的作物主要有水稻、玉米等。

芒街所在的广宁省经济比较发达。广宁省是越南北部重点经济开放地区，是越南最大最重要的工业中心及旅游中心之一。全省面积 5 938 平方公里，其中山区占 46%，丘陵和平原占 43%，拥有长达 250 公里的海岸线，6 000 平方公里的海洋面积，4 万公顷坻滩，2 万公顷海湾，海岛面积占土地总面积的 11.5%。全省年均温度 23 度，降水量 2 000~2 500 毫米，平均湿度 83%。广宁省农业以种植为主，农业特产桂皮、八角、三七等，海洋捕捞在经济中也占有一定比重，水产养殖约占全越南的 1/4。

（二）东兴利用两个市场两种资源的思路和总体考虑

东兴市不仅拥有良好的区位优势和资源优势，也拥有良好的战略优势和政策优势。东兴沿边、沿海又沿江，与越南芒街市接壤，处广西北部湾经济区核心区域和西南、泛珠三角与东盟三大经济圈结合部，是中国面向东盟的前沿和窗口。因为地理位置特殊，东兴先后四次被列入国家战略计划内。2010 年，党中央、国务院在《关于深入实施西部大开发战略的若干意见》（中发［2010］11 号）中，明确提出加快推进东兴重点开发开放试验区建设。

近年来，东兴推动落实“互联网 +”行动计划，加快实施东兴电商发展规划，建设中国—东盟跨境电商交易中心，争创国家级电子商务示范基地。2013—2015 年，东兴电子商务发展指数居广西壮族自治区首位，三次获得全国“电子商务百佳县”，成为全国电子商务进农村示范县（市）。

结合东兴的资源禀赋和区位优势，东兴市利用两个市场两种资源的思路主要包括以下几个方面。一是发展跨境农业贸易。依托互市边贸优惠政策，充分发挥东盟桥头堡作用，利用国内国外“两个市场、两种资源”，加快发展跨境贸易，充分发挥东兴市作为中国和东盟农产品贸易前沿窗口的作用。二是发展跨境农产品加工。充分利用免税农副产品资源，引导水产品、水果、坚果等免税产品的落地加工，大力发展跨境农产品加工业，提高农产品附加价值和竞争力。三是发展跨境休闲农业与乡村旅游。结合当地生态旅游资源，依托山林地貌、滨海风光、水上娱乐、生态农业、长寿之乡等优势资源，大力发展特色优势农业和休闲农业，打造度假休闲与农业观光等乡村旅游精品路线。四是发展跨境农产品电商。依托东兴良好的电商基础进行产业链整合与重组，构建以“B2B”“B2C”为核心的电商交易技术平台，重点引进信息软件、设计研发、仓储物流等围绕电商产业的企业，推动电商＋跨境农产品、电商＋传统农业深度融合，将东兴市打造成中国—东盟自贸区有影响力的跨境电商中心。五是发展跨境农村金融。依托沿边金融综合改革试验区平台，大力发展以跨境经济服务为重点的金融业和保险业，加强与东盟国家的金融交流与合作，推进离岸金融、人民币和越南盾特许兑换等方面先行先试。六是发展跨境农业物流。立足中越北仑河二桥、防城至东兴铁路、东兴—芒街—下龙高速公路、东兴至港口国门大道、东兴国际客运中心等重要交通要道，以互联互通改扩建项目为契机，推进中越跨境经济合作区及周边农业物流项目，大力发展跨境农业物流产业。

参考文献

陈焕棠 . 2015. 红姑娘红薯病虫害的发生与防治［J］. 现代农业科技［J],（10）: 145-145.

东兴市人民政府门户网站 . 2017. 东兴市人民政府办公室关于印发《东兴市国民经济和社会发展第十三个五年规划纲要实施方案》的通知［EB/OL］, http://www. dxzf. gov. cn/zwgk/jcxxgk/gfwj/bjwj/201708/t20170824_43200. html.

东兴市人民政府门户网站 . 印象东兴［EB/OL］, http://www. dxzf. gov. cn/yxdx/.

高虹，刘延虹 . 2012. 新时期现代农业发展的新思路［J］. 农业科技与信息,（10）: 8-9.

黎学锐 . 2015. 边疆民族地区特色文化产业发展研究——以广西东兴市为例［J］. 沿海企业与科技,（6）: 58-63.

吕荣华，高国庆，李丹婷，等 . 2011. 越南农业生产概况［J］. 南方农业学报,（5）: 562-565.

马晓河，武翔宇 . 2013。我国有特色的农业现代化道路及对策研究［J］. 全球化,（2）: 104-115.

周俞林 . 2013. 故乡茶韵［J］. 茶博览,（5）: 20.